外資系製薬企業の進化史

社会関係資本の活用と日本での事業展開

竹内竜介【著】

中央経済社

はしがき

　本書は，外資系製薬企業の事業活動の歴史を明らかにしたものである。
　日本では数多くの外資系企業が活動しており，日本市場での地位を確固たるものにした外資系企業もいくつか存在している。日本で成功している外資系企業の存在を目の当たりにすると，次のような素朴な疑問が生じてくる。外資系企業はなぜ日本市場に参入し，どのような活動を日本で展開してきたのか。そして，その成長の要因は何であったのか。この疑問は素朴でありながらも，なぜ企業は海外市場に参入し，設立された海外子会社はどのように成長を遂げるのかという，企業の国際経営に関する根源的な問いに通じるものである。
　これらの疑問に答えるためには，外資系企業の事業活動の歴史を紐解く必要がある。本書では1950年代から1990年代までの間を対象に，3つの外資系製薬企業の事例を取り上げ，その歴史の解明を試みる。
　外資系企業が成長を遂げることのできた理由として，外資系企業が優れた製品やサービス，技術やマネジメントノウハウなどの知識を備えていたという点が考えられる。特に製薬企業の場合，画期的な効能を持つ医薬品を確保していることが，海外市場での成功につながる可能性が高い。画期的な新薬をいかに確保するかという点は，製薬企業にとって最重要かつ困難な経営課題であった。そのため，製薬企業を対象にした研究では，研究開発の実態やその活動経緯の解明を課題としていた。
　しかし，親会社がそうした画期的な新薬や新薬になりうる化合物を有していたからといって，すぐに日本市場での成功につながったわけではなかった。日本市場の実情に応じるための現地適応が必要であった。そして，現地適応を果たすためには，現地での経営資源の獲得とその活用が求められる。さらに，これら経営資源の獲得は，現地に存在する他者（外部アクター）とのやりとりのなかで実現されるものである。したがって，外部アクターとの関係性をマネジメントしながら，現地適応に必要な経営資源の獲得・活用を果たすことが，外資系製薬企業にも求められた。本書では，外資系製薬企業と外部アクター――具

体的には医師—との関係性に注目し，その関係性と事業成果との因果関係を理解するために「社会関係資本」という概念を導入し，この概念に依拠しながら，外資系製薬企業の事業展開の歴史を明らかにする。

さらに，本書では，外資系製薬企業の歴史分析により見出された事実に基づいて，国際経営論に対する貢献も議論している。具体的には，海外子会社の「進化」および「埋め込み」に関する研究を対象として取り上げている。その意味で，本書は経営史研究と国際経営論との架橋を意識したものである。ここに本書の特徴がある。

本書は，経営史研究や国際経営論に携わる研究者，こうした分野の学習に励む学生のみならず，外資系企業（外資系製薬企業）の取り組みや発展過程に関心がある方，海外子会社の管理や事業展開に関心を持たれている方などを主な読者として想定している。外資系企業と日本企業の海外子会社は，経営主体や現地環境も異なるため，その直面した課題や取り組みの経緯はもちろん異なっている。しかし「海外子会社」という点は共通しており，また本書では国際経営論における議論も展開しているため，本書は海外子会社の管理や事業展開に対しても示唆を与えるものと考える。

外資系製薬企業（＝日本子会社）の発展過程を特に知りたいという方については，事例を取り扱った章から読み進めていただいてもかまわない。その場合も，まずは第2章の「2　医師の社会的ネットワーク」，「3　鍵概念—社会関係資本（Social Capital）」に目を通し，本書がどの点に注目しているのかを理解してから，第4章以降の事例を読んでいただきたい。

本書をきっかけにして，外資系企業や海外子会社の歴史に関心を高め，それらに対する認識や見方に少しでも変化が生じるならば，筆者にとって望外の喜びである。

本書を出版することができたのは，これまでに出会った多くの方々のご指導とご支援のお蔭である。何より，神戸大学経営学部，同大学院経営学研究科時代の恩師である故桑原哲也教授には，感謝の言葉も見つからないくらいお世話になった。先生のもとで経営史という学問だけでなく，研究の進め方，研究に対する姿勢など多岐にわたる事柄を学んだ。筆者の研究成果に対する先生の指摘は厳しく，先生の指摘に応じることによって，緻密な研究を行うことの重要

性を学ぶことができた。不出来な筆者に対して，先生は長時間にわたり懇切丁寧にご指導くださった。研究が進まず，挫けそうになることもあったが，経営史研究の楽しさ，素晴らしさ，意義を先生が語ってくださり，励ましてくださったことによって，研究を諦めず続けることができた。先生との出会いやご指導がなければ，今の自分はありえなかった。その御恩に心から感謝申し上げたい。

筆者が博士課程後期を修了し，しばらくした後に，先生のご病気がわかった。そして闘病の末，先生は2014年10月に逝去された。今も，先生が笑顔とともに楽しそうに研究の話をされていらっしゃる姿が思い出される。御礼の言葉と共に本書を先生にお渡しできなかったことは，悔やまれてならない。本書が先生への御恩返しになることを願うばかりである。

また，大学院時代に，藤田順也先生（甲南大学経営学部准教授），平野恭平先生（神戸大学大学院経営学研究科准教授）の両氏とともに桑原先生のもとで経営史研究に励むことができたのは，何より幸運な出来事であった。国際経営史研究における課題や経営史研究の方法論に関する事項など，お二人からはさまざまな助言を頂戴した。お二人との議論を通して得た着想は数知れない。また，お二人からは本書の草稿段階から数多くのコメントも頂戴した。お二人がいらっしゃらなければ，本書をまとめることはおろか，研究者の道を断念していたかもしれない。お二人には心から感謝申し上げたい。

そして，神戸大学大学院経営学研究科の原拓志教授にも厚くお礼申し上げたい。先生のゼミに参加させていただき，概念の取り扱い方やロジックの厳密さなど研究を行ううえでの基本的な事項をご指導いただいた。また原先生のゼミを通して，宮尾学先生（神戸大学大学院経営学研究科准教授），陰山孔貴先生（獨協大学経済学部准教授），横澤幸宏先生（岡山商科大学経営学部准教授），門脇一彦氏とのつながりを得ることができた。特に，陰山先生とはその後共同研究でご一緒させていただいており，陰山先生との議論は，筆者にとって刺激となっている。ここに記し，謝意に代えさせていただきたい。

そのほか，山内昌斗先生（広島経済大学経済学部教授），大泉英次先生（和歌山大学名誉教授，現追手門学院大学教授）にも本書の原稿を一読いただき，貴重なコメントを賜った。記して感謝申し上げたい。

また，所属する学会での報告時に頂戴した批評も，筆者の研究を高めるものにつながったと考える。特に，梅野巨利先生（兵庫県立大学名誉教授，現大阪商業大学教授）からは，多国籍企業学会の統一論題での報告機会を頂戴した。これは筆者にとって，経営史研究と国際経営論を結びつける意識をより高める契機となった。梅野先生をはじめ関係の諸先生方には厚く感謝申し上げたい。

　筆者が在籍する横浜国立大学経営学部でも，多くの先生方にお世話になっている。特に，山倉健嗣先生（横浜国立大学名誉教授，現大妻女子大学社会情報学部教授）から，経営史研究と国際経営論との接点を意識することの重要性をご指導いただいた。そして，何より山倉先生は本書の出版を後押しくださった。本書が出版できたのは，先生の後押しがあったからこそである。この場を借りて御礼申し上げたい。また経営学部は研究・教育活動を進める環境もよく，日常をともにしている経営学部の先生方および学生諸君に感謝したい。

　本書の研究過程においては，多くの方々に情報の提供および資料の提示をいただいた。残念ながら，お名前をすべて列記することはできないが，みなさまのご協力がなければ，本書を仕上げることはできなかった。厚く御礼申し上げたい。

　なお，本書をまとめるにあたり，研究代表者として学術研究助成基金助成金若手研究（B）（研究課題番号17K13769）の助成を受けている。記して感謝申し上げたい。

　そして，出版事情が厳しいなかにもかかわらず，本書の出版を快くお引き受けいただいた中央経済社経営編集部の酒井隆様にも感謝申し上げたい。本書は当初の予定より大幅に出版が遅れてしまった。遅筆な筆者をずっと見守り続けてくださった酒井様の寛容さに，重ねて感謝申し上げたい。

　また，私事となり恐縮ではあるが，研究者の道を進むことを目指したのは，同じく研究者であった父の背中に追いつきたいという思いからであった。しかし，その道は険しく，辛いことも多かった。研究者の道に進んだことによって，改めて父の偉大さを感じた。常に迷いながら歩む筆者に対して，父は研究者の立場や親の立場から言葉をかけてくれた。こうした支援や励ましがなければ，研究者の道を歩み続けることはできなかっただろう。改めて感謝したい。

　最後に，本書の執筆にあたり悩み続けた筆者を常に支え，励ましてくれた妻

と二人の子供たちに対して，心から感謝したい。妻の献身的なサポートと二人の子供たちの笑顔があったからこそ，本書を書き上げることができた。本当にありがとう。

　2017年12月　カーディフにて

竹内 竜介

目　次

はしがき　i

第1章　外資系企業の歴史研究 …… 1

1　外資系企業の歴史―本書の問題意識　1
2　外資系製薬企業の事例　2
3　本書の構成　12

第2章　外資系製薬企業と社会関係資本 …… 19

1　外資系企業の歴史と本書における焦点　19
2　医師の社会的ネットワーク　25
3　鍵概念―社会関係資本（Social Capital）　27

第3章　日本製薬産業の発展と外資系製薬企業 …… 35

1　製薬産業の発展と外資系製薬企業の事業展開　36
2　製薬産業の転換と外資系製薬企業の自立化　44

第4章　メルク社と日本メルク萬有・萬有製薬 …… 55

1　日本メルク萬有の設立と初期の活動　56

- 1-1 メルク社の発展と日本参入　56
- 1-2 日本メルク萬有の設立と初期の活動　58
- 1-3 初期のメルク社・日本メルク萬有間の関係性　63

2 日本メルク萬有の改革　67
- 2-1 日本事業の位置づけの見直し　67
- 2-2 日本メルク萬有の改革　71
- 2-2-1 日本メルク萬有の能力向上　71
- 2-2-2 親会社・日本メルク萬有間の関係強化　78
- 2-3 医師との関係構築　81
- 2-4 新薬の市場への導入　87

3 日本事業の新展開　92
- 3-1 萬有製薬の買収　92
- 3-2 市場ニーズへの対応　97

4 医師との関係の持続的深化　104

5 日本事業の成果　106

第5章　シエーリング社と日本シエーリング社　115

1 日本シエーリング社の設立と初期の活動　116
- 1-1 シエーリング社の発展と戦前の日本参入　116
- 1-2 戦後の日本参入―日獨薬品への資本参加　119
- 1-3 初期の日本事業　121

2 急成長の達成　123
- 2-1 親会社による日本子会社への関与　123
- 2-2 研究開発能力の強化　124
- 2-3 皮膚用製剤ネリゾナの成功　128

- **2-4** 造影剤での大成功　131
- **3** 新しい市場への参入　137
- **4** 造影剤市場での競争激化　141
- **5** 新規事業の低迷　145
- **6** 日本事業の成果　149

第6章　イーライリリー社と日本イーライリリー社……155

- **1** イーライリリー社の発展と日本参入　156
  - **1-1** イーライリリー社の発展と国際化　156
  - **1-2** 日本への参入―日本イーライリリー社の設立　159
- **2** 日本事業の拡充　160
  - **2-1** 人的資源の拡充と営業部門の発展　160
  - **2-2** 研究開発能力の強化　165
- **3** 新薬の発売　168
- **4** 医師との関係強化による新市場開拓　171
- **5** 日本事業の成果　174

第7章　事例研究の総括と展開……179

- **1** 外資系製薬企業の歴史　179
  - **1-1** 外資系製薬企業の成長（1950年代〜1980年代前半）　179
  - **1-2** 外資系製薬企業の岐路と結果（1980年代後半〜1990年代）　185
  - **1-3** 小括　188

2　海外子会社の進化　189
    2-1　海外子会社の進化とその要因　190
    2-2　3事例に見られる日本子会社の進化　191
    2-3　海外子会社の進化の失敗と海外子会社のイニシアティブ　193
    2-4　小　括　196
  3　「埋め込まれた」海外子会社　198
  4　外資系企業の成長と社会関係資本　199

参考文献　205
索　引　217

第1章

外資系企業の歴史研究

1　外資系企業の歴史―本書の問題意識

　現在，われわれは急速な経済・社会のグローバル化を経験している[1]。この経済・社会のグローバル化の主たる担い手が，多国籍企業である[2]。多国籍企業は，進出先市場（現地国）での事業活動を通して，現地国にさまざまな経営資源を移転する（Fayerweather, 1969）。同時に，新しい生活スタイルといった文化的要素を現地国に持ち込む。これが，現地国の社会や文化に変化を生じさせることもある[3]。逆に，現地国から本国へ経営資源を逆移転することや，現地国の文化的要素を本国に持ち帰ることもありうる。こうした多国籍企業の活動は，本国と現地国との間で経営資源や文化的要素のやりとりを生み出し，それにより本国-現地国間の結びつきが深まる。こうした現象が世界規模で生じたため，経済・社会のグローバル化が進展してきたのである。

　日本の経済・社会も，グローバル化の波に巻き込まれてきた。19世紀後半から生じた「第1次グローバル化」（Jones, 2005）の影響を受け，外国企業が日本で事業を行うようになる。外国企業は日本で合弁会社を設立するなど，日本子会社（外国企業の日本子会社のことを，本書では外資系企業という）を所有かつ管理して日本事業を始めた。日本初の外資系企業は日本電気株式会社（現：NEC）であり，これはアメリカ企業のウエスタンエレクトリック社が1899年に設立した合弁会社であった。以降，外国企業による日本への参入は，第2次世界大戦の影響を受けて一時的な停滞はあったものの，現在まで長期に

わたり続いている[4]。現在も多くの外資系企業が，事業成果をあげるべくさまざまな経営努力を積み重ねている。

こうした実情を踏まえると，次のような疑問が生じてくる。外資系企業が日本で成長を果たすために取り組んだ経営努力とはどのようなものだったのか。外資系企業が直面した経営課題ならびにその解決のための取り組みとはどのようなものだったのか。こうした問題意識に基づき，本書は3社の外資系製薬企業を対象として，経営史的観点から各社の日本事業を解き明かすことに努める[5]。

2　外資系製薬企業の事例

外国の製薬企業の多くは，1950年代から1970年代頃にかけて日本市場に参入した（表1-1）[6]。製薬産業では，画期的な医薬品やそうした医薬品を生み出す研究開発力が圧倒的な競争優位につながっている。製薬企業の経営に関する歴史研究は，主に研究開発力の構築に注目して考察している（例えば，Chandler, 2005；Slinn, 1996；Yongue, 2005）。製薬企業に関する経営学的研究でも，効果的な研究開発を実現する組織能力の解明に重点が置かれている（桑嶋，1999，2006）。ある外資系製薬企業の社長経験者は，製薬産業で成長できるかどうかは画期的な医薬品を確保できているかどうかにかかっているとの評価を下していた[7]。このように，同産業においては，画期的な医薬品を生み出す研究開発力が企業成長の源泉であるという理解が学術的にも実務的にも通説となっている。

外国の巨大製薬企業は，巨額の研究開発費を投じ，優れた研究開発力を構築することによって，世界市場において重要なプレイヤーとなっている。ところが，日本市場内では外資系製薬企業の立場は変わる。世界の医薬品市場におけるシェアと日本の医薬品市場におけるシェアを見比べると，後者の数値が低い外資系製薬企業がほとんどである（表1-2）。日本市場では日本出自の製薬企業（以下，日本製薬企業という）が非常に強い競争力を誇っており，企業規模においても巨大な日本製薬企業に対して小さい外資系製薬企業という構図が続いていた。1970年代では売上高上位20社に1社の外資系製薬企業がランクイン

表1-1 ■外国の主要製薬企業の日本への参入年

企業名 (参入時点)	国籍	日本 参入年	日本子会社名 (参入時点)	進出 形態	合弁相手先企業
Bayer	独	1911	フリードリヒ・バイエル合名会社	単独	(武田薬品, 吉富製薬)
Roche	スイス	1932	日本ロシュ	単独	
Schering	独	1933	日本シエーリング	単独	(グレートチャイナ(香港資本))
Ciba	スイス	1952	チバ製品	単独	
American Cyanamid	米	1953	日本レダリー	合弁	武田薬品
Pfizer	米	1953	ファイザー田辺	合弁	田辺製薬→台糖(1955年)
Merck	米	1954	日本メルク萬有	合弁	萬有製薬
Hoechst	独	1956	ヘキストジャパン	単独	(三井石油化学)
American Home Products	米	1957	日本ワイス	単独	
Upjohn	米	1959	日本アップジョン	合弁	住友化学
Schering-Plough	米	1959	エッセクス日本	単独	
Squibb Beech-Nut	米	1960	日本スクイブ	合弁	昭和薬品化工
Warner-Lambert	米	1960	国際薬品	単独	
Sandoz	スイス	1960	サンド薬品	単独	
Boehringer Ingelheim	独	1961	日本C.H.ベーリンガーゾーン	単独	
Bristol-Myers	米	1961	ブリストル萬有研究所	合弁	萬有製薬
Abbot Laboratories	米	1961	ダイナボットラジオアイソトープ研究所	合弁	大日本製薬
Eli Lilly	米	1965	日本エランコ	合弁	塩野義
Rhone-Poulenc	仏	1967	日瑞ローディア	合弁	(日瑞貿易(スイス資本)), (中外製薬, 昭和電工)
Glaxo	英	1968	グラクソ不二薬品	合弁	新日本実業
E. Merck	独	1968	メルクジャパン	単独	
Wellcome	英	1971	日本ウエルカム	合弁	田辺→住友化学(1977年)
Beecham Group	英	1973	ビーチャム薬品	単独	
Pharmacia	スウェーデン	1973	ファルマシア	単独	
ICI	英	1974	ICIファーマ	合弁	住友化学
Astra	スウェーデン	1975	藤沢アストラ	合弁	藤沢薬品
SmithKline	米	1977	スミスクライン藤沢	合弁	藤沢薬品

注1) 進出企業は，Chandler（2005），p.15に記載されている1993年時点世界売上上位企業を対象にしている。ただし，一般用医薬品等消費財中心のJohonson & JohnsonとProcter & Gambleは除いている。
注2) 企業名は，日本への参入時点のものを示している。というのも，合併等により1993年時点では企業名が変わっている・消滅している企業が存在するため。
注3) バイエルは1962年に単独出資の形で再度対日直接投資を行い「バイエル薬品」を設立するが，1973年に武田薬品，吉富製薬と共同出資形態で組織を改めて事業を開始した。
注4) シエーリング社は1957年に，香港資本のグレートチャイナが設立した日獨薬品に資本参加する形で戦後の対日直接投資を再開した。なお，1933年設立の子会社は「日本（にっぽん）シエーリング」で，1969年に日獨薬品から社名変更した際は「日本（にほん）シエーリング」であり，異なる企業である。
注5) ヘキストはヘキストジャパンとして単独で進出する。これが後に，医薬品事業を扱う「日本ヘキスト」となり，これは三井石油化学と合弁となる。1966年にヘキスト製品の輸入販売を担当するヘキストプロダクツ社を設立するが，これが「ヘキストジャパン」となったと考えられる。
注6) ブリストル・マイヤーズは1961年に萬有製薬と合弁で「ブリストル萬有研究所」社を設立するが，これはその後廃止になり，現在の事業の基盤となるものは1963年に100％出資で設立した「日本ブリストル・ラボラトリーズ」社である。
注7) イーライリリー社は1965年に塩野義製薬と合弁で「日本エランコ」社を設立するが，これはその後塩野義製薬に譲渡し，1975年に100％出資で設立した「日本リリー」社が現在の「日本イーライリリー」社の始まりである。
注8) ローヌプーランの設立した日瑞ローディアはその後ローヌプーランジャパンと改称。また1978年に医薬品事業を扱う子会社「ローディア薬品」（後にローヌプーラン薬品に改称）を設立するが，これは中外製薬，昭和電工と合弁で設立していた。
資料) 桑原（2007a），通商産業省企業局編（1968），日本シエーリング社史編纂プロジェクトチーム編（2003），日本チバガイギー社史編纂室編（1985），日本ベーリンガーインゲルハイム30年史編集委員会編（1991），日本メルク萬有株式会社（1980），バイエル薬品株式会社編（1999），原（2007），『外資系企業総覧』，『外国資本の対日投資』より作成。項目や表記の仕方は，原（2007）を参考にしている。

するのみであった。その後業績を伸ばした外資系製薬企業が，日本製薬企業に対抗できる企業規模になった。2000年代には，売上高上位20社に数社の外資系製薬企業がランクインを果たしている（**表1-3**）。ただし，この中には，もともと日本製薬企業だったものが外国の製薬企業に買収され，外資系製薬企業に転じたものも含んでいる。

このように，外国の製薬企業は優れた研究開発力という優位性があったにもかかわらず，日本市場に参入すると同時に大きなシェアを獲得するなど著しい成果を収めたかというと必ずしもそうではなかった。外資系製薬企業は時間をかけて売上高を増加させ，企業規模を拡大したのである。日本の医薬品市場における外資系製薬企業のシェアは次第に拡大し，2010年時点で約37％を占めるに至った（**表1-4**）。

それでは，外資系製薬企業は日本でどのように事業を展開してきたのか。本

表1-2 ■主要多国籍製薬企業の全世界市場シェアと日本市場シェア（2004年度）

企業名	①全世界市場シェア（%）	②日本市場シェア（%）	差（②－①）
ファイザー	9.3	4.2	△5.1
サノフィ・アベンティス	7.0	1.5	△5.5
グラクソ・スミスクライン	6.6	2.3	△4.3
メルク	4.6	2.7	△1.9
ジョンソン&ジョンソン	4.4	0.4	△4.0
ノバルティス	4.3	3.7	△0.6
アストラゼネカ	4.2	2.3	△1.9
ロシュ	3.8	4.4	0.6
ブリストル・マイヤーズ スクイブ	3.1	1.0	△2.1
ワイス	2.8	0.0	△2.8
イーライ・リリー	2.6	0.9	△1.7
アボット	2.3	0.4	△1.9
アムジェン	2.1	0.0	△2.1
武田薬品	1.8	8.0	6.2
ベーリンガー・インゲルハイム	1.7	0.9	△0.8
シエーリング	1.3	1.0	△0.3
シェリング・プラウ	1.3	0.8	△0.5
バイエル	1.2	1.2	△0.0

元資料）『薬事ハンドブック2006年版』226頁（表21）。
資料）原（2007），92頁（表1）より抜粋。

書は，1950年代から1990年代までの時期を対象として，外資系製薬企業が日本で成長を果たすために取り組んだ活動の解明に努める。対象の範囲を1990年代までとしたのは，2000年頃を境に製薬産業の状況が大きく変わったと考えられるからである。1990年代後半から2000年代にかけて，世界の製薬産業では巨大多国籍製薬企業同士の企業合併・買収（M&A）が多発した[8]。親会社レベルでのM&Aに伴い，日本子会社である外資系製薬企業の統廃合が生じた。その結果，日本の医薬品市場における競争状態も大きく変わることとなった。本書は1990年代までの時期に範囲を設定して，こうした世界的規模で生じたM&Aの影響を受ける前の外資系製薬企業の歴史を対象とする。

　さて，日本で事業を営むすべての外資系製薬企業の経緯を分析対象とするこ

表1-3 ■ 主要医薬品メーカー売上高順位（上位20社，単位：100万円）

1974年度

順位	社名	売上高
1	武田薬品工業	263,993
2	塩野義製薬	88,717
3	三共	87,568
4	田辺製薬	74,795
5	藤沢薬品工業	68,432
6	エーザイ	49,972
7	大正製薬	46,019
8	第一製薬	44,357
9	山之内製薬	44,134
10	稲畑産業	42,393
11	萬有製薬	41,287
12	大塚製薬	41,172
13	明治製薬	36,592
14	中外製薬	34,533
15	大日本製薬	28,176
16	吉冨製薬	26,900
17	住友化学工業	24,675
18	小林製薬	24,260
19	台糖ファイザー	23,710
20	日本新薬	20,202

2003年度

順位	社名	売上高
1	武田薬品工業	764,076
2	三共	376,677
3	山之内製薬	345,426
4	大塚製薬	334,975
5	ファイザー	308,116
6	エーザイ	303,626
7	藤沢薬品工業	264,431
8	第一製薬	253,486
9	大正製薬	240,562
10	中外製薬	222,138
11	ノバルティスファーマ	210,600
12	三菱ウェルファーマ	200,350
13	塩野義製薬	183,274
14	万有製薬	182,425
15	田辺製薬	164,848
16	グラクソ・スミスクライン	160,687
17	大日本製薬	157,783
18	小野薬品工業	138,099
19	住友製薬	136,915
20	アストラゼネカ	136,229

資料）『日本マーケットシェア事典』1976年版，『薬事ハンドブック2005』より作成。

とは困難である。そこで本書は特定の外資系製薬企業の事例に絞り，その設立から1990年代までの事業経緯を明らかにする[9]。ただし，各外資系製薬企業の経緯を把握するために，親会社の発展と国際化の経緯ならびに日本との接点を前史的位置づけとして触れることとする。対象としたのは，アメリカのメルク社（Merck & Co.）の日本子会社（日本メルク萬有株式会社および1985年以降は萬有製薬株式会社，現：MSD株式会社[10]），ドイツのシエーリング社（Schering AG）の日本子会社（日本シエーリング株式会社，現：バイエル薬品株式会社[11]），アメリカのイーライリリー社（Eli Lilly & Co.）の日本子会社（日本イーライリリー株式会社）である[12]。

表1-4 ■日本医薬品市場における外資系企業のシェア

年	総出荷額	外資系企業出荷額（億円）	外資系企業シェア（％）
1991年	52,016	9,654	18.6%
1992年	51,470	10,291	20.0%
1993年	53,167	10,548	19.8%
1994年	53,807	10,777	20.0%
1995年	57,477	11,641	20.3%
1996年	56,526	11,614	20.5%
1997年	56,991	12,395	21.7%
1998年	55,168	13,228	24.0%
1999年	60,313	15,405	25.5%
2000年	58,686	15,012	25.6%
2001年	63,387	17,936	28.3%
2002年	64,107	19,763	30.8%
2003年	65,206	21,743	33.3%
2004年	66,174	21,617	32.7%
2005年	69,030	20,342	29.5%
2006年	71,437	23,568	33.0%
2007年	73,836	25,017	33.9%
2008年	75,505	26,037	34.5%
2009年	79,668	27,707	34.8%
2010年	81,678	29,942	36.7%

元資料）厚生労働省「薬事工業生産動態統計」。
資料）吉岡・松本（2014），72頁。

　本書では，これら事例の医療用医薬品事業のみを分析の対象とする。医薬品は，病院や薬局で処方される医療用医薬品，薬局で消費者が直接商品を選択できる一般用医薬品（大衆薬），そして伝統的薬剤である配置売薬に大きく分類することができる[13]。この中で，医療用医薬品が最大かつ圧倒的な売上をあげている[14]。対象事例にとっても，医療用医薬品事業の発展が重要な経営課題であったため，同事業のみを取り上げることにする。

　対象とした3つの事例は，それぞれ特徴的な成長の経緯を示している。図1-1〜1-4は，主な外資系製薬企業の2000年までの売上高の推移を示したものである。4つの表で示したように，日本に参入した外資系製薬企業が経験した

図1-1 ●主要外資系製薬企業の売上高（その1）

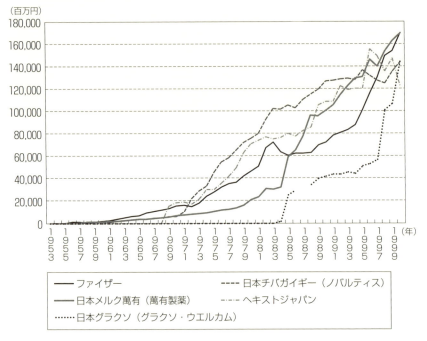

注）一部数値が不明の年を含む。
資料）各社社史、『薬業会社録』、『医薬品企業総覧』、『外資系企業総覧』、資料「業績関係資料」より作成。

軌跡は、大きく4つのタイプに分けることができる。第1のタイプの企業群（**図1-1**）は、長期にわたる日本事業の経験があり、1970年代以降急激に売上高を増加させて大いなる成長を遂げることに成功した。この中には、M&Aを経て日本事業を拡大させたものも含まれている。第2のタイプ（**図1-2**）は、日本事業の停滞・低迷を経験したものである。いったんは売上高を伸ばすことに成功するものの、売上高の持続的な増加に苦戦した企業群である。第3のタイプ（**図1-3**）は、日本事業の経験も長く持続的な成長傾向を示すが、売上高の増加率は第1のタイプの企業に比べ低い企業群である。最後（**図1-4**）は、日本への参入が比較的遅かったが、その後成長を遂げることに成功したタイプである。

4つのタイプのうち、本書は第1、第2、第4タイプに属する企業を分析対

図1-2 ● 主要外資系製薬企業の売上高(その2)

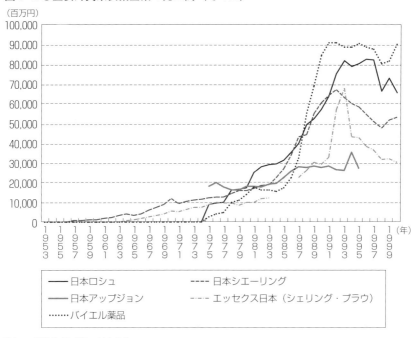

注) 一部数値が不明の年を含む。
資料) 図1-1と同じ。

象とする。持続的かつ急激に成長を果たした第1タイプと停滞・低迷を経験した第2タイプを考察対象とすることにより，外資系製薬企業の持続的成長はなぜ・どのように達成されたのか，持続的成長の成否を分けた要因は何であったのかを明らかにすることができると考えるからである。さらに，第4タイプを考察対象とすれば，遅れて事業を開始した外資系製薬企業が抱える課題が何であるのか，またそれをどのように克服することで成長が実現できるのかを明らかにできよう。この3つのタイプに属する企業を分析対象とすることによって，外資系製薬企業の持続的成長の経緯やその要因についての考察が可能になり，外資系製薬企業の歴史に関する理解が深まると考えられる。本書は，第1タイプに属するものとして日本メルク萬有・萬有製薬を，第2タイプとして日本シエーリング社を，第4タイプとして日本イーライリリー社を取り上げる。

図 1-3 ● 主要外資系製薬企業の売上高（その3）

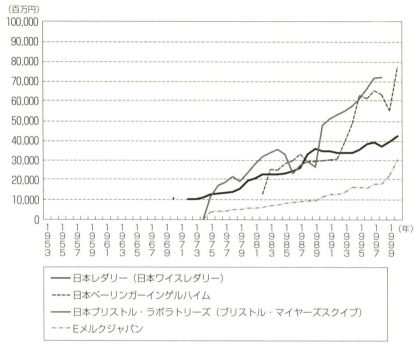

注）一部数値が不明の年を含む。
資料）図 1-1 と同じ。

　一方で、第3タイプは対象として取り上げなかった。このタイプの企業群は、持続的な成長傾向を示しているものの、売上高の飛躍的な増大が見られない。戦後の日本の医薬品市場は規模拡大を果たしており、それに伴い製薬企業の売上高も増加してきたことを踏まえると、第3タイプは企業努力がもたらした持続的成長なのか、市場拡大に伴う自然発生的な成長なのかが判別しにくい。このタイプの考察からは、外資系製薬企業の成長の要因を探ることが困難と考えられるため、本書はこのタイプを考察対象として取り上げなかった。

　本書で取り上げる3つの事例は、日本製薬企業との関係性にそれぞれ違いが見られる。メルク社は日本製薬企業（萬有製薬）との間に合弁形態で事業を開始し、その後合弁パートナーであった萬有製薬そのものを買収した。日本製薬企業の買収を実現した先駆的事例である[15]。本事例は、日本製薬企業との間に

図1-4 ●主要外資系製薬企業の売上高（その4）

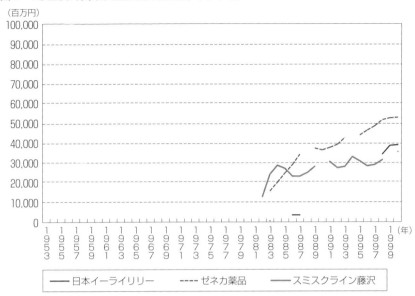

注）一部数値が不明の年を含む。
資料）図1-1と同じ。

　合弁パートナーとしての関係性および買収・被買収という関係性を有したものである。日本シエーリング社は，日本製薬企業との間に長らく関係性を持たず，長期にわたり独自路線を経験した事例である。外資系製薬企業の中で，こうした経験を経たものは稀有であり，考察対象として取り上げる価値があろう。日本イーライリリー社は，イーライリリー社の完全子会社である。だが，同社の事業展開に関しては，塩野義製薬との関係を抜きにして語れない。長らく，イーライリリー社の医薬品は，塩野義製薬が日本市場に供給するという関係が続いていた。日本イーライリリー社は塩野義製薬との間に資本関係を有していないものの，塩野義製薬との関係を巧みに活用することによって，自社の成長を実現していた。本事例は，日本製薬企業との間に資本関係を伴わない提携関係が，事業展開に影響を与えた事例として位置づけることができる。
　そもそも，外資系製薬企業は日本製薬企業との関係性を利用して成長を果たしてきた。外資系製薬企業にとって日本市場には多くの参入障壁が存在してい

る。そこで，外資系製薬企業は日本製薬企業と何らかの関係を構築し，その関係を通して参入障壁を克服するための知識を獲得した。その知識を活かしながら日本事業に関する学習を積み重ね，外資系製薬企業は次第に日本製薬企業に頼らずとも事業を発展させることができるようになった（原，2007）。このように，外資系製薬企業の成長を考察するうえで，日本製薬企業との関係性は無視できない要因であろう。そこで，日本製薬企業との関係が異なるタイプの企業を対象とすれば，外資系製薬企業の成長において日本製薬企業との関係性がどのように影響してきたのか，またその関係性はどのように変化したのかについて検討することができると考えられる。

3 本書の構成

　本書は，7つの章で構成されている。
　この第1章において，本書の問題意識と分析対象についての説明を行った。
　第2章では，先行研究を踏まえたうえで本書の研究課題を提示し，分析を行う際の鍵概念についての説明を行う。まず外資系企業に関するこれまでの歴史研究を整理する。そこから残された課題として見出される点は，外資系企業と現地アクターとの関係性に焦点を置いた考察が必要だということである。特に，製薬企業の場合，医師との関係性を抜きにして事業の経緯を考察することは困難と考えられる。そこで本書は，医師との関係性に焦点を置いて，外資系製薬企業の事業経緯および事業成果について考察を試みることを課題として提示する。こうした自社外部のアクターとの関係構築の努力が事業成果につながるという現象を理解するために，本書は「社会関係資本（Social Capital）」という概念を導入する。そのため第2章では，社会関係資本という概念についての説明も行っている。
　対象とする各外資系製薬企業の歴史を理解するために，そもそも日本の製薬産業がどのような歴史を経てきたのかについて踏まえておく必要があろう。そこで，第3章では，外資系製薬企業にとっての市場環境としての日本製薬産業の歴史的変遷を示す。具体的には，日本の医薬品市場の概況，製薬産業に関する制度の変遷，ならびにその変遷の中で見られた外資系製薬企業の活動に関す

る概観を示すことにする。

　第4章からは，取り上げた各社の事例分析に移る。第4章では，メルク社の日本子会社の事業経緯を解き明かす。まず，メルク社の発展と国際化，ならびに日本市場との接点について触れる。同社は萬有製薬と合弁で日本メルク萬有を設立し，日本での生産・販売促進活動を開始する。1970年代以降メルク社は日本事業強化の方針を採用し，日本メルク萬有の職能的能力を強化した。メルク社は日本メルク萬有の能力強化とともに萬有製薬との関係性の見直しを図った。最終的にはメルク社が萬有製薬を買収し，同社を日本事業の拠点として集約した。萬有製薬はメルク社の新薬を継続的に導入することで成長を果たし，1994年には外資系製薬企業の中で第1位の売上高を誇るまでとなった。

　第5章は，日本シエーリング社の経緯を明らかにする。シエーリング社は1957年に香港系の外資系製薬企業であった日獨薬品株式会社に資本参加し，この日獨薬品がその後日本シエーリング社に改称する。日本シエーリング社は，1980年代に造影剤[16]事業において大成功を収め，飛躍的に業績を伸ばした。その後，さらなる成長を目指し，異なる薬効領域の新市場への参入を試みた。しかしながら，この新事業では大きな成果を収めることができなかった。その後，造影剤市場での競争激化の影響を受け，造影剤事業の売上低下が急減したため，同社は1990年代に売上高・利益を低下させた。日本シエーリング社の事例を通して，一度急成長を遂げた企業でも持続的な成長を果たすことがいかに困難であるかが明らかになる。

　第6章では，日本イーライリリー社の1970年代から1990年代までの事業展開の経緯が描かれる。前2社が1950年代に日本事業を開始し，後の章で詳述するように，1970年代に日本事業の変革を試みているのに対して，日本イーライリリー社は設立が1975年と事業開始の時期が遅かった。同社は後発で事業を開始するというハンディキャップを抱えていたものの，着実な成長を果たしていった。その過程において，同社は人的資源の獲得に努めるほか，大手の日本製薬企業である塩野義製薬との提携関係を活かして事業を展開していた。本章では，日本イーライリリー社が持続的成長を遂げる経緯を明らかにする。

　第7章は，本書の結論にあたる。3つの事例を通して，1950年代から1990年代にかけての外資系製薬企業に見られた傾向と持続的成長のための取り組みに

ついて，事実の確認と整理を行う。また，本書は多国籍企業の日本子会社の発展過程を明らかにするものであるため，本書の発見事実は海外子会社を対象とした国際経営論に対して何らかの知見をもたらすものと考える。そこで，具体的には，海外子会社の進化に関する研究ならびに多国籍企業の「埋め込み」に関する研究を取り上げ，これら研究領域に対する本書の貢献を提示する。最後に今後の展望を述べる。

⦿注
1 昨今は，経済・社会のグローバル化とともにその反動も生じつつある。
2 世界経済の発展ならびに経済・社会のグローバル化と多国籍企業との関係を歴史的に考察したものとしては，Jones（1996, 2005）があげられる。
3 Gordon（2012）は，シンガー社のミシンが日本の服飾文化に与えた影響を同社の日本事業の歴史を明らかにしながら論じている。他にも，例えば，コカ・コーラ社やマクドナルド社の日本参入が，日本の食文化に与えた影響の大きさなどを想起すると，多国籍企業の経営活動がいかに現地の文化に影響を及ぼすものかイメージしやすいであろう。
4 外国企業の日本への参入についての歴史的変遷は，Mason（1992），桑原（2001），山内（2007）を参照。
5 本書は，多国籍企業の現地経営に関して経営史的考察を試みるものである。従来，多国籍企業の経営史研究は，特定の国で生まれた企業がどのように多国籍企業になっていくのかという過程を解き明かす研究が中心であった。Wilkins（1970, 1974）はアメリカ企業の海外進出の歴史研究を行い，これを先駆けとして，多国籍企業の海外進出の歴史を解明する研究の蓄積が進んだ（例えば，Jones, 1986a, 1986b, 1994a, 1994b；Jones and Schröter eds., 1993；Teichova, Levy-Leboyer and Nussbaum eds., 1986などを参照）。日本企業の海外進出の経営史研究に関しては，第2次世界大戦以前の紡績企業による中国市場への進出を対象とした，いわゆる在華紡の研究（桑原，1990, 2009, 2010；富澤・久保・萩原，2011）が代表的なものとしてあげられよう。

　近年の多国籍企業の経営史研究の動きとして，現地国側の視点に立った考察が進められつつある。Wilkins（1994）を先駆けとして，特定の国にどのような多国籍企業が参入してきたのか，そしてどのような活動を行ってきたのかを明らかにするという，多国籍企業の現地経営に注目する研究が増えており，対象とする地域や企業は多岐にわたっている。例えば，Fernández-Moya, 2012；Jones, 2002；Jones and Bostock, 1996；Sandvik, 2010；Schröter, 1988；井原，2009；梅野，2002；川邉，2011；桑原，2010；富澤・久保・萩原，2011；藤田，2012, 2014などを代表的研究としてあげておく。本書もこの研究の流れに位置づけられる。
6 第2次世界大戦以前に日本で事業を行った外資系製薬企業の数は少ないものの，それらが日本の製薬産業に与えた影響は大きかった。特に，医師を訪問し，医師に対して学術情

報や試供品の提供などの営業活動（プロパー活動）を日本に導入したのは，これら外資系製薬企業であった。プロパーとは，「プロパガンディスト（propagandist）」を短縮したものであり，医薬品に関する学術宣伝活動を行う人材のことを指す業界用語である（現在の「MR（Medical Representative：医薬情報担当者）」に該当する）。

　例えば，ロシュ社は横浜にあるスイス系商社のシーベル・ヘグナー社の中に，F・ホフマン・ラ・ロシュ学術部を創設し，初めてプロパー制度を導入し，日本で初めてプロパーを採用した（日本ロシュ株式会社，1982）。ただし，バイエル社に関しても，学術宣伝機関誌を作成して医師に配布したり，医薬品の説明書の配布や医師の請求に応じて医薬品の見本の贈呈を行ったりといった学術宣伝活動を日本で実施していた。戦前におけるバイエル社の日本子会社は，プロパーの人材増員と学術宣伝活動の継続・強化を進め，最盛期には，社員全体のおよそ3分の2が医師向けの宣伝員であったと言われている（バイエル薬品株式会社編，1999）。したがって，日本で最初にプロパーを採用したのはロシュ社かどうかの判断は難しく，プロパーの起源については考察の余地が残されている。こうしたプロパーの活動の起源や歴史に関する考察を試みたものとして，古池（1997）があげられる。

7　外資系製薬企業の社長経験者への聞き取り（2008年4月25日）。
8　代表的な企業合併・買収の事例として，以下のものがあげられる。アストラゼネカ（1999年，アストラとゼネカとの合併により誕生）。グラクソ・スミスクライン（2000年に，グラクソウェルカムとスミスクラインビーチャムとの合併により誕生）。サノフィ（2004年，サノフィ・サンテラボとアベンティスとの合併により誕生）。ノバルティス（1996年，チバガイギーとサンドとの合併により誕生）。バイエル（2006年，シエーリングを買収）。ファイザー（2000年，ワーナーランバートを買収。2003年，ファルマシアを買収。2009年，ワイスを買収）。

　なお，日本でも大型のM&Aが2000年代に生じる。例えば，2005年にアステラス製薬（山之内製薬と藤沢薬品との合併），第一三共（第一製薬と三共との合併），大日本住友製薬（大日本製薬と住友製薬との合併）が新会社として誕生した。2007年には，田辺三菱製薬（田辺製薬と三菱ウェルファーマとの合併）が誕生している。

9　本書は日本市場における外資系製薬企業の経営史研究である。そのため，日本製薬企業については考察対象外である。日本製薬企業を対象とした経営史研究としては，Yongue（2005），神保（2008），山下（2010），ヨング（2008）が代表的なものとしてあげられる。
10　2000年から社名表記は万有製薬株式会社となるが，本書では「萬有製薬」で統一する。2009年にメルク社がアメリカのシェリング・プラウ社を買収し，それに伴い，萬有製薬もシェリング・プラウの日本子会社との統合を果たす。同時に日本子会社の社名を新たに「MSD」とした。
11　2006年にシエーリング社はドイツのバイエル社に買収される。それに伴い，日本シエーリング社は2007年にバイエル社の日本子会社の1つであるバイエル薬品株式会社に統合された。日本シエーリング社が取り扱っていた医薬品は，バイエル薬品の成長を支えることとなる。
12　各事例の経緯を解き明かすために，本書では公刊資料ならびに聞き取り調査を通して得た情報や資料を積極的に活用している。公刊資料とは，対象企業に関する社史，各社が発刊した出版物ならびに雑誌・新聞記事などである。そして，聞き取り調査では，公刊され

ている資料では知ることのできない，当時の各社の実態について詳細な事実を得ることができる。現在に近い時期の歴史を対象とする場合，伝統的な歴史研究で重んじられる一次史料へのアクセスは困難となる場合が多い。しかしながら，公刊資料や関係者への聞き取り調査を積極的に利用することで，一次史料へのアクセスの限界という課題をある程度克服することができると考えられる。現代の企業経営の歴史研究を試みる際に，公刊資料や聞き取り調査を資料として用いることの積極的意義については，川邉（2012）を参照いただきたい。

　聞き取り調査は，対象企業の関係者のみならず，さまざまな対象者に対して実施した（表1-注1）。製薬産業の概要や特徴，製薬企業と医師との連携が持つ機能に関する情報など，多岐にわたる情報に基づいて，各社の考察を試みている。なお，利用した資料や聞き取り調査の日時等詳細については，各事例においても適宜示している。

表1-注1 ■聞き取り調査実施日

番号	対象者	インタビュー調査の日時	場所
1	医療機関（大学病院）A従事者	2009年6月2日。	神戸
2	医療機関（大学病院）A従事者	2009年6月2日。	神戸
3	医療機関（医療法人）B従事者	2009年6月4日。	奈良
4	医療機関（県立病院）C従事者[注2]	2009年7月15日。	加古川
5	外資系化学企業関係者	2007年12月3日。	東京
6	外資系製薬企業A関係者	2008年4月25日。	横浜
7	外資系製薬企業B関係者	2008年6月27日。	東京
8	外資系製薬企業B関係者	2009年6月26日。	神戸
9	外資系製薬企業B関係者[注3]	2009年7月28日，2009年10月2日。	神戸
10	外資系製薬企業B関係者	2009年8月6日。	東京
11	私立大学薬学部教授	2009年8月24日。	東京
12	日本イーライリリー株式会社関係者	2007年11月14日。	横浜
13	日本イーライリリー株式会社関係者	2007年12月5日。	神戸
14	日本イーライリリー株式会社関係者	2009年7月30日。	神戸
15	日本イーライリリー株式会社関係者	2009年9月1日。	神戸
16	日本イーライリリー株式会社関係者	2010年6月29日。	神戸
17	日本シエーリング株式会社関係者	2008年2月26日，2008年11月10日，2009年3月5日，2009年5月28日。	神戸
18	日本シエーリング株式会社関係者	2007年12月13日，2008年1月10日，2008年2月5日，2008年2月26日，2008年10月27日。	大阪，神戸
19	日本シエーリング株式会社関係者	2008年3月26日。	西宮
20	日本製薬関係企業[注4] 関係者	2009年7月8日。	東京
21	日本製薬企業A関係者	2009年6月12日。	大阪
22	日本製薬企業B関係者	2007年12月19日。	大阪
23	日本メルク萬有株式会社関係者	2008年2月19日，2008年4月3日。	逗子
24	日本メルク萬有株式会社関係者	2008年4月2日。	大宮
25	日本メルク萬有株式会社関係者	2008年11月27日。	東京
26	日本メルク萬有株式会社関係者[注5]	2008年5月30日。	柏
27	日本メルク萬有株式会社関係者[注5]	2008年12月22日。	東京
28	日本メルク萬有株式会社関係者[注5]	2008年4月1日。	逗子
29	日本メルク萬有株式会社関係者[注5]	2008年4月23日。	横浜
30	日本メルク萬有株式会社関係者[注5]	2009年1月13日。	横浜
31	萬有製薬株式会社，日本イーライリリー株式会社関係者	2006年1月24日。	神戸
32	萬有製薬株式会社関係者	2008年6月25日。	東京
33	萬有製薬株式会社関係者	2006年3月29日。	東京

34	萬有製薬株式会社関係者	2006年3月29日。	東京
35	イーライリリー社，メルク社関係者	2006年6月22日，2008年11月28日。	東京
36	イーライリリー社，メルク社関係者	2006年3月28日。	東京
37	ボストンコンサルティング社関係者	2006年6月22日。	東京

注1）本書で取り上げない企業に異動した場合は，その社名を記載していない。
注2）医療機関C従事者は，医療機関Aにて勤務の後，Cに異動している。
注3）当該者は，インタビュー時は国立大学に勤務。インタビューは主に外資系製薬企業Bに関する経緯を調査した。
注4）主に，医薬品の輸出入などを行っている。
注5）日本メルク萬有が萬有製薬と統合した後も萬有製薬に残っている。他の日本メルク萬有関係者は，他社に異動している。
注6）各回により調査時間はさまざまだが，おおよそ1時間30分～2時間のインタビューを実施している。
資料）筆者作成。

13　医療用医薬品と一般用医薬品という用語が使われるようになったのは，1967年の「医薬品製造承認等に関する基本方針」が発表された頃である（長谷川，1986，p.107）。

14　全医薬品売上高に占める医療用医薬品の割合は，2009年には約9割である（吉岡・松本，2014，p.65）。

15　メルク社が萬有製薬を買収した事例は，外資系企業による日本企業買収の先駆的かつ成功した事例として評価されている（アベグレン，2004）。

16　造影剤とは「X線診断やMRI診断時に臓器や血管の中に注入して像を結ばせる目的に使用する薬剤」である（薬事日報社編，2005，p.231）。

第2章

外資系製薬企業と社会関係資本

1 外資系企業の歴史と本書における焦点

　日本における外資系企業を対象とした歴史研究には，一定の蓄積がある[1]。
　Mason（1992）は，外資系企業の活動経緯の解明を通して，日本政府や日本企業の排他的行動を指摘し，市場環境として日本は閉鎖的特徴を備えていたと主張する[2]。外国資本の出資比率に対して制限を設け，日本の産業発展に寄与する場合に限り外国資本の投資を認めるといった「外資に関する法律」（通称「外資法」）に代表されるように，日本政府は外国企業の日本参入に対して規制を設けてきた[3]。また日本企業も自らの成長にとって脅威となる外国企業の日本への参入を拒むことがあり，参入に対する反対運動にまで発展することもあった。こうした日本企業が示した排他的活動は，政府の外資政策に影響を及ぼし，これが外国企業の参入や日本事業を阻害することがあった。このように，外資系企業は日本事業を行うにあたり，多くの制約や反発に直面することも多かった。そして日本から撤退を図る外資系企業も多々見られた。
　他の先進国と比べて，日本は長期にわたり一貫して直接投資の受入額が少ないという特徴を持っている[4]。日本の閉鎖性を主張する見解に基づくと，受入投資額が少ない理由は，日本の外資政策や閉鎖的特徴が外資系企業の多くを苦境に陥らせたことを受け，他の多くの外国企業が日本市場への参入を見合わせたためと理解することができる。そして，受入投資額が少ないという事実は，日本市場は外資系企業にとって閉鎖的で困難な市場であるという一種の「神

話」をつくり出していった（アベグレン，2004）。

　確かに，日本政府や日本企業がとった排他的行動は，外資系企業の成長にとって障壁の1つであった。しかし，日本が閉鎖的特徴を持っていたとしても，日本で長期にわたって成長を遂げている外資系企業がいることを看過してはならない。日本で活動した外資系企業の成果はさまざまであり，撤退していった企業もあれば，事業を継続させたものもある[5]。同じ日本という市場で活動しているにもかかわらず，さまざまな成果が生じたのは，日本市場が備える特徴よりも外資系企業による経営のあり方の違いに原因があったためと言えよう（アベグレン，1998；2004；2007）。

　次に，国際関係経営史の観点から外資系企業の経営行動とその成果を明らかにしようと試みる研究があげられる[6]。国際関係経営史とは，「同一時点における複数国の産業間ないし企業間の相互作用を，決定的に重視」し，「ある時点におけるA国のaという企業（産業）の経営行動がB国のbという企業（産業）にどのような影響を及ぼしたか，そのb企業（産業）の対応がa企業（産業）の行動にいかなる変化をもたらしたか，などの論点に注目する」ものである（橘川，2016，p.333）。例えば，Donzé（2013）は，1900年から1945年までのドイツ企業ジーメンス社の日本における医療機器―具体的には，X線検査機器―事業を取り上げ，技術的優位性を誇っていたジーメンス社は日本市場における地位を保つことができず，代わって株式会社島津製作所など競合企業が技術力を高めたことによって台頭していった経緯を明らかにしている。Donzé（2013）は，ジーメンス社の経営方針や事業経緯を明らかにすることに努めながら，同時に，ジーメンス社の日本市場参入が日本の医療機器企業にどのような影響を与え，かつ日本企業がどのような対応を示したのかを明らかにしており，まさに国際関係経営史の観点から，医療機器企業の歴史を解き明かしたものである。

　外資系企業の研究においては，どちらかといえば「ある時点におけるA国のaという企業（産業）の経営行動がB国のbという企業（産業）にどのような影響を及ぼしたか」という点の解明に力が注がれる傾向にあった。すなわち，外資系企業の経営行動の詳細を明らかにしつつ，こうした外資系企業が日本企業や産業さらには日本経済や社会にどのような影響を与えてきたのかを明らか

にすることに重点を置いていた。具体的には，日本企業や産業，経済の発展にとって外資系企業が多大な貢献を果たしたことを明らかにしている[7]。

では，外資系企業の経営行動は，どのようにして日本企業や産業，経済の発展につながるのか。ここで鍵となるのは，多国籍企業は国境を越えて経営資源の移転を行う主体であるということである（Fayerweather, 1969）。多国籍企業がそれまで存在していなかった新たな技術やノウハウなどを進出先地域に持ち込み，その市場での活動を通して，新技術やノウハウが同地に根づくことになる。進出先地域の現地企業はこうした新技術やノウハウを吸収・学習するようになり，これら新技術やノウハウを活かして新しい産業や事業を育て上げるようになる。これが進出先市場の経済成長をもたらす。このように経営資源の移転者である多国籍企業は，「成長のエンジン」としての役割を担っていると評価される（Jones, 2005）。経営資源の移転者として，一部の外資系企業は日本にとっての「成長エンジン」の役割を果たしてきたのである[8]。

以下，具体例をあげながら，外資系企業の活動とその果たした役割を見てみよう[9]。明治以降近代化を進める日本において，重化学工業に関する技術など当時の最先端の技術の多くは，海外から導入されている。日本事業を始めるにあたり，外国企業（親会社）は，自らが持つ新しい技術や経営資源を日本子会社である外資系企業に移転した。新製品に関する技術だけでなく，それら新製品を生産するための生産システムをはじめとした経営管理ノウハウの移転もなされた。例えば，三菱電機株式会社は1923年にアメリカの電機企業であるウェスティングハウス社と資本・技術提携を締結した[10]。この出来事は，同社に最先端の電機技術のみならずアメリカ式の経営管理手法をもたらす契機となった。三菱電機の従業員は，ウェスティングハウス社の時間研究法，工程管理法ならびに原価計算などを学んだ。そして，三菱電機神戸製作所の扇風機工場では，ウェスティングハウス社が実践していたストップウォッチを用いた時間研究法が導入された。時間研究を基に要素動作の分析を行い，標準生産量の算定がなされた。そのうえで単価の設定がなされるようになった。すなわち，同工場にはいわゆる科学的管理法が移転され，それを基にした近代的労務管理の確立を目指したのであった。

外資系企業内で最新の技術や経営管理ノウハウが定着するだけなく，こうし

た技術やノウハウは社外へと波及することになる。それによって日本企業，産業における技術水準や生産性が高められ，企業，産業ひいては経済の発展へとつながった。三菱電機神戸製作所に移転された時間研究法は，同社の従業員たちの社外での説明や指導活動を通して，鉄道省や軍工廠に一部波及がなされた。一方で，直接的な指導を受けずとも，日本企業が外資系企業に対抗すべく，外資系企業が有する技術やノウハウを模倣し，それらの習得に励み，競争力の強化を目指すこともあった。

　ほかにも，外資系企業を中核として，新たな産業が発展することも見られた。代表的な事例が，日本におけるゴム産業の発展である。1909年にイギリスのゴム企業ダンロップ社は神戸に自転車用タイヤなどの生産を行う工場を設立した[11]。この時期，日本のゴム産業，特にタイヤ生産に関する技術は，幼稚な段階にあった。同工場は日本において初めて本格的な空気入りタイヤを生産する工場であり，当時の日本において最先端のゴム加工技術を持っていた。その後，製品の種類を増やし，1913年には自動車用タイヤの生産も開始した。そして，ダンロップの取り組みに刺激を受けた日本のゴム業界人たちは，ゴム技術の向上に努めるようになった。特に，ダンロップ工場に勤務し，ゴム加工技術を習得した人材が日本企業に移籍したり，起業したりした。これが同社の技術を広く日本に浸透させることとなった。そして，神戸ではゴム加工を行う企業が多く登場し，いくつかの企業は大企業にまで成長を果たすに至った。ダンロップの日本参入が，神戸におけるゴムの産業集積を生み出す契機となり，かつ日本のゴム産業の発展につながったのである[12]。このように，これまでの研究においては，外資系企業の経営行動ならびに外資系企業の果たした歴史的意義の解明に力が注がれてきた。

　国際関係経営史の研究は，国際的な産業間ないし企業間の相互作用を重視する立場から，外資系企業の発展および外資系企業の果たした役割を解き明かしてきた。しかし，相互作用性を重視するあまり，例えば，外資系企業の持つ組織能力や外資系企業の成長に関する主体的要因の解明に対する意識が十分でない。西村（2016, p.12）も指摘するように，国際関係経営史の研究においても，あくまで「企業を能動的な行動の主体とした上で」分析を試みる必要がある。そこで，外資系企業の活動経緯を明らかにして，そこから外資系企業の成功を

もたらした主体的要因を導き出そうとする研究が進められている[13]。この研究の中では，外資系企業にとっての成功要因として，親会社からの経営資源の移転と日本での現地適応が重視されている[14]。桑原（2005，2009）によると，大衆消費者を対象とした外資系食品企業の場合，親会社は外資系企業に対してマスマーケティングに関するノウハウの移転を積極的に進めた。一方で，製品を消費者の手に確実に届くようにするため，小売店の陳列棚に製品が配架されるべく，日本の複雑な営業慣行や流通構造に対応するという現地適応が課題として求められた。外資系企業自らは小売店への営業を行いつつ，この課題解決に向けて総合商社と連携して，総合商社が有する物流網や代金回収機能をうまく活用することを目指した。経営資源の移転と現地適応の課題を克服した外資系企業が，日本での成長を果たしたのであった。

　なぜ，経営資源の移転と現地適応は可能になるのか。桑原（2005，2009）は，親会社から外資系企業に派遣される駐在員の役割に注目する。駐在員を通して，親会社の持つ経営資源が日本子会社に移転される。そして，駐在員が長らく日本事業を経験することによって，日本市場の特徴を理解し，日本市場に適した経営行動を採用できるようになる。駐在員をうまく活用する国際人的資源管理の重要性を桑原（2005，2009）は主張する。

　駐在員をはじめ外資系企業の構成員は，日本市場の特徴に関する情報や日本で成長するために必要な情報や資源を獲得していく。それが現地適応を可能にする。というのも，現地適応とは，現地での経営資源の獲得とその活用がなされて初めて実現されるからである。これら経営資源の獲得は，主に，日本市場に存在する自社外部のさまざまなアクターとの関係を通して可能となろう。それならば，外資系企業が日本に存在する外部アクターとどのように関係を構築するのか。この点について，より考察を深める必要が残されている。

　近年，海外子会社の発展過程を，現地市場に存在する外部アクターとの関係性に注目して解き明かそうとする経営史研究が行われつつある[15]。この研究の背景には，現地市場での事業活動を捉えるために，その企業内部の動向のみを分析の焦点とすることには限界があるという認識がある。この認識に従えば，外資系企業の経営活動とその成果を考察するために，外資系企業と日本に存在する外部アクターとの関係性により注目する必要がある[16]。そこで，本書は外

資系企業と外部アクターとの関係性に焦点を置き,外資系企業の発展経緯およびその成長を支えた主体的要因を考察する[17]。

　実際のところ,日本に存在するさまざまな外部アクターと関係を構築することは,新たに日本への参入を図る外資系企業にとって容易でない経営課題であった。というのも,競合相手となる日本企業はすでにそうした外部アクターと関係を構築していることが多く,外資系企業がそこに割って入るためには,多大な努力が求められるからである。しかも,新参者である外資系企業の場合,日本企業に比べて日本での実績や認知度に劣ることがありえるため,これが外部アクターとの関係構築の1つの障壁になることがあった[18]。

　本書で対象とする製薬産業においては,特に医師という外部アクターが事業活動に大きく関わってくる。だが,医師との関係性を踏まえて外資系製薬企業の成長を理解しようとする試みは,管見の限り見られない。これまでの外資系製薬企業の歴史を分析した研究においては,研究開発から生産,販売に至る職能の統合を実現することがその成長の要因として重要であったと指摘されている(桑嶋・大東,2008)。多くの外資系製薬企業の日本事業は限定的な活動から始まり,日本事業に関する学習を経て,活動の範囲を拡大させていく。例えば,多くの外資系製薬企業は,販売活動に関して,既存の日本製薬企業に依存していることが多かった。その後,日本の複雑な営業・流通制度などについての学習を経て,自社販売網を確保するようになる(小原,1996;原,2007)。それが,1980年代から1990年代にかけて見られた,外資系製薬企業による自販体制への移行である。

　しかしながら,研究開発から生産,販売に至る一連の職能を統合することが,すぐさま成長につながったわけではない。職能の統合だけに成長の要因を求めることはできず,その統合までに至る過程や統合後の過程で行われた経営努力も重要であろう。そうした経営努力の1つとしてあげられるのは,日本市場に投入する新薬を継続的に確保し,その承認を確実かつ迅速に得て,しかも迅速に市場で受け入れられる体制をつくり出すことである。獲得した化合物を医薬品として確実に市場に導入することができ,かつそれを迅速に普及させることができるかどうか。これが外資系製薬企業の日本での成長に求められた大きな課題の1つあった[19]。

図2-1 ●医療用医薬品および情報の流れ

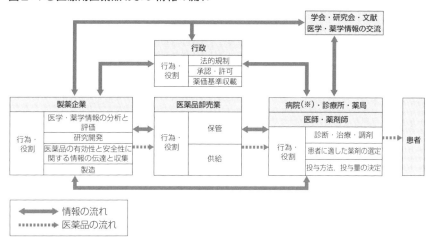

（※）大学病院等では，このほかに研究（基礎・臨床）なども行っている。
元資料）日本製薬工業協会　医療用医薬品Q&Aシリーズ「医薬品の流通」。
資料）日本製薬工業協会『DATA BOOK1989』，36頁を一部改訂。

　外資系製薬企業はこの課題をどのように乗り越えたのか。またその際，どのようにして医師と関係を構築し，その関係性が事業展開にどうかかわってきたのか。外資系製薬企業による医師との関係性のマネジメント，および成長を遂げるための体制の構築過程を明らかにすることを通して，外資系製薬企業の持続的成長のメカニズムを考察することが，本書の課題である。

2　医師の社会的ネットワーク

　製薬企業にとって，医師との関係性は事業展開に欠かせない要素である。図2-1は，医療用医薬品に関する製品および情報の流れを示したものである。当然であるが，製薬企業は医師に対して医薬品に関する情報提供を行っている。そして，医師が医薬品を採用するかどうか決定する。こうした情報や医薬品の取引関係のみならず，製薬企業と医師との関係性は多岐にわたる。
　製薬企業が実施する医薬品の開発および医薬品の普及活動において，医師は重要な協力者にもなりうる。例えば，新薬の開発途中で行われる治験[20]には，

もちろん医師がかかわっている。また，治験に携わった医師が試験結果の報告や発表を行えば，対象となる新薬の情報が拡散される。新薬の有効性や安全性が高い試験結果が出れば，すぐに情報の発信や浸透が起こり，新薬の普及につながる。こうした医師の果たす役割を踏まえると，製薬企業は医師との間に，自社の活動に理解を示し，協力してくれるような信頼関係を構築することが求められる[21]。

特定企業との協業や特定企業の新薬を採用するという選択は，各医師の自由意思に基づく。ただし，各医師の意思決定は，周りの医師たちの行動から影響を受けることも多い。というのも，医師は医師同士でネットワークを形成しているからである。これは，例えば，学会や研究会といった医学知識の共有と発展を目的にした組織に属することや，同じ医局[22]出身（同窓）といったことなどから生じる社会的ネットワークである。医師が形成する社会的ネットワーク（以下，医師の社会的ネットワークという）の種類は多岐にわたり，その範囲もさまざまである[23]。そして，この医師の社会的ネットワークにおいて，医師間での情報交換や相互作用がなされており，これが各医師の行動に影響を及ぼしている。

例えば，医師の社会的ネットワーク内での情報交換は，医師による新薬の採用行動に影響を与えている（Coleman, Katz and Menzel, 1966；Rogers, 2003）。大学医学部の教授をはじめ，医学研究において第一人者であり社会的名声や人脈を有する著名な医師（オピニオンドクター）は，医師の社会的ネットワークにおける高い発信力や影響力を持つ。オピニオンドクターが採用した新薬は安全性や効能が高いと評価される傾向にあり，追随する形で他の多くの医師たちもその新薬を採用するようになる。また，日本では大学病院で使用された医薬品に関する情報は，医局に属する医局員間で共有される傾向にある。そして大学病院で医薬品の使用時の情報が蓄積され，その安全性や効能に関する情報が確定してくると，大学病院以外の関連病院などに勤務する医局員がその医薬品を採用するようになる（筒井，2009，2011）。医局を辞め開業医になった医師たちも「同窓会組織の一員として医局とゆるやかな関係」（猪飼，2010，p.278）を持っているため，医局員からの情報を受けて，その医薬品を採用する可能性が高くなるであろう。こうして大学病院を起点にして，周りの

病院や診療所に新薬の普及が進んでいく。

　ほかにも，オピニオンドクターは治験のメンバーや実施施設の選定にもかかわることが多い。例えば，治験責任医師にはオピニオンドクターが就任することが多い。複数の医師を巻き込む研究会の形で行われる治験では，他の医師たちの協力を引き出し，臨床試験および関連作業が円滑に進められることが求められる。その際，影響力を持つオピニオンドクターが働きかけを行えば，治験に携わる医師たちの動員や協力を得ることが実現しやすいと考えられる。

　こうした医師の社会的ネットワークの存在を踏まえると，製薬企業は医師のネットワーク内で影響力を持つ，もしくは影響力を持つことが見込まれる医師と信頼関係を構築し，その医師と連携することによって，他の多くの医師を自らの事業活動に巻き込むことが可能になる。多くの医師を事業活動に巻き込むことができれば，製薬企業は新薬の迅速な承認の実現可能性が高まり，同時に新薬の採用の拡大も見込まれよう。

　このように，製薬企業は成長を果たすために，多くの医師たちを巻き込むことを目指している。そしてそれは，医師との関係性を通して，当該医師が属する医師の社会的ネットワークに働きかけを行うことによって，達成される。本書では，医師の社会的ネットワークに働きかけを行い，多くの医師たちを巻き込むことを「医師の社会的ネットワークとの連携」ということにする。製薬企業は医師の社会的ネットワークとの連携を想定して，医師との関係性を模索するのである。

3　鍵概念―社会関係資本（Social Capital）

　既にみたように，製薬産業においては，医師の社会的ネットワークとの連携が，新薬の迅速な承認と普及という事業成果をもたらすと想定される[24]。この医師の社会的ネットワークとの連携が事業成果につながるという現象は，「社会関係資本（Social Capital）」という概念を用いることによって深い理解が可能になる。

　社会関係資本という概念は社会学，政治学，経済学，経営学などさまざまな分野で近年積極的に議論がなされている[25]。それぞれの学問分野や研究者に

よって，この概念に対する定義は異なっている。しかし，共通した見解として次の点をあげることができる。社会構造に資源が存在し，行為者が社会関係へ投資を行うことによってその資源を活用することができ，その資源活用によって何らかのリターンがもたらされるという点である。以下，代表的な定義を整理しておこう。

Coleman（1988）は，社会関係資本を以下の特徴を有するものと定義する。第1に，すべての社会関係資本は社会構造という側面を備えており，行為者間の関係の構造に内在している。第2に，社会関係資本はその構造内の行為者の何らかの行為を促進する。そして「他の資本形態と同じように，社会関係資本は生産的なものであり，それなしでは不可能な一定の目的の達成を可能にする」（Coleman, 1988, 邦訳p.209）。

Putnam（1993, 1995, 2000）は，地域の市民社会の健全な発展において社会関係資本の果たす役割の重要性を強調している。彼は，「『ソーシャル・キャピタル』とは，相互利益のための調整と協力を容易にする，ネットワーク，規範，社会的信頼のような社会的組織の特徴を表す概念である」と定義する（Putnam, 1995, 邦訳p.58）。市民による密接な相互行為によって社会関係資本が醸成され，それがさらなる市民活動を喚起し，民主主義，市民社会を発展させると捉えている。この考えは公共政策論につながっていく。

ColemanとPutnamは，国家や地域社会の共同体といった大きな集団レベルにおける社会関係資本を捉えようとしている（Lin, 2001）。すなわち，社会関係資本を公共財として捉え，その機能を分析しているのである[26]。

一方，Burt（1992, 2001）は個人や組織といったレベルに焦点を合わせ，社会関係資本を個人財として捉え，考察している。彼は，ネットワークの特性とネットワークにおける行為者の位置に注目する。断絶された異なるネットワーク同士の情報の流れを仲介できる機会を「構造的隙間」と定義し，そのような位置にいる行為者は，人と人とを仲介することで情報等を結びつける。それによって付加価値を生み出し，競争優位をつくり出すことができる。したがって，彼は「社会関係資本を，仲介者になる機会（brokerage opportunity）の機能」と捉えている（Burt, 2001, 邦訳p.247）。

Lin（2001）は，それまでの社会関係資本に関する研究を整理し，社会関係

資本理論の前提は「市場の場で見返りを期待して社会関係に投資すること」（Lin，2001，邦訳p.24）であると指摘する。そして社会関係資本を個人財として捉えたうえで，「社会関係資本は人々が何らかの行為を行うためにアクセスし活用する社会的ネットワークに埋め込まれた資源」（Lin，2001，邦訳p.32）であると定義している。

以上の定義を踏まえると，社会関係資本は，社会関係と行為ならびにその成果を説明する際に有効な概念といえる。特に，Lin（2001）の社会関係資本の定義に基づくと，本書の事例である製薬企業の活動をよく理解することができる。そこで，本書はLin（2001）の社会関係資本の定義を採用し，以下ではその特徴を説明する。

Lin（2001）によると，社会関係資本は「(1)直接的，間接的なつながりによってアクセスできる資源であり，(2)その資源は他者の所有物（彼らの個人的資源）または他者の社会的地位（彼らの地位的資源）に帰属した資源である」（Lin，2001，邦訳p.57）。行為者は，社会関係を結ぶことによって，相手が有する物的資源，情報的資源，関係的資源といったさまざまな資源にアクセスできるようになる。さらに，その相手を介して，別の他者が所有する資源にアクセスすることも可能になる。それは，その相手がその資源（を所有する別の他者を含む）に関する情報を知っていることから生じうる。したがって，社会的ネットワーク内において重要な役割を占める地位にいる人材は多くの情報を有しているため，その人材と関係を構築できれば，行為者は必要な資源へのアクセスがより容易になる。

またLin（2001）は，社会関係資本は行為者にとって有益な資源であると述べる。というのも，行為者が社会関係資本にアクセスし，それを活用することで，行為目的の達成がなされうるからである。なぜ，社会関係資本の活用が目的達成につながるのであろうか。第1の理由として，社会関係への投資を行うことで，「そういったつながりがなければ手に入らないような機会や選択肢に関する有用な情報を諸個人にもたらしてくれる」可能性が大いに高まることがあげられる（Lin，2001，邦訳p.25）。第2の理由として，社会的なつながりを通して他者の意思決定に影響を及ぼすことがあり，それが行為者にとって有益な資源や結果をもたらしうることがあげられる。例えば，社会的ネットワーク

内で重要な地位を占める個人との関係を持つことで，その人物の影響力を活用して別の他者の協力などを引き起こすことが可能となる。雇用や昇進の際の「口添え」「紹介」などがこれにあたる。その他の理由として，社会関係資本は行為者の信用を高める効果やアイデンティティを補強する役割を有していることがあげられる。行為者が特定の人物との社会関係を有すると，それまでつながりのなかった別の他者が行為者を信用するようになることがある。つまり，「あの人物との知り合いなら問題ない人物だろう」との判断が生じるので，行為者に協力してくれる可能性が高まるのである。また社会関係を持つことで，その社会的ネットワークのメンバーから行為者がネットワークの一員として認められるようになり，これは情緒的なサポート以外にも特定の資源にアクセスする公的権利を得ることにもつながりうる（Lin, 2001, 邦訳pp.25-26）。

　こうした社会関係資本の特徴を基に，製薬企業の事業展開についての解釈を試みると次のようになる。製薬企業がオピニオンドクターをはじめとした特定の医師と関係を構築すれば，彼（女）らが持つ情報力（個人的資源）や属する社会的ネットワーク内での影響力（地位的資源や関係的資源）を活用することができる。それは，社会関係への投資を通して獲得できる資源である。その資源の活用が他の医師たちの動員や協力をもたらし，研究開発活動や販売促進活動の円滑化につながる。すなわち，新薬の承認や普及という事業成果を可能にする。このように，その資源は製薬企業にとって有益なものである。したがって，医師との関係構築から事業成果に至る経緯は，医師の社会的ネットワークに埋め込まれていた社会関係資本へのアクセスを試み，その活用を果たした経緯と解釈することができよう。また先述した「医師の社会的ネットワークとの連携」は，医師の社会的ネットワークに埋め込まれた社会関係資本へのアクセスと活用を行うことを意味する。

　ところで，日本市場に存在する医師の社会的ネットワークに埋め込まれた社会関係資本にアクセスし，それを活用することは，日本製薬企業より外資系製薬企業のほうが困難だったと考えられる。というのも，外資系製薬企業は日本と異なる文化的価値観を持つ外国企業の日本子会社であり，日本での医師の社会的地位や有名大学医学部に対する評価など，日本の医療界に関する知識は日本製薬企業に比べ少ないからである。特に，外資系製薬企業は事業を営むにあ

たり，医師の社会的地位や医師との関係性に関する日本の特性を適切に理解するところから始めなければならない。治験現場を例にとると，アメリカでは製薬企業の担当者と医師とはほぼ平等な立場にあり，自由な意見交換や相談を行うことができたのに対し，日本での医師の立場は製薬企業に比べて長らく圧倒的に強かった（ヨング，2008）[27]。こうした特性を理解して，医師との関係構築を図り，医師の社会的ネットワークに埋め込まれた社会関係資本の活用を試みなければならなかった。そもそも，他者と信頼関係を構築するには，他者に対する理解や価値観がある程度共通していることなどが求められよう。医師との間に共通した価値観を持ち，医師の社会的地位を適切に理解することが信頼関係の構築につながるならば，医療界に関する知識に乏しく，異なる価値観を持っていた外資系製薬企業は，すでに長らく事業を営んできた日本製薬企業に比べて不利な状況であったといえよう。こうした困難な課題を，外資系製薬企業は克服しなければならなかった。

　この社会関係資本という概念を用いながら，本書では第4章以降3つの事例を対象に，その事業展開の経緯が明らかにしていく。そこから，外資系製薬企業の持続的成長のメカニズムの考察を試みる。その前に，次章では，日本医薬品市場の変遷とともに外資系製薬企業の事業展開に関する歴史的概観を示すことにする。

⦿注
1　外資系企業を対象とした歴史研究を整理・検討したものとして，桑原（1991）があげられる。ただし，桑原（1991）は第2次大戦前に活動した外資系企業に関する歴史研究のみを取り上げている。
2　Mason（1992）に関しては，古沢（1996，1997）による論点整理も参照。
3　外資法は1950年に制定され1980年に廃止となる。
4　対内直接投資残高の世界総計に占める割合を基準にすると，日本は1914年0.2％，1938年0.4％，1960年0.2％，1983年0.7％，2002年0.8％となっている。これに対して，例えば，イギリスの数値はそれぞれ1.4％，2.9％，9.2％，9.1％，10.0％，アメリカの数値はそれぞれ10.3％，7.4％，13.9％，23.2％，18.9％となっている。ここから，日本の数値は一貫して低いことが読み取れる（Dunning, 1988, p.75；Jones, 2005, 邦訳p.359）。
　　ただし，日本の受入投資額は十分把握しきれておらず，日本における外資系企業は過小評価されているという指摘もある。対日直接投資の統計における問題点は，深尾・天野

(2004) pp.15-23を参照。
5 第2次世界大戦後に日本で活動した外資系企業の存続と撤退の動向に関しては，桑原（2007a）に詳しい。
6 日本を対象とした国際関係経営史研究の展開や特徴については，Nishimura（2016）を参照いただきたい。こうした観点からの研究として，例えば以下の研究があげられる。石井（1984），宇田（1971），宇田川（1987），橘川（2012），工藤（1992a；1992b），佐々木（1987；1998），四宮（1994），大東（2010），竹中（1991），Donzé（2010；2013），Kudo（1994），Udagawa（1990），Wilkins（1982；1990），Yuzawa and Udagawa eds（1990）。
7 日本経済の発展に対する外国資本の貢献を論じた先駆的研究は，堀江（1950）である。堀江（1950）は，外国資本の受入額の動向や外資系企業が技術移転の役割などを網羅的に解明している。
8 もちろん，日本に存在する外資系企業の活動のみが技術や経営資源の日本への移転をもたらしたわけではない。日本企業と外国企業や外資系企業との技術提携も，日本への技術移転ならびに日本の技術力向上に大いに寄与している。
9 外資系企業の果たした役割に関する議論については，主に宇田川（1987，2004），桑原（1991，2001）に基づく。
10 三菱電機の活動経緯およびその成果の波及については，佐々木（1987；1998）に基づく。
11 ダンロップの日本事業とその波及効果に関する詳細は，井上（1993），山内（2010）を参照いただきたい。
12 影響は神戸周辺だけでない。ブリヂストンがタイヤ製造を開始した当初，その製造技術はダンロップの日本子会社から転籍した人材に依存していた（宇田川，2004）。
13 例えば，宇田（2007），Kuwahara（2009），桑原（2000；2002；2005；2007b；2008；2009），竹内（2010；2012a；2012b；2012c；2013），多田（2014），長谷川（2009），吉原（1992），山内（2010）などが，代表的なものとしてあげられよう。ただし，多田（2014），長谷川（2009），吉原（1992）は歴史研究ではなく，海外子会社管理に関する理論研究の一環として外資系企業の歴史的経緯を明らかにしている。
14 多国籍企業の歴史研究において，海外子会社への経営資源の移転は重要な問題意識の1つである。外資系企業を対象としたものではないが，Jones（2002），井原（2009）などは海外子会社への経営資源の移転の巧拙に注目して現地経営の成否を明らかにしている。また，板垣（2015）は，経営資源の移転に注目して，企業の国際化に関する経営史研究を整理している。

　日本市場における外資系企業の現地適応については，歴史研究以外の研究でも重視されている。吉原（1994）は，外資系企業のマーケティング，生産，研究開発など職能面での適応の重要性を指摘している。
15 川邉（2011）は，タイ政府やタイに存在する部品や素材のサプライヤー，販売店，大学などの教育機関といった自動車産業内外の各プレイヤーとの間のダイナミックな相互作用を視野に入れた，メゾ・レベルの分析枠組みに基づいて，トヨタのタイ子会社の発展過程を描き出している。
16 多田（2014），山内（2010）は，外資系企業の成長に関して，外部アクターとの関係性に注目した研究と評価できる。ただし，関係を構築する取り組みについては，あまり力点

を置いていない。
17　外部アクターとの関係構築および協働をはじめとした相互作用を重視しているという点において，本書は「相互作用性」を重視する国際関係経営史の考えを踏襲している。ただし，本書で対象とする関係性は，産業間や企業間のものに限定されない。ここで対象となる外部アクターは，産業や企業以外のさまざまな主体を含むものである。
18　例えば，外資系製薬企業の1つである日本ベーリンガーインゲルハイム社は，活動の初期において，社名を「ベーカリー」や「ベアリング」などといった間違え方をされることがあった（日本ベーリンガーインゲルハイム30年史編集委員会編，1991，p.55）。
19　これまでの研究では製薬企業の国際競争力の源泉を親会社の研究開発力に求める傾向にある。親会社の研究開発を通した化合物の創出・獲得能力は，日本での成長にとってもちろん重要であるが，そうした化合物の創出・獲得能力自体は，日本での成長にとっていわば前提条件と考えられる。
20　治験とは，「製薬会社が開発中の新薬について，承認申請の資料とするために医療機関に依頼する，臨床試験の試験成績に関する資料の収集を目的とする試験の実施のこと」を指す（薬事日報社，2005，p.250）。
21　信頼関係には，いくつかのタイプが存在する。例えば，若林（2006）は信頼を3つのタイプに区分している。第1に，契約の履行等基本的条件である「制度的信頼」。第2に，相手の能力に対する信頼である「能力的信頼」。第3に，意識や意図の共有のレベルにまで達する「意図的信頼」である。
　一方で，特定の医師との関係を深めることが，時に企業と医師との間の癒着の問題や何らかの不正につながる可能性もある。事実，そうした事件も生じてきた。しかし，これはあくまで極端な例である。製薬企業と医師とが適切な関係でもって協力し合うことは，医療の発展を可能にする。
22　1871年に日本はドイツ医学の採用を決定し，ドイツから陸海軍医や薬学専任の教授を招へいし，ドイツ医学・薬学の浸透を図った。そして，1877年に東京大学医学部が設立され，東大医学部はドイツ医学をモデルとして教授を頂点とするタテ型社会組織としての医局講座制を採用する。以降，日本では医局講座制が定着していった（笠原，1999，p.138）。
　医局とは，大学病院診療科組織と大学臨床系講座（教室）との統合体を中核とした組織である。ただし，医局に属する医局員の多くは，大学外の市中病院に常勤医として所属しており，医局組織の範囲は大学・大学病院内にとどまらず，関連病院となる市中病院まで含んでいる。医局についての詳細は，猪飼（2010）を参照。
23　例えば，医学界における学閥も社会的ネットワークの1つであろう。学閥に対しては，さまざまな意見が存在する。保阪（1987）や米山（2002）などは，学閥の存続から生じる医療面の問題点を主張している。一方で，米山（2002）が指摘するような学閥から生じる医師間の格差などについては，慎重に判断すべきとの意見もある。猪飼（2010）は，日本での大学医学部間格差から生じる医師間の格差はある程度存在しているものの，国際的に見れば日本における格差は非常に小さいものであると指摘する。日本では，医局によるローテーション人事が，医師間の格差拡大を防ぐ役割を果たしていると述べる。というのも，ローテーション人事は医局員である若手医師の臨床経験を平等に蓄積させる仕組みとなっているからである。そのため，猪飼（2010）は日本における医師間の格差を過度に強

調することは避けるべきとの立場をとっている。

24　近年，経営史研究の中で社会的ネットワークとの関係性に注目して経営行動の経緯を説明しようとする試みが増えてきている。例えば，1930年代のフィリップス社の研究開発活動における大学や研究機関の社会的ネットワークとの関係性に焦点を当てたBoersma (2004), 19世紀末から20世紀初めの中国市場を舞台に中国人商人の社会的ネットワークの存在に注目したCochran (2000), デンマーク家具の海外市場での普及過程においてデザイン協会や雑誌等メディアなどの社会的ネットワークとの関係性を分析の焦点にしたHansen (2006) などがあげられる。

25　稲葉ほか編 (2011) などは，さまざまな学問領域での社会関係資本（ソーシャル・キャピタル）を取り扱った研究である。経営学の領域においては，例えばBaker (2000) や，2007年には『組織科学』において「ソーシャル・キャピタルの組織論」として特集が組まれるなど，研究蓄積が進みつつある。経営学領域における社会関係資本に関する研究の系譜については，金光 (2011) に詳しい。

26　ColemanやPutnamによる社会関係資本の捉え方については，異なる見解も存在する。例えば，金光 (2003) は，Colemanは社会関係資本を公共財として強調しているものの個人財としての側面にも目を向けており，折衷的な捉え方になっていると指摘している（金光，2003, p.240）。また，Lin (2001) や金光 (2003) は，Putnamは公共財として社会関係資本を捉えているとしている一方，宮川・大守 (2004) によると，Putnamの捉え方は折衷的とされている。

27　1998年4月1日に「医薬品の臨床試験の実施の基準に関する省令」が実施され，この省令は「新GCP（Good Clinical Practices：治験の手順に関する国際基準）」と呼ばれている。新GCP実施以降，医療機関や医師が治験運営に対する権限は弱まり，製薬企業側の医療機関に対する立場が強くなったとされる。だが，それまでは製薬企業と医師との関係性は対等なものとは言い難かった。日本の治験環境の特殊性や問題点などについては，ヨング (2008) に詳しい。

第3章

日本製薬産業の発展と外資系製薬企業

　第2次世界大戦後から1990年代までの日本の製薬産業の歴史的変遷，およびその中でみられた外資系製薬企業の動きを本章で説明する。これによって，外資系製薬企業にとっての事業環境として，日本製薬産業がどのような特性を有していたのかについての理解を深めることができよう。ただし，製薬産業に関連する事項は多岐にわたるため，ここでは主に医薬品市場の概況，医薬品の開発および承認にかかわる事項，販売・流通に関する事項に焦点を絞ることにする。

　本章は20世紀後半の日本製薬産業の発展を，大きく2つの時期に分けて説明する。まず第1節で取り上げるのは，戦後から1970年代までである。この間，健康保険制度をはじめ日本の医療制度に関する整備が進み，特に医療用医薬品市場の急拡大が生じた。この時期に，多くの外資系製薬企業が事業を開始した。

　第2の時期は，1980年代から1990年代を対象とする。この時期には高齢化社会が進み，疾病構造も大きく変化した。それによって，製薬企業が販売する医薬品も変化が生じることになった。また医薬品の開発，販売・流通などに関する制度の整備も進んだ。特に外国からの圧力もあり，日本製薬産業独自の取り組みの撤廃が求められるようになった。こうしたなか，外資系製薬企業は，新たな動きを見せるようになる。外資系製薬企業の多くは日本製薬企業と関係を持ちながら事業を展開してきたが，次第に日本製薬企業との関係を抜きに，独自にさまざまな活動を展開するようになった。第2節では，製薬産業に生じた変化の過程とともに，外資系製薬企業の新たな動きが示される。

1 製薬産業の発展と外資系製薬企業の事業展開[1]

　第2次世界大戦により日本における医薬品の生産水準は低下し，戦前の1941年を100とした指数において，1945年はわずかに11.0という水準であった。しかし，全国の医薬品工業の生産設備の罹災率は10～15％で，他産業に対して比較的その被害は小さかったといえる。これは，日本の製薬産業には必ずしも大規模な生産設備を必要とされなかったという特徴が反映されていた。こうした初期条件に加え，GHQおよび日本政府による政策の影響もあり，製薬産業の戦後復興は比較的早期に進められた。

　医療に関する各種制度の整備は，製薬産業の発展を促進した。連合軍総司令部（GHQ）は，1947年6月に医療保険制度の再建の指示を出した。これによって，日本の健康保険制度の整備が進められた[2]。同時に医療費体系の整備も行われた。例えば，薬価基準制度が1950年に発足した。これによって，保険診療において使用できる薬剤費算定の基準が設けられることになった。

　健康保険に関して，「1951（昭和26）年当時の加入率は57％で，1956（昭和31）年になっても69％ほどでしかなかった。その当時までは保険医療と自由診療が混在して行われていた。1956年11月に社会保障制度審議会から『医療保障制度に関する勧告』が出された。この勧告で国民の3分の1ほどの医療保険の未加入者に，国民皆保険制度を実現すべく施策が出された。そして被雇用者が5人未満の事業者にも健康保険を適用すること，健康保険の医療給付を7割に引き上げることが勧告された」（日本薬史学会編，1995，p.120）。

　1958年に国民健康保険法が改正され，全市町村に国民健康保険の実施が義務づけられた。これにより国民健康保険事業は全国的に展開されていき，「医療費の給付の種類や内容も全国統一されることになった。この改正により都市部でも逐次国民健康保険制度が実施され，1961（昭和36）年4月に全国普及が達成された。1963（昭和38）年以降，国民健康保険，組合健康保険，私立学校教職員共済保険，船員保険，政府管掌保険と相俟って，国民のあらゆる階層の人々が，何らかの形で医療保険の恩恵が受けられるようになり，その給付率も大幅に改善された」のであった（日本薬史学会編，1995，p.120）。このように

日本の医療保険制度の整備およびその普及が進められていった。

保険制度の整備は、国民の受診率の上昇につながり、同時に医療費の増大をもたらした。国民医療費総額は、1955年2,388億円、1960年4,095億円、1965年1兆1,224億円、1970年2兆4,962億円、1975年6兆4,779億円と、この20年間で27倍にも膨れ上がった（**表3-1**）。医療従事者数や医療施設数も順調に増加傾向を示しており（**表3-2**，**表3-3**）、患者が治療を受ける環境もどんどん整っていったのである。

また受診率の増加は、医薬品に対する需要の増大ももたらした。**表3-4**は医薬品生産額の推移を示している。1955年895億円、1960年1,760億円、1965年4,576億円、1970年1兆253億円、1975年1兆7,924億円と、20年間で20倍の伸びとなっている。1965年には、日本の医薬品生産額はアメリカに次ぐ世界第2位の規模となった。

特に、医療用医薬品の生産額が急速に上昇していった。第2次世界大戦後し

表3-1 ■国民医療費の推移

（単位：億円）

年度	国民医療費総額	年度	国民医療費総額
1955年	2,388	1986年	170,690
1960年	4,095	1987年	180,759
1965年	11,224	1988年	187,554
1970年	24,962	1989年	197,290
1975年	64,779	1990年	206,074
1976年	76,684	1991年	218,260
1977年	85,686	1992年	234,784
1978年	100,042	1993年	243,631
1979年	109,510	1994年	257,908
1980年	119,805	1995年	269,577
1981年	128,709	1996年	284,542
1982年	138,659	1997年	289,149
1983年	145,438	1998年	295,823
1984年	150,932	1999年	307,019
1985年	160,159	2000年	301,418

元資料）厚生省統計情報部「国民医療費」。
資料）日本製薬工業協会『DATA BOOK』各年。

表3-2■日本の医療従事者数推移

(単位:人)

年度	医師	歯科医師	薬剤師
1960年度	103,131	33,177	60,257
1965年度	109,369	35,558	68,674
1970年度	118,990	37,859	79,393
1975年度	132,479	43,586	94,362
1980年度	156,235	53,602	116,056
1982年度	167,952	58,362	124,390
1984年度	181,101	63,145	129,700
1986年度	191,346	66,797	135,990
1988年度	201,658	70,572	143,429
1990年度	211,797	74,028	150,627
1992年度	219,704	77,416	162,021
1994年度	230,519	81,055	176,871
1996年度	240,908	85,518	194,300
1998年度	248,611	88,061	205,953
2000年度	255,792	90,857	217,477

元資料)厚生労働省「医師・歯科医師・薬剤師調査」「保健・衛生行政業務報告」。
資料)日本製薬工業協会『DATA BOOK』各年。

表3-3■医療施設(病院・診療所)数の推移

年度	総数	国立	公的	私的	一般診療所	歯科診療所
1955年	5,119	425	1,337	3,357	51,349	24,773
1960年	6,094	452	1,442	4,200	59,008	27,020
1965年	7,047	448	1,466	5,133	64,524	28,602
1970年	7,974	444	1,389	6,141	68,997	29,911
1975年	8,294	439	1,366	6,489	73,114	32,565
1980年	9,055	453	1,369	7,233	77,611	38,834
1985年	9,608	411	1,369	7,828	78,927	45,540
1990年	10,096	399	1,371	8,326	80,852	52,216
1995年	9,606	388	1,372	7,846	87,069	58,407

元資料)厚生省大臣官房統計情報部「医療施設調査」。
資料)和田(1997),247頁(表3-1-1)より抜粋。

表3-4 ■日本の医薬品生産額推移（単位：億円）

年	生産金額	年	生産金額	年	生産金額	年	生産金額
1945年	3	1959年	1,493	1973年	13,671	1987年	48,254
1946年	19	1960年	1,760	1974年	16,997	1988年	50,595
1947年	52	1961年	2,181	1975年	17,924	1989年	55,023
1948年	179	1962年	2,656	1976年	21,624	1990年	55,954
1949年	310	1963年	3,411	1977年	24,583	1991年	56,972
1950年	319	1964年	4,232	1978年	27,939	1992年	55,742
1951年	424	1965年	4,576	1979年	30,423	1993年	56,951
1952年	586	1966年	5,071	1980年	34,822	1994年	57,503
1953年	756	1967年	5,633	1981年	36,791	1995年	61,681
1954年	785	1968年	6,890	1982年	39,802	1996年	61,000
1955年	895	1969年	8,425	1983年	40,321	1997年	61,478
1956年	1,038	1970年	10,253	1984年	40,270	1998年	58,421
1957年	1,251	1971年	10,604	1985年	40,018	1999年	62,900
1958年	1,345	1972年	10,918	1986年	42,807	2000年	61,826

資料）『薬事工業生産動態統計年報』各年。

ばらくの間，医療用医薬品と大衆向け一般用医薬品の生産高は，ほぼ同等であったが，1965年には前者と後者の比率は60対40となった。その後1980年代頃には85対15となっている。売上高に関しても，1980～2000年の期間において，医薬品の全売上高の70～80％を医療用医薬品が占めていた（吉岡・松本，2014，p.65）。

戦後の日本医薬品市場で数多く生産されるようになった医薬品は，抗生物質製剤であった。戦後，数多くの製薬企業および異業種の企業が，ペニシリンの生産を行うようになった。「ペニシリン生産株の改良，抽出，精製法などの製造技術の改善のため，米国で工業生産されている菌株，ペニシリウム・クリヨゲヌムが米国GHQの斡旋で日本の企業に提供され，アメリカのテキサス大学のフォスターが来日して技術指導に当たり，ペニシリンの深部培養法（タンク大量培養法）が行われた」（日本薬史学会編，1995，p.97）。

ペニシリンに次いで，ストレプトマイシンが結核の特効薬として市場に導入された。「ペニシリンやストレプトマイシンは，アメリカ占領軍の保護と技術指導と援助により生産された」（日本薬史学会編，1995，p.101）。その他の多

くの抗生物質については，民間企業が技術導入を図り，日本での生産を行っていった。

　戦後の日本製薬企業の多くは，欧米の製薬企業と契約を結び，新薬に関する製造技術を積極的に導入した。そして，導入した技術を基に，日本での生産を行うことに注力した。1976年まで「日本の医薬品製造は製造法特許制度を採用していたから，同じ新薬でも製造法が異なる特許を日本で取得すれば，製造販売することができた」ため，当時の日本製薬企業にとって，技術導入は合理的選択であった（日本薬史学会編，1995，p.110）[3]。日本製薬企業は，「海外技術の導入が始まった当初は，国産化するまで1年以上も要していたものが，次第に技術力と生産力を身に付け，国産化してから製品を出荷するまで数カ月に短縮するほどに成長した」（日本薬史学会編，1995，p.115）。こうして，抗生物質をはじめサルファ剤，神経痛治療薬，抗ヒスタミン剤，ホルモン剤などについての技術導入の契約がなされ，日本市場に導入されていった。そして，抗生物質製剤はすべての医薬品の中で最も生産される医薬品となり[4]，その状態が長らく続いた（図3-1）。

　すでに述べたように，1960年代以降の医薬品市場は順調に規模を拡大していき，新しい医薬品の数ならびにその使用量は急増していった。しかし，それは同時に負の側面として薬害問題を引き起こすことにもなった。世界で生じたサリドマイドによる胎児の催奇形成という事件によって，日本でも1962年に厚生省（現：厚生労働省）の勧告を受け製品の出荷を中止した。1965年に，日本でアンプル入り風邪薬によるショック死という事件も生じた。特に，日本の薬害問題の原点と位置づけられるのは，スモン薬害である。「スモンとは，多発性神経炎症様症状を伴った頑固な出血性下痢であって，1960年代の中頃から症例が増え，1960年代の後半になって日本各地に患者が急増した重篤な症状の疾病である」（日本薬史学会編，1995，p.131）。1969年に厚生省はスモン調査研究会を発足し，原因究明に乗り出した。翌1970年に，この疾病はキノホルムによる薬害であることが判明した。この医薬品は，アメーバ赤痢の特効薬として用いられていたものであった。

　これら事件は社会問題となり，必然的に医薬品の安全性に対する意識を高めることとなった。1963年に厚生省は「中央薬事審議会に医薬品安全対策特別委

図3-1 ● 日本医薬品市場の主要薬効別生産額

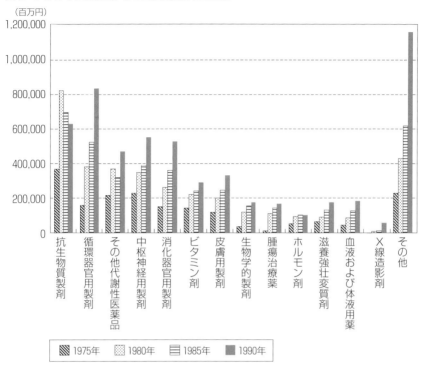

注1）『薬事工業生産動態統計年報』の医薬品薬効大分類別生産額を記載しているが，本書の表記と統一性を図るため一部名称表記を変えている。
注2）X線造影剤は，『薬事工業生産動態統計年報』の医薬品薬効大分類ではない。大分類では「診断用薬」であり，X線造影剤はその下位分類に位置している。
注3）X線造影剤の1975年，1980年の金額は小さいため図示できていない。図示できていない各年のX線造影剤の生産額は，1975年が32億円，1980年が64億円である。
資料）『薬事工業生産動態統計年報』より作成。

員会を設置して活動を開始した。1966（昭和41）年に，この下部機構として医薬品副作用調査会を設置し，翌年の1967（昭和42）年には副作用情報の収集を行うために医薬品副作用モニター制度を発足させた」（日本薬史学会編, 1995, p.132）。

また，厚生省は1967年9月13日に新薬の承認審査を厳格化する旨を明記した「医薬品の製造承認等に関する基本方針」を通知し，同年10月1日からそれを実施した。これにより，「医薬品の審査，安全対策として次の事項が実施され

ることになった。
 (1) 医薬品の承認申請に必要な添付資料の明確化。
 (2) 医療用医薬品と一般医薬品（主として大衆薬）の区別の明確化。
 (3) 新開発医薬品の副作用報告の義務づけ。
 (4) 医療用配合剤の承認の厳格化。
 (5) 医療用医薬品の広告は行わない」（日本薬史学会編，1995，p.132）。

　1970年には，後発医薬品の承認申請の提出データとして「医薬品の体内動態，製剤の吸収，分布，代謝，排泄などのデータが義務づけられた」。それまでは「医薬品の品質，安定性などの物理科学的データが要求されたが，臨床効果は確認されているものとして，臨床試験データの提出義務はなかった。しかし同一有効成分の医薬品であっても人の体内での作用は異なる場合があること，その結果として医薬品の有効性や副作用も異なる場合があり，これは主として製剤技術に原因がある」ため，データの提出が求められるようになったのである（日本薬史学会編，1995，pp.132-133）。こうした承認審査の厳格化は，各製薬企業の研究開発への投資を促すことになった。

　「1970年代に入ってから医薬品の薬効および評価が問われるようになり，薬効評価が開始された。このような情勢の推移から1979（昭和54）年に薬事法が改正された。この新薬事法により初めて『品質，有効性及び』安全性を確保することを目的とする』と明記され，医薬品の安全性と有効性の評価が全面的に取り上げられた。……（中略）……この薬事法改正によって初めて医薬品の副作用調査，薬効の再評価が第Ⅳ相臨床試験（フェーズⅣ）として実施されることになった。しかしこの法改正で，新薬は医療に使用されてから6年間は，副作用調査のため，開発した企業の権利が保障されることになった。新薬開発者の優先権の保護強化策によって，新薬の開発に一層の拍車がかかった」のであった（日本薬史学会編，1995，p.140）。

　またこの新薬開発への動きを促進したのは，1976年の特許法の改正と1977年に告示された銘柄別薬価基準であった。特許法の改正によって，医薬品の物質特許が認められるようになった。そのため，従来の製法改善によって企業成長を遂げることは困難となった。物質特許を受け，日本製薬企業は研究開発への投資を行い，新薬の自主研究開発の実現に向け邁進することになる。また銘柄

別薬価基準の制定によって，後発医薬品の薬価基準が低く定められることになった。これは，新薬の研究開発に注力するインセンティブを高めた。こうした制度変化に対応し，研究開発能力を高めることができた日本製薬企業の中には，1980年代に大きな売上をあげる大型新薬の開発に成功したものもあった[5]。

1960年代から70年代にかけて，製薬企業の販売・流通に関する制度の整備も行われた。例えば，製薬企業による医師へのアプローチに対する規制が生じるようになった。当時の製薬企業の営業担当者（いわゆるプロパー）は，医薬品の情報宣伝活動に従事していたが，情報の宣伝・伝達だけでなく，医師に対してさまざまなサービスを提供していた。「医療機関の医師たちは医薬品のユーザーであり，評価する人でもあるので，製薬企業の営業員は弱い立場にあり，医療機関からの医薬品価格の値引き要求に対して，薬価基準よりの値引き販売，添付販売に応じた。また医局の医師たちへの様々な過剰なサービス，たとえば医学文献の収集，翻訳，学会用のスライドの作成，データの整理作成，医局員に対する文具などをはじめとする種々の物品の贈与ばかりでなく，学会出張時などにおける過剰な金品のサービスなどにより，それらの報酬として病院の医局で医薬品を採用してもら」っていたという状況であった（日本薬史学会編，1995，p.128）。こうした過剰サービスは社会的にも問題視され，こうした活動に対する規制がなされたのであった。1968年3月に厚生省は，過剰サービスの自粛を要請した。しかし，要請では改善がみられなかったため，1970年12月に添付販売の全廃を通知した（長谷川，1986，pp.125-126）。

日本の医薬品市場規模の拡大が進むなか，多くの外資系製薬企業が事業を開始した。その多くは，外国の親会社と日本製薬企業との間で設立された合弁会社であった。一方，チバ製品社など，外国企業の完全子会社の外資系製薬企業も存在していた。これらは円ベース企業という形態で事業を開始していた。「資本自由化以前，出資金と利益配当の本国送金を認める条件として出資比率50％の規制が設けられていたが，外国人の保有する円貨で資本が構成される円ベースの企業については元本と配当金の対外送金は行わないという前提で出資比率についての制約は無かった」（原，2007，p.93）ため，外資系製薬企業は合弁会社か円ベース企業かどちらかの形態で事業を開始していた。

この時期に活動を開始した外資系製薬企業には，情報宣伝といった販売促

活動を主業務とするものが多かった。ただし，実際の製品の売買や配送といった販売活動に関しては，1960年代までの外資系製薬企業は日本製薬企業に任せていることが一般的であった。単独出資の完全子会社の場合，委託販売などの契約を日本製薬企業と結んで事業を展開していた。合弁会社の場合，合弁相手の日本の親会社に販売を任せる傾向にあった（原，2007，p.93）。

販売促進活動を主業務とするものが多いため，生産活動や研究開発活動を早くから行う外資系製薬企業は少なかった。特に，研究開発活動に関しては，1967年の「医薬品の製造承認等に関する基本方針」の通知により，日本国内での前臨床試験や臨床試験のデータが必要になったことを受けて，ようやく研究開発活動を本格的に展開するようになった。

また1960〜1970年代には，資本自由化の動きが生じた。1967年に資本自由化は開始され，1975年に医薬品に関しても100％自由化となった[6]。資本の自由化に加え，物質特許への移行，銘柄別薬価基準への移行は，親会社で開発した優れた新薬を持つ外資系製薬企業にとって，成長に向けたビジネスチャンスと捉えられた。1970年代は，多くの外資系製薬企業にとって，さらなる飛躍のための転機となる時期であった。

2　製薬産業の転換と外資系製薬企業の自立化[7]

1980年代に入り，薬価基準の大幅引き下げが生じたため，医薬品の生産額の伸び率は鈍化する。ただし，1980年代初めは一時的停滞に直面したものの，医薬品の生産額の増大はその後も続いた（表3-4）。依然として日本は，世界第2位の市場規模を誇っていたのである（図3-2）。

すでに述べたように，日本の医薬品市場において生産額が最も高かった医薬品は，長らく抗生物質製剤であった（図3-1）。1980年時点では，全医薬品生産額のうち抗生物質製剤が27％占めており，第2位の循環器官用薬の12％の倍以上の割合を占めていた（吉岡・松本，2014，pp.66-67）。1970年代から1980年代にかけても，新しい抗生物質製剤の発売が続いた。例えば，経口用セフェム系抗生剤，広範囲抗菌薬としてのフルオロキノロン系合成抗菌薬などの発売が相次いだ。

図3-2 ●医薬品市場国(地域)別構成比推移

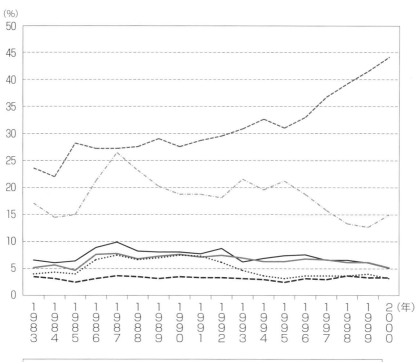

注1) ドイツに関しては，1989年までは西ドイツの数値。
注2) 1996年以降のアメリカの数値に関しては，「北米」での集計となっている。
元資料) SCRIP Yearbook, Glaxo Annual Report, GlaxoWellcome Annual Report, GlaxoSmithKline Annual Report.
資料) 日本製薬工業協会『DATA BOOK』各年。

　一方，日本は少子高齢化の時代に入り，成人病・生活習慣病が増大した。こうした疾病が増えたことに伴い，市場に導入される医薬品にも変化が生じてきた。特に，循環器官用薬の発売が続いた。代表的なものが高血圧治療薬である。アンジオテンシン変換酵素阻害剤（AEG阻害剤）が数多く発売された。成人病・生活習慣病の市場が大きくなり，この大市場に多くの製薬企業が参入し，競争を繰り広げたのであった（榊原・吉岡・松本，2014，p.45）。1990年代後半には，空咳の副作用のないアンジオテンシンⅡ受容体拮抗薬の発売もなされた。

また高脂血症治療薬も代表的な生活習慣病治療薬である。1989年に発売されたプラバスタチン（製品名：メバロチン）は大きな売上をあげる製品へと成長した。その後も，各社から高脂血症治療薬の発売がなされた。ほかにも抗糖尿病薬，消化性潰瘍治療薬，免疫抑制薬，前立腺肥大症に伴う排尿障害治療薬，アルツハイマー型認知症治療薬領域などにおける新薬が市場に導入された。

　1980年代から1990年代において，こうした生活習慣病治療薬に対するニーズが高まった。同時に，衛生環境の改善や感染症対策などが進み，そして1980年以降は抗生物質製剤の乱用による耐性菌の出現などが生じた。そうした結果，抗生物質製剤に対する需要は低下し，抗生物質製剤の生産額は減少していった（吉岡・松本，2014，p.66）。その結果，抗生物質に代わり，循環器官用薬が生産高第1位となる。中枢神経系用薬，消化器官用薬，その他代謝性医薬品なども着実に生産額を伸ばしていった（図3-1）。

　こうした市場ニーズの変化のほかに，この時期の製薬産業では制度上の変化も生じていた。1985年に開催されたMOSS（Market-oriented, Sector-selective；市場指向型・分野別）協議およびSII（Structural Impediments Initiative；日米構造協議）は，日本の医薬品市場の制度変更に大きな影響を与えた。

　日本独自の制度や商習慣は，外国企業にとって非関税障壁であり，これが日本での事業展開を困難にしているとみなされていた。そこで，外国企業は日本の非関税障壁を削減するよう要求し，これは貿易摩擦の原因にもなっていた。MOSS協議は，日米間の貿易摩擦問題の解決策の1つとして行われ，「特定の産業分野について基準・認証，生産，輸入，流通，消費，商慣行など全体的に検討して，問題点を洗い出し，市場アクセスの改善と障壁の削減を図」ることを目的として開催された（薬事日報社，2005，p.35）。日本の医薬品市場もこうした非関税障壁が問題視されていたため，MOSS協議において議題として取り上げられたのであった。

　医薬品に関して，「主な論点は，（1）薬価算定の仕組みの不透明性（薬価制度），（2）流通制度の取引習慣等による閉鎖性（流通制度），（3）外国の臨床データの国内承認審査の不受理（治験制度）の3点であった」（ヨング，2014，p.78）。そして交渉の結果，「外国臨床試験データの受け入れ，製造承認の承継，保険収載時期の定期化，体外診断薬やキット製品の審査手続，標準的事務処理

期間，製造国変更の手続の簡素化，室温で不安定な製品の安定性試験等についての合意が得られた」(薬事日報社，2005，p.35)。このように論点となった薬価制度，流通制度，治験制度については制度変更が進むこととなり，外資系製薬企業にとってのビジネスチャンスが広がった。以下，薬価，販売・流通，臨床試験（治験）に関する事項に絞り，主な動きを整理しておこう。

(1) 薬　価

　薬価とは，まさに医薬品の価格であり，正確には「保険医療機関および保険薬局が診療報酬を請求する際の薬剤料の基準となる額のこと」である（薬事日報社編，2005，p.396)。これは，厚生省が定め，薬価基準として告示される。薬価は定められているものの，実際に医療機関に納入される際の医薬品の価格は定められていない。「薬価基準は，医療機関が保険請求する場合の基準価格であり，薬価基準以下の価格で購入した場合，購入価格と保険請求価格との差額は医療機関の収入となる」（薬事日報社編，2005，p.397)。これを「薬価差益」もしくは「薬価差」という。この薬価差益の状況を調査し，薬価差益が大きい場合，薬価の引き下げがなされる。日本では国民医療費の増加が続き，「国民医療費の高騰を抑える手段として，特に薬価が抑制されてきた」（日本医薬品産業現代史（1980〜2010）編集委員会，2014，p.19)。1980年代は度重なる薬価の引き下げが生じた時期であった。

　1990年に厚生省は「薬剤費適正元年」を謳い，薬価差益の解消に力を注ぐようになった。「製薬企業と卸企業との取引における値引き補償[8]の廃止，価格の明確化を強く求めた」のであった（日本医薬品産業現代史（1980〜2010）編集委員会，2014，p.20)。

　「1991年（平成3年）に，薬価基準制度は納入価格の加重平均値を基準とする，いわゆる『加重平均一定価格幅方式[9]』に改正され，[R（リーズナブル・ゾーン）方式[10]]の実施が決まった。また，この年に製薬各社は公正取引委員会の勧告を受け，これまでの値引補償制度に代わり，『仕切価格』へ移行することになった。それ以降，仕切価格制度により，製薬企業は病院への医薬品の納入価格交渉や価格の決定をやめ，卸の自主性に任せることになった」。そして「これらの変革により，問題視されていた薬価差は薬価の10％内の水準まで

に縮小した」(日本医薬品産業現代史 (1980〜2010) 編集委員会, 2014, p.20)。

このように, 製薬産業では適正な価格の設定に向けた動きが進んだのであった。

(2) 販売・流通

MOSS協議以前から, 製薬産業における販売・流通活動に関する改善は行われていた。例えば, 1983年に公正取引委員会と厚生省は連名で「医療用医薬品の流通改善について」を通知している。これは, 1981年に医薬品業界団体において生じた独占禁止法違反を受けて, 製薬産業の流通活動の是正を求めたものであった。こうした事態に対応して, 製薬産業側も自主規制の動きを示した。1983年に日本製薬団体連合会も「製薬企業倫理綱領」を制定し, 1984年には医療用医薬品製造業公正取引協議会が設立され,「医療用医薬品製造業公正競争規約」を制定した。また,「厚生省は製薬企業, 医薬品卸企業 (卸企業) および医療機関の当事者と有識者からなる『医薬品流通近代化協議会』を設立して, 自由かつ公正な流通の確保を目指した流通近代化の推進策の検討を開始した」(日本医薬品産業現代史 (1980〜2010) 編集委員会, 2014, p.21)。こうして, 製薬産業における流通改善活動が進んでいった。

この動きの中で生じたのが, すでに述べた薬価算定方式の変更や仕切価格制度への移行であった。1990年に, 医療用医薬品流通近代化協議会が価格形成過程の透明性と公平性を求める「医療用医薬品の流通の近代化と薬価について」という報告を提出した。これを受けて, 1991年から製薬企業のプロパーが価格設定に関与することは禁じられた。医療機関への納入価格は, 卸売業者が自主的に決定することとなった (片岡・嶋口・三村編, 2003)。同時に, 流通・取引における商慣習の改善も進められた。

同時に, プロパーに対する行動基準についての検討も進んだ。1980年に製薬産業においては, プロパーの資質向上を目指して, プロパーの生涯教育制度を導入した。全プロパーを対象として,「新人に対する導入教育と2年目以降の者を対象とした継続教育とから構成され, 他の業種とは比べ物にならない程の濃い教育研修制度」を導入したのであった (日本医薬品産業現代史 (1980〜2010) 編集委員会, 2014, p.21)。

1990年代初期に，プロパーの名称は「MR（Medical Representative：医薬情報担当者）」に統一される。その活動内容は，医師に対して医薬品情報を提供，伝達，収集することに限定され，「今までのような薬価の値引きはもちろん，文献収集，スライド作成，物品の供与，学会出張に付随する種々のサービス行為などが禁止された」（日本薬史学会編，1995，p.151）。

そして，1993年に「日本製薬工業協会（製薬協）は業界の自主ルール『プロモーションコード』を制定した。これにより，MRの行動基準が明確になり，適正な活動が行われるようになった。

また，1993年に厚生省薬務局長の私的懇談会『医療におけるMRのあり方に関する検討会』が設置され，MRの資質向上とMR活動の改善策の検討も行われた。その報告書に医薬品業界における教育研修制度に加えて，公的な民間機関による客観的な資質の評価に基づく資格制度の必要性が謳われた。これを具体化するために業界で議論され，最終的には，1996年（平成8年）に資格制度の導入が決まった。その実施機関として，日本MR教育センター（2011年から公益財団法人MR認定センター）が設置され，翌1997年（平成9年）に第1回MR認定試験が実施された」（日本医薬品産業現代史（1980～2010）編集委員会，2014，p.22）。

1980年代以降「流通の適正化」が強調され，「医薬品業界としても医療機関などへ医療用医薬品を提供する際，倫理観を持って公明正大な販売活動をしなければならないという風潮が高まってきた。特に営業部門，マーケティング部門の規範だけでなく，経営トップの姿勢が重要であるとの認識も芽生えてきた」のであった（日本医薬品産業現代史（1980～2010）編集委員会，2014，p.22）。

(3) 臨床試験（治験）[11]

1985年12月に「医薬品の臨床試験の実施に関する基準（案）」（Good Clinical Practice：GCP）が公表された。これにより，治験を行う際の詳細な規定が定められた。1989年10月に「医薬品の臨床試験に関する実施基準」が公布され，翌1990年から実施され，日本の臨床試験体制の整備が進められた。

一方で，1991年11月に第1回「医薬品の許認可のための技術要件の調和に関

する国際会議（ICH；International Conference on Harmonization of Technical Requirements for Registration of Pharmaceuticals for Human Use)」がベルギーのブリュッセルにて開催された。この会議の開催背景には，医薬品は世界各国で用いられうるものであり，そのためには医薬品の承認審査や臨床試験のあり方に関して国際的な基準の設定が必要という認識の高まりがあった。この会議では，「治験を取り扱う基準を世界的に統一し医薬品の開発の信頼性，科学性などを効率的に進めることが話し合われた」(小清水，2014，p.53)。また，日本に対して「安全性や治験等に関する規制の適正化が要求され」た（小清水，2014，p.52)。これ以降，新薬承認のための申請データの相互受け入れなどの検討が行われた。そして，1996年に国際間のGCPについての合意がなされた。

1998年4月に「医薬品の臨床試験の実施の基準に関する省令」（新GCP）が完全施行される。「新GCPは，被験者の人権や安全を確保し，治験の各種データが倫理的，科学的になされ，有効性，安全性，信頼性等について従来よりも質の高い結果が得られることを目指した」ものであった（小清水，2014，p.53)。またICHでの合意を受け，同年「8月に外国臨床データを受け入れわが国に外挿できる指針を通知した。海外で治験を行いそのデータを日本に持ち込んで申請できるブリッジング試験（bridging study) が認められた」(小清水，2014，p.53)。このように，日本での臨床試験，新薬の承認審査に関する規制緩和が進んだのである[12]。

日本の製薬産業において，医療ニーズの変化や新たな制度変更などが生じたなか，外資系製薬企業は新たな動きを示すようになった。多くの外資系製薬企業は，これまで日本製薬企業との提携関係を通して，日本の商慣行などといった非関税障壁に関する知識を蓄積してきた。ところが，こうした制度変更によって非関税障壁の削減が進んだため，日本製薬企業から知識を新たに吸収する必要性がなくなっていった。そこで，外資系製薬企業は日本製薬企業との提携を解消し，自立を目指すようになった（吉岡・松本，2014，p.72)。

この自立化における象徴的な動きは，外資系製薬企業が自社販売網の構築を目指す，いわゆる自販体制への移行であった。すでに述べたように，1980年代から販売・流通面における商習慣の改善が進み，適正な活動が推奨されるよう

になってきた。こうした変化を受けて，外資系製薬企業は，販売・流通活動を積極的に進める動きへと転じたのであった。そして，1980年代後半から1990年代にかけて，多くの外資系製薬企業が自販体制へと移行していったのである。

この自販体制の確立には，主に以下のパターンがみられた（小原，1996，pp.301-305）。

①日本製薬企業に委託販売していた医薬品について，その委託販売を解消し，自社販売網の整備を進めるパターン。例えば，日本チバガイギー社は武田薬品工業株式会社や藤沢薬品工業株式会社に委託販売を行っていた。これを解消して，1985年1月から自販体制に移行した。同社は医薬品の納入から代金の回収までを自らが行うようになった。その結果，同社は研究開発から生産，販売までの一貫体制を確立したのであった。

このように，取り扱うすべての医薬品を自販する体制に移行する企業もあれば，まずは一部品目に限り自販を行い，自販に関する経験を積んでから完全な自販体制への移行を目指す企業もいた。例えば，サンド薬品社は1990年に5品目に絞って自販体制を開始し，その他の品目に関しては，漸次自販へ移行するようにした。日本ベーリンガーインゲルハイム社についても，同じように一部製品の自販から着手した。

②親会社のすべての新薬を外資系製薬企業の販売ルートで販売するのではなく，一部は親会社が直接日本で販売するという，ダブルチャネルの販売を進めるパターン。シェリング・プラウ社は，日本子会社の販売ルートでもって取り扱うすべての新薬を販売しているわけではなかった。ダブルチャネルの販売方法を採用していた事例であった。

③外資系製薬企業の販売能力の強化に加え，新薬の供給を安定的に達成できる能力を高めるパターン。外資系製薬企業が新薬の現地生産を行うようになるとともに，新薬やバルクの輸入も安定的に行うことによって，新薬の市場への安定供給の達成が目指されていた。このパターンにおいて，外資系製薬企業は生産設備の新設や増設を行い，自社生産体制の確立を進めていた。

以上示した自販体制確立のどのパターンにおいても，外資系製薬企業はプロパー（MR）の増員を行う傾向にあった。日本製薬企業に依存せず，自らの力で持続的な成長を達成するために，企業規模の拡大，経営資源の拡充を図った

のであった。

　またほかの自立化の動きとして，日本で新たな活動に着手する外資系製薬企業も現れた。例えば，日本に新たな研究開発拠点を設け，新薬探索のための基礎研究を行う動きを示す企業もいた。ただし，この段階においても探索研究を行う企業は限られていた（小原，1996，p.305；原，2007，pp.94-95；吉岡・松本，2014，p.73）[13]。

　提携関係の解消は，委託販売の解消にとどまらない。多くの外資系製薬企業は外国の製薬企業と日本製薬企業との間で設立された合弁会社であったが，この両親会社間の提携関係が解消に向かったのである。外資系製薬企業における日本製薬企業側の出資比率がますます低下した。外資系製薬企業は，日本の親会社から資本面においても自立したのであった。

　例えば，ファイザー社は1968年に台糖ファイザー社の持分比率を80％に引き上げると，1975年に95％，1983年に100％所有することになった（ファイザー株式会社，2003，p.22）。社名も1989年に台糖ファイザーからファイザー製薬に，その後ファルマシア社との統合に伴い，2003年に社名をファイザーとした。バイエル社は，1962年に単独出資の形で「バイエル薬品」を設立するが，1973年に武田薬品，吉富製薬との共同出資形態へと切り替えた。この時点のバイエル社の出資比率は50％であった。1988年にバイエル社と日本の親会社間の出資比率に関する見直しが行われ，バイエル社がバイエル薬品の株式75.6％を所有することに変わった。そして，2001年にバイエル薬品はバイエル社の100％子会社になった（原，2007）。

　また，既存の日本製薬企業を買収することによって，日本事業の規模を拡大する外資系製薬企業も現れてきた。日本製薬企業の買収を行った筆頭としてあげられるのが，本書が考察対象とするアメリカのメルク社である。メルク社は1980年代に鳥居薬品，萬有製薬の株式の過半数を取得し，傘下に収めた。萬有製薬の買収については，第4章で詳しく述べる。他にも，ベーリンガーインゲルハイム社は1987年に三亜薬品工業，三亜製薬を買収した。外資系製薬企業による日本製薬企業の買収は，2000年代以降に件数が増えていった[14]。

　これらはすでに日本で事業を行ってきた外資系製薬企業に見られた動きである。一方で，新興の外国の製薬企業による日本参入も行われた。例えば，1980

年に創業したバイオ医薬品企業のアムジェン社などは，急速に企業成長を果たすとともに，1992年に日本に子会社を設立して，日本事業を展開していった[15]。

こうした概観を踏まえ，以下の章では，外資系製薬企業3社を対象に，1950年代～1990年代にかけての事業経緯を明らかにする。

⦿注
1 本節の内容は，主に日本薬史学会編（1995）に基づいている。この文献については，引用の場合に限り，ページ数を記載している。
2 日本の健康保険に関する制度は，1922年に健康保険法が制定され，1927年に施行されたのが始まりである。健康保険の対象者および給付内容はその後拡大していく。1938年に国民健康保険法，1939年に船員保険および職員保険が実施された。1945年までに健康保険への加入者は約400万人であった。
3 もちろん，競争に打ち勝つべく新薬の自社開発も行っている。製薬企業の多くは1950年代後半から新薬開発のための研究所を建設するために投資を行うようになった。
4 「保健薬として多量に用いられていたビタミン剤などが，医療用医薬品の適用から除外されて一般薬とな」り，しかも「一般薬が健康保険の適用から除かれた」（日本薬史学会編，1995, p.124）。そのため，ビタミン剤よりも，健康保険の適用を受ける抗生物質製剤が販売額を伸ばしたのであった。
5 日本の特許制度の変更を受けて，日本製薬企業が新薬開発に関する能力を身につけていく過程に関しては，Yongue（2005）にて詳しく説明されている。
6 資本自由化に対する日本製薬企業の対応の1つとして，1968年の日本製薬工業協会の設立があげられる。資本自由化を単純に阻止するのではなく，資本自由化の波は止めることはできない。外国企業との競争力の差を少しでも埋めるべく，一定期間これを延引し，その間に日本の新薬開発企業が大同団結して，有効性安全性の高い医薬品の開発と流通市場を安定させるという課題に取り組むことを目指した（日本製薬工業協会編，1988, pp.56-58）。
7 本節における日本製薬産業の歴史については，主に日本医薬品産業現代史（1980～2010）編集委員会（2014）に基づく。この文献については，引用の場合に限り，ページ数を記載している。
8 「ある価格で一応仕切っておいて，卸売業者の納入価格を見たあとで，メーカーが値引きして仕切価格の変更を行う」こと（薬事日報社編，2005, p.176）。仕切価格とは，製薬企業（メーカー）が卸売業者に売る際の価格である。
9 「薬価調査の結果をもとに算出された取引価格の加重平均値に一定の価格幅を加算する方式」であり，「既収載医薬品の薬価改定に用いられていた」（薬事日報社編，2005, p.81）。
10 「医薬品の取引において取引数量の多少，取引包装の大小，支払条件の差異等から生じる価格差などを一定の範囲内（リーズナブルゾーン）とし，薬価基準より一定の範囲の内に医薬品取引の加重平均価がある場合には薬価を据え置き，それを超える場合にはその超

えた部分だけ薬価を引き下げる方式である」(薬事日報社編, 2005, p.410)。

11　前臨床試験に関する制度の整備も進められた。1982年にGLP (Good Laboratory Practice：医薬品の安全性試験の実施に関する基準) が実施される。これにより、「毒性試験、発がん性試験、催奇形成試験など、定められた項目を実験評価するための設備の整った実施施設と人材を確保して、非臨床試験を実施することが義務づけられた。GLPの実施施設と方法により世界的に統一された基準で動物実験による安全性の試験が行われるようになった」のである（日本薬史学会編, 1995, p.138）。

12　ただし、日本の臨床試験（治験）に関する課題も残存していた。例えば、「依然として国内の治験は欧米と比べて『遅くて、コストが高い』との不評が取り沙汰されてきた。／その原因の一つとして、例えば、米国との比較において、医療習慣の違いが指摘された。日本では安全性が優先されるが、米国は基本的には安全性を確保しながら有効性も重視する考え方が主流である。また、医薬品の最適投与量を設定する場合でも、国内では投与量を徐々に増やし、しかも増量幅は米国より低く抑えているので、結果として、申請データ作成には相当な時間がかかり、結局、承認審査が遅れることになった」(日本医薬品産業現代史（1980～2010）編集委員会, 2014, p.25)。

13　日本での「高騰する研究開発費に加えて国内事情（税制高や臨床試験体制）があり、さらに近年では日本が得意とした低分子合成医薬品開発の停滞やバイオ医薬品の開発の遅れなどによって」日本で研究開発活動を続けるメリットが少なくなった。そのため、2000年代に日本の研究開発拠点の見直しを進める外資系製薬企業が増えてきた。中には、研究開発拠点を日本から他国に移転する動きを示す企業も存在した（吉岡・松本, 2014, p.73）。

14　代表的な事例として、以下のものがあげられる。①2001年のベーリンガーインゲルハイム社によるエスエス製薬の買収。この買収を経て、ベーリンガーインゲルハイム社は、エスエス製薬の医療用医薬品事業を他社に譲渡し、日本ベーリンガーインゲルハイム社を医療用医薬品、エスエス製薬は一般用医薬品専業という形で事業を展開している。②2001年のアボットラボラトリーズ社による北陸製薬の買収。アボットラボラトリーズ社は、2003年に従来の日本子会社（ダイナボット社）と北陸製薬とを合併させ、新たにアボットジャパン社を設立した。③2002年のロシュ社による中外製薬の買収。ロシュ社は、それまでの日本子会社（日本ロシュ社）と中外製薬とを統合し、日本子会社を中外製薬に一本化した。ほかにも、本書で取り上げるシエーリング社も2000年に三井製薬工業を買収している。

15　ただし、アムジェン社は2008年に武田薬品工業株式会社との間で株式譲渡契約を締結し、日本子会社を武田薬品に売却する。この締結に伴い、アムジェン社の日本子会社は、武田薬品の完全子会社「武田バイオ開発センター株式会社」となる（武田薬品工業株式会社ホームページ「「武田バイオ開発センター株式会社」の設立について」）。

第4章

メルク社と
日本メルク萬有・萬有製薬

　本章では，アメリカの巨大製薬企業であるメルク社の日本子会社であった日本メルク萬有（以下，NMBという）ならびに萬有製薬を対象に，日本での事業経緯を解き明かす。1984年の萬有製薬の買収まではNMBの経緯を中心に描き，萬有製薬買収に伴うNMBと萬有製薬との統合過程，そして萬有製薬のその後の成長を描き出す。

　メルク社は1954年に萬有製薬との間で合弁会社NMBを設立した。当初のNMBの活動はメルク社製品の生産に限定されていたが，次第に販売促進活動を実施するなど職能活動の範囲を拡大していった。1970年代にメルク社はNMBの改革に着手し，日本事業は転換期を迎える。1984年にメルク社は萬有製薬の株式50.02％を買収し，翌年にNMBと萬有製薬との統合を果たし，萬有製薬を日本事業の拠点とした。これによって，研究開発から販売・流通に至る職能の統合を実現した。従来の研究では，この萬有製薬の買収により職能の統合を達成することが，メルク社の日本事業の発展にとって重要であったと指摘されている（桑嶋・大東，2008）。その後，萬有製薬は新たに市場に導入した循環器系製剤を中心に売上高を伸ばしていくことに成功し，持続的な成長を遂げることとなる。

　確かに，メルク社の日本事業の成長は，萬有製薬を傘下に収めたことによる影響が大きい。ただし，その成長は，萬有製薬の買収によって職能の統合を実現したことだけに起因するのではなく，NMB時代から試みた新薬導入と普及のために向けた経営努力にも求められる。本章は，NMBと萬有製薬が新薬を迅速かつ着実に市場に導入し，普及させるためにどのような取り組みに注力し

てきたのか，その経緯を詳述することを目的とする[1]。

1　日本メルク萬有の設立と初期の活動

1-1　メルク社の発展と日本参入

　NMBの設立とその後の経緯を述べる前に，親会社であるメルク社の発展と日本市場との接点について触れておきたい。

　メルク社の起源は，1887年にドイツ企業E・メルク社がアメリカ支店を設立したことに求められる。19世紀以降，ドイツは世界に先んじて化学に関する知識や技術を大いに発展させた。さまざまなドイツの化学・製薬企業は，生み出した画期的な製品や技術力を活かして海外進出を果たし，グローバル企業として成長を果たした。E・メルク社も19世紀末に国際市場に進出した。1883年にロンドンに支店を開設したのを皮切りに，国際展開を進めていった[2]。そして，市場規模が拡大していたアメリカ市場にも参入した。アメリカ参入当初の製品販売は代理店を通じて行われていたが，代理店による製品ラベルの偽装などがあった。こうした事態に直面して，E・メルク社はアメリカ市場でのシェア拡大とともに自社製品に対する評価の維持・向上を目指し，アメリカでのマーケティング機能を内部化すべく，1887年に代理店契約を解消して販売支店を設立した（Galambos and Sturchio, 1994, p.230）。1891年には，E・メルク社からジョージ・メルクが派遣され，彼を中心としてニューヨーク支店の組織改編がなされ，これが現在のメルク社の起源となっている。

　メルク社は高品質製品をアメリカ市場に供給して，成長を遂げた。当初は，E・メルク社から輸入される製品を販売することに従事し，1897年には年間売上高100万ドルを超えるに至った。その後，自らもファインケミカルの生産を開始した。1899年にニュージャージー州のローウェイに土地を購入し，アメリカの製薬産業向けのモルヒネなどを生産すべく工場を建設した。そして，1903年には麻酔薬，ビスマス，ヨウ化合物などの生産も開始した。1914年までに，アメリカで販売されるメルク社製品は，アメリカでの生産品が輸入される製品を上回るようになった（Wilkins, 2000, p.293）。

第4章　メルク社と日本メルク萬有・萬有製薬

　第1次世界大戦が勃発し，ドイツからの輸入が禁止されたため，メルク社は独自に技術力を向上させることに努めた。それにより，技術的にもドイツ親会社から自立できるようになった（Galambos and Sturchio, 1994, pp.238-239）。戦時中に，ドイツ企業のアメリカ資産は合衆国政府に接収されることとなり，E・メルク社が所有するメルク社関連の資産もその対象とされた。大戦後の1919年に，合衆国政府に接収されていたE・メルク社所有分の株式をジョージ・メルクが買い戻すことに成功し，その結果，同年にメルク社はアメリカの企業として登録されたのであった。1933年には研究所を設立し，外部から科学者を積極的に採用するなど研究開発活動に注力した結果，数多くの新薬の市場導入を実現した。そして同社は現在まで続く巨大多国籍製薬企業へと成長を遂げている。

　こうした成長過程において，メルク社は国際展開も進めていった。1920年代にはアメリカ製品に馴染んだ地域に限って慎重に国際化を行い，カリブ海周辺地域ならびにカナダでの事業の拡大に成功した（Sturchio, ed., 1991, pp.17-18）。ただし，第2次世界大戦以前のメルク社の国際事業は限定的であった。

　同社の本格的な国際展開がなされるのは，戦後の国際事業部成立以降であった。第2次世界大戦後に，メルク社はメルク・ノース・アメリカ（Merck North America）とメルク・パン・アメリカ（Merck Pan America）という2つのマーケティング組織を設立し，国際事業の拡大を目指した。これら2つの組織により，1950年代初期までにメルク社の売上高に占める輸出の割合は20％にまで増加した。この新組織の設立以上に，メルク社の国際事業の拡大にとって重要な出来事は，メルク社のファインケミカルの最大顧客の1つでもあったシャープ＆ドーム社（Sharp & Dohme）との合併である。1953年に行われたこの合併によって，メルク社は海外市場における充実した営業ネットワークならびに営業のための専門技術を補完することができた。そしてこのネットワークを基にして，国際事業部としてメルク・シャープ＆ドーム・インターナショナル（Merck Sharp & Dohme International（以下，MSDIという））という新しい組織を構築する。以後，MSDIの管理の下で国際事業が積極的に展開されることとなる（Sturchio, ed., 1991, pp.18-22）。国際事業部を組織して以降，メルク社は海外子会社の設立を推し進めていった。例えば，1956年時点

に，メルク社は11の国と地域に生産拠点を有していたが，1965年時点にその数は22となっていた[3]。

メルク社による日本事業も，こうした戦後の国際化の進展の中で開始された。日本市場への参入は，まず技術提携を通した，同社製品の日本市場への導入から始まった。メルク社は，結核治療に大きな効力を持つストレプトマイシンに関する技術提携を行うために，GHQや厚生省を通して，日本国内の製造可能な企業を選定するための工場視察を希望した。1950年にいくつかの企業を視察した後，メルク社の所有する特許を用いてストレプトマイシンを製造する場合は，工場設備資金として約4億円が必要との結論が出された。この結果，多くの日本企業は巨額な設備投資が不可能との判断を下し，技術提携候補から手を引いた。最終的に，協和発酵株式会社と明治製菓株式会社の2社が技術提携先となり，協和発酵のストレプトマイシンに関する技術導入が1951年4月に正式に認可された（協和発酵株式会社，1984，pp.36-38）。

提携を通した製品の市場浸透を図りつつ，さらなる市場シェアの獲得を目指して，メルク社は日本市場への直接投資を行った[4]。

1-2 日本メルク萬有の設立と初期の活動

メルク社の直接投資の契機は，リウマチ治療に劇的な効能を有する副腎皮質ホルモン剤であるコルチゾンを日本市場に導入したことである[5]。コルチゾンは画期的な医薬品であり，日本の大手製薬企業も関心を持っていた。武田薬品工業株式会社や山之内製薬株式会社がコルチゾンの輸入・販売を開始し，萬有製薬も1952年2月に製品名「コートン錠」として輸入・販売を実施するようになった[6]。その後，萬有製薬は，コートンの製造・販売に関する協力体制を築くために，積極的にメルク社に働きかけた。萬有製薬による働きかけや，萬有製薬によるコートンの売上が伸びていたことを受けて，メルク社も萬有製薬との関係を深めていった。

メルク社は，日本に合弁会社を設立して副腎皮質ホルモンの販売を実施したかった[7]。それに先立ち，メルク社は日本製薬企業との間に，副腎皮質ホルモンに関する総代理店契約についての交渉を行うこととした。そこで，輸入販売を行ってきた萬有製薬，武田薬品，山之内製薬と交渉を行った。最終的に，メ

ルク社は萬有製薬を日本の総代理店にする意向を示し，萬有製薬に同製品の一手販売権が与えられた。1953年2月のことである。

萬有製薬が一手販売権を獲得できた理由として，同社のメルク社への積極的なアプローチのほかに，他社の外資系製薬企業との関係なども要因として考えられる。例えば，武田薬品はすでにアメリカン・サイアナミッド社と合弁会社を設立するなど，メルク社の競合他社と協力関係にあったことから，メルク社は武田薬品との関係を深めることを避けたと考えられる。

1953年7月に，メルク社と萬有製薬との間で販売協定が締結された。メルク社と萬有製薬との間の協議はその後も続き，メルク社の狙いどおり，合弁会社設立に関する協議へと進んだ。そして，1954年3月20日に，両社間で「会社設立契約書」が調印された。そして，同年7月政府認可を得て，12月に資本金2,500万円，メルク社と萬有製薬が折半出資する合弁会社「日本メルク萬有株式会社」が設立された。取締役会長にはMSDIのH.エカイレブ[8]，代表取締役社長には萬有製薬社長の岩垂亨，代表取締役副社長にはもともとメルク社の人材だった河野豊海が就任した。NMBの社長は，1957年に萬有製薬目黒工場長の松田幸夫に交代する。

NMBは，メルク社製品の日本市場への供給を進めるため，主にメルク社製品を生産することを目的に設立された企業であった。NMBの設立に際して，メルク社・萬有製薬・NMB間でさまざまな契約が取り交わされており，そこにNMBの目的・活動内容が示されている。例えば，メルク社・NMB間の協定によって，NMBは①メルク社の技術支援の下，「コートン」，「ハイドロコートン」の製造工場を建設すること，②メルク社の品質管理基準に従ったすべての試験法，検定を行うこと，③製品のレッテル，包装もメルク社の規格に合格したものでなければならないこと，こうした活動を遵守することが明確に定められた。またNMB・萬有製薬間では，「製造協定」と「販売協定」が締結された。製造協定はNMBが萬有製薬の工場を使用する際の費用条件などについて，販売協定はNMBと萬有製薬との販売活動に関する条件や萬有製薬がNMBの総代理店となることなどについて記されたものであった。メルク社・萬有製薬間では，「NMB運営覚書」が締結され，メルク社と萬有製薬は協力してNMBの活動支援を行うことが定められた。

1955年に，NMBはコートン，ハイドロコートンの輸入販売許可を得て販売を開始し，同年4月に医薬品製造業登録の許可も得て，日本での医薬品生産のための事業を開始した。萬有製薬の援助を得られることから，萬有製薬の岡崎工場（愛知県岡崎市）に隣接した土地2,145.46㎡を購入し，同年5月に工場建設を開始した。NMBではメルク社の規格をクリアする高品質な製品を生産しなければならないため，その工場建設に際して，メルク社は技術指導を実施した。工場建設の指導や生産工程において主要となる合成室・無菌製剤室の工事は，技術的にも重要であることからも，メルク社の図面や仕様書に基づいて行われた。こうして同年12月に総工費6,140万円を投じ，総建築面積647.27㎡，4棟の建物から成り，工場長以下27人の社員を擁するNMBの岡崎工場が完成した。工場内の機械装置や機器類などの主要な器具は輸入品でそろえられた。ほかにも，建物全部にスプリンクラーが備えつけられていたり，無菌室には最先端の滅菌装置が設置されていたりするなど，当時の製薬企業としては比較的技術的水準が高い工場であった。

　NMBは高品質製品の生産を行い，それを日本市場に供給し始めた。NMBの新工場では，メルク社の品質管理基準に則った品質試験が実施され，検査は徹底されていた。そしてNMBの生産体制は，メルク社内においても高い水準となっていった[9]。

　NMBは，工場の稼働後から1960年代にかけて，生産・発売する医薬品の種類も増やしていった（**表4-1**）。コートン，ハイドロコートン以外の副腎皮質ホルモン剤として，各種の炎症性疾患やアレルギー疾患に適用されることとなる「デカドロン」の生産を開始し，1959年に発売した。そのほかにも，血圧降下剤として，日本で最初の本格的な降圧利尿剤である「クロトライド」を1959年に発売し，翌年には「ダイクロトライド」が発売された。1962年には新たに「アルドメット」を発売した。同製品は，1974年時点でも血圧降下剤市場でトップの13.5％のシェアを占め[10]，長期間にわたってNMBの売上高を支える主力製品であった。1966年に非ステロイド性消炎・鎮痛・解熱剤である「インダシン」を発売し，これも主力製品の1つとなった。NMBは，工場稼働後も生産設備の拡充を続けた。生産・販売する医薬品の種類が増加するに伴い，NMBの売上高や組織の規模は拡大していくこととなる（**図4-1**）。

表4-1 ■メルク社の日本子会社が販売した新薬数（薬効領域別）

（単位：件）

発売年	ホルモン製剤	循環器系製剤	中枢神経系製剤	ビタミン製剤	抗生物質製剤	感覚器官用製剤	生物学的製剤（ワクチン製剤）	その他代謝性医薬品	その他製剤	合計
1952年～1959年	6	1	0	0	0	0	0	0	0	7
1960年～1969年	0	3	3	4	1	1	0	0	1	13
1970年～1979年	0	0	0	0	0	0	0	0	0	0
1980年～1989年	0	2	3	0	2	2	2	0	2	13
1990年～1999年	0	2	0	0	0	1	0	1	2	6
合計	6	8	6	4	3	4	2	1	5	39

注1） 各製品において，ひとつの剤型，用量の製剤が初めて発売された時点を記載。すなわち，同一製品でその後剤型や用量が異なったものが発売された場合はカウントしていない（例えば，錠剤で発売されたものがその後注射剤の形で発売されても，新製品とはみなしていない）。
注2） 1985年まではNMBで開発等を進めてきた製品のみを記載。1986年以降は，萬有製薬で発売された製品を記載している。
注3） その後販売中止したものもカウントしている。
資料） 日本メルク萬有株式会社（1980），日本経営史研究所編（2002）より作成。

ところで，当初のNMBは製品の販売促進活動を行っていなかった。というのも，NMBの設立目的は高品質のメルク社製品を生産することにあり，同社が生産した製品はすべて萬有製薬に納入され，萬有製薬が販売に関する活動—販売促進活動から市場への製品の供給まで—を担当していたからであった。しかし，NMBの生産する医薬品の種類が増えるに従い，NMB自身も自社製品の販売促進活動を行う動きを示すようになった。医薬品が市場に受け入れられるためには，プロパーが医師に対して製品の説明を行うなどといった販売促進活動が重要な役割を果たしている。NMB製品の種類が増えても，NMB製品の販売促進を担当している萬有製薬のプロパーの数が大きく変わらなければ，各プロパーが医師に説明するときのNMB製品の時間は単純に短くなる。そのため，自社製品の売上を伸ばすためには，NMB自身も市場調査や販売促進活動を行

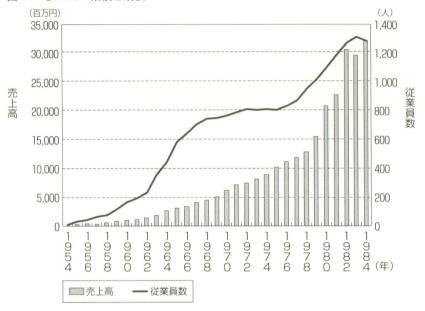

図4-1 ●NMBの業績と規模

資料）日本経営史研究所編（2002），461-465頁。

う必要が生じてきたのであった。

　1959年に，販売促進を専門とした組織を設立した。同年1月に萬有製薬との間に覚書を締結し，同年3月にNMBに営業部を設け，この新しい営業部の部長には萬有製薬から招いた人材が就任した。約20人が営業部に配属され，うち11人がプロパーであった。NMBのプロパーは，萬有製薬の営業部員とペアを組んで病院や診療所に行き，製品の紹介や宣伝を行った。当時の製薬産業におけるプロパーの業務は販売促進活動だけでなく，卸を含めた顧客との間での価格交渉も主要業務の1つであった。しかし，NMB製品についての価格交渉は，萬有製薬側のプロパーが担当しており，NMBのプロパーは販売促進活動のみに従事しており，価格交渉には携わらないなど活動の制限が設けられていた[11]。また，NMBの販売促進活動に関しての予算は，萬有製薬側からの承諾も必要としていた[12]。その他，医師や医学会へのアプローチにおいても，NMBは萬有製薬の学術部門担当者からの恩恵を多分に受けていた[13]。

第4章　メルク社と日本メルク萬有・萬有製薬

　このように，NMBは萬有製薬出身の営業部長を擁し，萬有製薬の営業部員と活動を共にし，萬有製薬の影響下において販売促進活動を展開した。萬有製薬との連携はNMBの販売促進活動に一部制限などを生じさせてはいたものの，この連携を通してNMBは販売促進活動のノウハウを学習できただけでなく，顧客である医師との関係構築や医師の社会的ネットワークの特徴に関しての知識も蓄積していくことができたと考えられる。

1-3　初期のメルク社・日本メルク萬有間の関係性

　NMBの創業に際して，親会社であるメルク社は工場の建設や稼働に向け，さまざまな経営資源の移転を行っていた。特に，知識の移転がなされた。しか

表4-2　メルク社からの来日者のべ数

(単位：人)

	来日者	うち常駐者
1971年	5	1
1972年	11	0
1973年	23	0
1974年	21	1
1975年	5	0
1976年	14	2
1977年	15	1
1978年	9	1
1979年	18	0
1980年	35	2
1981年	25	4
1982年	27	2
1983年	4	1
合計	212	15

注1）1983年は『みどり』4月号までの情報に基づく。
注2）主として日本メルク萬有への来日者を計上しているが，一部，メルク社の他の日本子会社や日本での講演会や学会等への来日者も含んでいる。
注3）他の日本子会社に常駐している駐在員が，日本メルク萬有に訪れた場合は計上していない。
注4）原則として，1年以上滞在のものを常駐者としている。ただし，滞在期間が不明であり，かつ「常駐」と記載あるものは常駐者とみなしている。
資料）日本メルク萬有社内報『みどり』各号より作成。

表4-3■メルク社からの来日者の来日目的

(単位:人)

年	経営全般関係	研究開発・製造等技術関係	マーケティング等販売関係	財務・経理関係	研修・人事関係	日本で開催のメルク社主催会議への参加	学会・講演会等への参加	その他・不明	合計
1971年		1			2			2	5
1972年	1	4		1			1	4	11
1973年	2	8	1	2			7	3	23
1974年	3	3				12		3	21
1975年	2	2						1	5
1976年	1	6	7						14
1977年	2	4	3	1				5	15
1978年	3	1	2	2		1			9
1979年	3	10	3				1	1	18
1980年	2	9	16		2		2	4	35
1981年	5	7	11					2	25
1982年	7	10		3	2		2	3	27
1983年	2	1						1	4
合計	33	66	43	9	6	13	13	29	212

注1) 式典等への参加による来日の場合,その後の行動によって分類している。
注2) 「経営全般関係」とは,取締役会への参加や投資計画に関する検討などを行ったものを意味している。
注3) 「研究開発・製造等技術関係」には工場見学・視察,品質管理目的なども含んでいる。
注4) 「日本で開催のメルク社主催会議への参加」とは,日本を含む国際事業に関するミーティング等を日本で行った際に来日した人を含む。ただし,1976年開催のMSDI東京マーケティング会議への来日者は,日本市場に関する販売状況についての検討に重点が置かれていたと考えられるため,ここに含まず,「マーケティング等販売関係」に含んでいる。
資料) 日本メルク萬有社内報『みどり』各号より作成。

しながら,その後のNMBの事業展開に関して,メルク社は積極的に関与する姿勢をとってきたとは言い難い。創業から1970年代初め頃までのメルク社・NMB間の結びつきは,特定の領域に限定されていたといえる。

以下,1970年代初めの時期におけるメルク社・NMB間の関係性,特にメルク社によるNMBへの関与の状況について,メルク社から日本に来た人数とその目的の推移を示した表4-2,表4-3に基づき,説明を行う。表4-2が,メルク社からの来日者ののべ数の推移を示している。そして,その来日者の目的

を示したものが，表4-3である。

　この2つの表から，1970年代初頭において，研究開発・製造等技術関係を目的とした来日が比較的多く行われていたことがうかがえる。この時期の来日は，試験所や工場など，日本の施設の状態に関する査察や品質管理の状況についての検査を主な目的としたものが多かった。ここから，メルク社は定期的に人材を派遣して，NMBの技術面に関する実情把握を行っていたと考えられる。そもそもNMBの本来の設立・活動目的は，高品質なメルク社製品の生産にあり，その目的を達成すべく，メルク社は定期的な人材派遣を通して同社基準の品質が維持されているのかどうかの検査を徹底していたといえる。

　また表4-3から，同じ時期に，取締役会への参加など日本子会社の経営全般に関する事項を把握する目的で来日している人材も見受けられる。ここからも，メルク社は短期の人材派遣（出張）を通して，日本事業の実情を把握するよう努めていたと考えられる。したがって，表4-2や表4-3からは，NMBの活動が当初の目的通り実践されているかを確認するために，一定の人数が日本に派遣されており，メルク社・NMB間の人的交流がなされていたとみなすことができる。すなわち，両者間の関係性は，希薄ではなかったと解釈できよう。少なくとも，品質管理や技術面に関して，両者は強く結びついていたといえる。

　しかし，当時のメルク社による日本事業への関与や把握は，後年に比べると限定的なものであったと言わざるをえない。表4-2，表4-3を詳しく見ると，例えば，1973年や1974年には多数の人材が来日しているが，日本で開催される学会への参加や日本でメルク社の会議が開かれるため来日した人材が多く，必ずしも日本事業への関与を目的としたものではない来日も多かった。またこの時期の来日者の中には，海外旅行の途中に日本に立ち寄り，NMBを訪問するというものもあった[14]。このように1970年代初期における来日者の目的を見ると，日本事業への関与以外を目的としたものも多く見受けられる。したがって，品質管理や技術面以外では，メルク社・NMB間のつながりはまだ強いものでなかったと評価できよう。

　さらに，当時の両者の関係性が密接でなかった点は，NMBに常駐したメルク社社員の人数からも指摘できる。長期にわたって海外子会社で勤務する駐在員は，現地従業員と密接な交流を図りながら，子会社の実情の把握および子会

表4-4■常駐者の所属先と駐在期間

年	常駐者	所属先	期間
1971年	1	日本MSD	1年間
1972年	0		
1973年	0		
1974年	1	東京に事務所開設	2年間
1975年	0		
1976年	2	日本メルク萬有取締役(研究開発部門責任者)	不明(5年以上?)
		日本メルク萬有研究開発部門開発企画室	2年間
1977年	1	日本メルク萬有販売推進本部長	5年間
1978年	1	日本メルク萬有販売推進本部	8年間?
1979年	0		
1980年	2	日本メルク萬有新工場建設プロジェクトマネジャー	不明(1〜2年間?)
		日本メルク萬有工場生産技術顧問	1年間
1981年	4	日本メルク萬有研究開発部門(臨床研究,登録業務担当)	不明
		日本メルク萬有研究開発部門(臨床統計業務担当)	不明
		日本メルク萬有販売推進本部販売研修課長	不明
		日本MSD研究開発部門責任者	不明(3年間?)
1982年	2	日本メルク萬有電算関係	1年間
		日本メルク萬有妻沼工場	1年間
1983年	1	日本メルク萬有管理本部副本部長	不明

注1) 日本MSDはメルク社が1970年に設立した新しい日本子会社。日本におけるリエゾンセンターとしての役割を担ったとされる。
注2) 駐在期間は,日本メルク萬有後に日本MSDなどに移籍した場合を含む。
資料) 日本メルク萬有社内報『みどり』各号,『薬業会社録』各年版より作成。

社に対する知識移転の役割を担う存在である。駐在員を介して,親会社・子会社間は密接に結びつくものと考えられる。しかし,1970年代初頭において,メルク社は日本に駐在員を派遣することに消極的であった。**表4-4**は,来日者のうち1年以上常駐した者の日本での所属先と駐在期間を示している。同表によると,1970年代前半において1年以上日本で勤務した駐在員の数は少なく,しかも彼らはNMBに所属していなかった。NMBにはメルク社からの駐在員が存在しない状態であったため,NMBの日本人従業員と深い交流を持つ機会は乏しく,親会社・NMB間のつながりは弱いものであったと考えられる。少な

くとも，この段階において，駐在員を活用したNMBに対する知識移転やNMBに関する実情の把握は，十分に行われていなかったとみなすことができる。

表4-2～表4-4に関して，1971年以降の数値であるため，創業から1970年までのメルク社・NMB間の人的交流の状況，ならびに両者間の関係性がどのような状態であったかについては，検討することができない。だが，1960年代以降，NMBの事業展開に関してメルク社による大きな介入は見受けられない。したがって，1970年代前半までの両者間のつながりは技術面に限定されており，メルク社によるNMBへの関与は乏しい状態であったと評価できよう[15]。

2　日本メルク萬有の改革

2-1　日本事業の位置づけの見直し

創業以降，NMBは生産活動から販売促進活動へと職能活動の幅を広げ，取り扱う医薬品の種類も増やしていった。そして，プロパーの増員をはじめ従業員数も増加し，売上高も増やした。ただし，1960年代後半以降の同社における成長は，業績向上に向けた経営上の取り組みの成果というよりも，日本の医薬品市場の拡大に伴った自然増といえるものであった。NMBの売上高の伸び率に関して，1950年代は日本の医薬品市場全体の伸び率を大きく上回っていたものの，1960年代以降はNMBの数値が市場全体の数値を大きく上回ることはない（**表4-5**）。市場全体の成長に沿う形で，NMBも成長を遂げていたのであった。

そもそも，1960年代の日本の医薬品市場は，急速にその規模を拡大させていた。というのも，国民皆保険の達成，それに伴う受診率の増加が生じた結果，医療用医薬品に対する需要が急拡大したからである。日本の医薬品市場の規模拡大は進み，ついにはアメリカに次ぐ世界第2位の市場となった。NMBのみならず他の多くの製薬企業も，拡大した需要に応じる形で成長を遂げることとなった。同時に，市場規模の拡大に伴って，多くの外資系製薬企業が日本市場に参入した（表1-1）。そのため，競争が激しさを増していった。

NMBは成長を遂げていたものの，それは業界の中で目立った業績というわ

表4-5■日本メルク萬有の売上高と日本医薬品市場規模の伸び率

年	医薬品市場生産金額対前年度比 (%) (A)	日本メルク萬有売上高対前年度比 (%) (B)	(B) / (A)	年	医薬品市場生産金額対前年度比 (%) (A)	日本メルク萬有売上高対前年度比 (%) (B)	(B) / (A)
1956	116	156	134%	1971	103	117	114%
1957	121	62	51%	1972	103	102	99%
1958	108	185	171%	1973	125	110	88%
1959	111	163	147%	1974	124	112	90%
1960	118	120	102%	1975	105	113	108%
1961	124	119	96%	1976	121	111	92%
1962	122	121	99%	1977	114	105	92%
1963	128	130	102%	1978	114	109	96%
1964	124	149	120%	1979	109	120	110%
1965	108	114	106%	1980	114	135	118%
1966	111	109	98%	1981	106	109	103%
1967	111	121	109%	1982	108	134	124%
1968	122	110	90%	1983	101	97	96%
1969	122	112	92%	1984	100	108	108%
1970	122	123	101%				

資料）『薬事工業生産動態統計年報』，日本経営史研究所編（2002）より作成。

けではなかった。そのため，メルク社は，NMBの業績を期待通りのものと受け取らなかった。メルク社の認識は，NMBは日本市場において出遅れているというものであった[16]。

　1960年代以降，日本では新薬承認審査の厳格化をはじめとした制度変更が生じた。すでに日本事業を行っていた外資系製薬企業も，環境の変化に対応しなければ，持続的な成長が困難な状況となった。こうした日本の医薬品市場の変化を受けて，メルク社は日本事業に対する姿勢を大きく変更した。

　親会社での製品開発の進展と並行して，メルク社は国際事業に関して主要市場を定め，その市場に重点的に投資を行い，同市場での製品のさらなる普及を目指す方針を採用した[17]。その中で，日本市場も主要市場として位置づけられた。1970年代半ばから，メルク社は「ジャパン・プラン」と銘打ち，日本事業に積極的に関与していった。NMBの飛躍的成長を大きな目標に掲げ，NMBの

改革に着手するようになった。

　MSDIでは，それまで「極東地区」に含まれていた日本を，1976年5月に「日本担当部門」として独立させた。そして，日本の実情をよく知る，当時イーライリリー社の日本担当であったP.マウラーを採用し，彼をMSDI日本担当部門のエグゼクティブ・ディレクターに就任させた。マウラーを迎え入れることでメルク社内での日本事業のトップを改めるとともに，メルク社の日本子会社におけるトップマネジメント層の刷新も行った。具体的にはNMB，そして1970年4月に設立していた日本MSDのトップマネジメントを刷新し，組織の改革を試みていった[18]。

　1976年9月に「NMBの運営に関する覚書」を大幅に更改し，NMBのトップマネジメントは，従来の社長・副社長制から，会長・社長制に移行した。1977年2月に，エカイレブが取締役名誉会長となり，1957年からNMBの社長に就いていた松田幸夫が代表取締役会長となり，副社長の河野豊海が代表取締役社長に就任した。1978年10月に河野がMSDIに異動となり，代わってマウラーがNMBの代表取締役となった。同年11月に，NMBは研究開発業務以外のすべての業務の責任を持つ総支配人制を導入した。この総支配人には，谷川志夫が就任した。そして，1979年2月に役員異動が行われ，当時研究開発本部長であった東郷靖[19]が取締役副会長に就任し，総支配人であった谷川が社長に就任することとなった。マウラーはNMBの取締役となるが，MSDIの日本担当責任者として，日本事業に関する親会社とのコミュニケーションを図り，新薬申請等において必要な資料やデータの入手と確認を親会社に対して行うなど，谷川のバックアップに努めた。そして谷川がNMBの成長に向けた活動に専念する体制へと変わっていった[20]。

　またメルク社は，日本事業の改革の一環として，萬有製薬との関係の見直しを行った。NMB製品の販売は，萬有製薬との連携で行われており，萬有製薬がNMB製品の販売に対して積極的に協力を行わなければ，NMB製品のさらなる売上増は見込めなかった。そこでNMBと萬有製薬との販売活動を強化すべく，両社間で1975年10月に共同のプロジェクトチームを形成した。これを基礎に，NMB製品の拡販のための組織として「B&M委員会」が発足された。同委員会は，2つの委員会から構成されていた。1つは，本部委員会と呼ばれるも

ので，萬有製薬の営業幹部会とNMB営業所長会とを連動させたものである。ここでは，NMB製品育成に向けた基本戦略や体制，経費予算などの事項が検討・決定された。もう1つは，地区委員会である。これは各支店・営業所ごとに設置されていた。本部委員会で決定された戦略を各地区の特性に合わせた形で戦術に落とし込み，実際の販売活動を展開するのが，この地区委員会であった。B&M委員会を中心にして，「デカドロン」「インダシン」「アルドメット」を主軸製品として販売促進を積極的に行っていくという，「DIA（ダイア）作戦」を1976年1月から展開した。

そして，メルク社と萬有製薬との間の関係性を大きく変化させたのが，「NMBの運営に関する覚書」の更改である。その内容は以下のとおりであった（日本経営史研究所編，2002，pp.218-219）。

① 1976～86年の10年間，メルク社は他の契約等に妨げられない限り，新製品（selected new product）をNMBに提供する。
② 両社はNMBの改編と拡大に人員と資金を投入する。
③ 萬有製薬はメルク社品の売上げ増大に努め，NMB製品の販売を最優先するように努める。
④ 1985年までの製品に見合う新しい生産設備が必要となるので，新工場の建設に向けた計画と行動を起こす。
⑤ 販売方法の再構築を検討する。NMBのプロパーが注文を受けることを認める。
⑥ 効率のよい管理体制を考える。萬有製薬の代表が会長に，メルク社の代表が社長となり，両社の合意のもとに取締役会を経て決定を行なう。

この更改によって，改めてメルク社と萬有製薬とが積極的にNMBに関与し，同社の発展に力を注ぐことが約束された。また，競合他社の業績が伸びるなか，NMB製品の市場での売れ行きが伸び悩むことを受けて，1977年5月にはNMB設立時に締結された萬有製薬との「販売協定」を更改した。萬有製薬がNMB製品の販売活動に全力を尽くし，かつ販売に関する情報はNMBと共有することが定められ，「NMBの運営に関する覚書」の更改と同様に，萬有製薬の全面

的な協力を求める内容になっていた。

　さらに，NMBにおけるメルク社と萬有製薬の出資比率も変更された。1976年10月に，河野豊海名義のNMB株式がメルク社側に移された。その結果，メルク社はNMBに対する株式持分の過半数である50.05％を持つこととなった。これによってメルク社はNMBの改革を主導できるようになった。1979年にはNMBの増資を行い，新しい工場・研究所の購入資金ならびに新薬導入のための資金援助を行った。

2-2　日本メルク萬有の改革

2-2-1　日本メルク萬有の能力向上

　メルク社が日本事業の改革に乗り出した時期，NMBは1969年以降新しい医薬品を市場に導入できていないという経営課題を抱えていた。これは親会社側にも問題があった。1960年代にアメリカの医薬品業界では，さまざまな抗生物質製剤の開発が落ち着き，次の新たな医薬品の開発について模索状態に入っていた。そのため，画期的な医薬品がなかなか開発されてこない状態になっていた。メルク社もこうした状態に陥り，企業成長に向けた打開策を検討した。1960年代半ばより多角化を試みるものの大きな成果はなく，結局は1970年代にコア事業である医薬品事業への集中に回帰し，研究開発への投資を進めた。1975年にワシントン大学からP.R.バジェロスをメルク社の研究部門であるメルク・リサーチ・ラボラトリーズに招いた。メルク社は，生物化学，酵素学など多岐にわたる領域での研究を行い，目的指向的開発方式を採用して，新薬の開発を達成するようになった（桑嶋・大東，2008，pp.196-197；Chandler, 2005, pp.185-187）。親会社での新薬開発が進むと，その新薬を日本市場でも導入すべく，NMBではさまざまな取り組みが試みられた。

　まずは，研究開発能力の強化が進められた。親会社が新しい化合物を確保したとしても，それが日本市場において医薬品として承認されるためには，承認に向けた日本での研究開発活動が当然必要になる。特に，1960年代以降，医薬品の承認に関する規制は厳しくなっており，外資系製薬企業も日本で新薬の承認を受けるためには，親会社の有する新薬に関するデータだけでは不十分で

あった。新薬が日本人にとって有効かつ安全であることを改めて示す必要があり，そうした証明ができる体制を日本で築き上げなければならなかった。

NMBは医薬品の開発業務を効率化すべく，1976年9月に組織再編を行い，研究開発本部を新設した。新設された研究開発本部は，メルク社が開発した医薬品をNMB製品として市場に導入すること，新薬の発売後の副作用の追跡調査を行うこと，既存医薬品の適応症を拡大することを目的として，動物実験，臨床試験，登録・許認可に関する業務を遂行した。臨床試験を担当する臨床研究課は，治験業務をスムーズに行い，医師との交渉等を的確に行うために開発製品ごとのグループ制を採用した[21]。ほかにも，メルク社の研究所が採用している研究開発システムを導入するために，開発企画室を新たに設けるなど組織の整備を行った。

NMBは，こうした組織の整備とともに人材教育にも力を注ぐことを通して，研究開発能力を強化した。まず，メルク社からNMBに研究開発専門の駐在員が派遣された。1976年にV.ハーカスがNMBに派遣され，同社の研究開発部門の責任者に就任した。また同じ年に，メルク社の研究開発部門から新たに1人が派遣され，彼はNMBの開発企画室業務の指導にあたった。NMBでは，こうしたメルク社からの駐在員を軸にして，メルク社での研究開発に関するさまざまな業務内容に関する指導がなされるとともに，化合物の取り扱いをはじめとした最先端の医学・薬学に関する科学的知識についての教育が行われた。メルク社の競争優位の源泉となる研究開発についての最先端の知識を移転し，NMBの研究開発能力の強化を図ったのであった。

また，駐在員は知識移転を行うだけでなく，日本の実情を理解し，親会社とNMBとを仲介する役割も果たした。日本独自の活動を行う意義を親会社に認めてもらうことで，日本における業務遂行の円滑化を達成していった。例えば，ハーカスは，NMBにおいて本格的な研究開発業務を根づかせることに努めると同時に，日本においては厚生省という特殊な行政指導機関があるために日本独特の臨床試験をやらなければならないことを親会社の研究部門の関係者に説明し，理解させることに取り組んだ[22]。彼の努力もあり，メルク社は日本では独自の研究開発の流れがあることを理解し，こうした独自性を意識したうえで先進的な研究開発を行うことができるように，NMBへのサポートを行うよう

第4章　メルク社と日本メルク萬有・萬有製薬

になった。その後，1978年6月にハーカスはNMBの研究開発担当の取締役に就任した。研究開発本部長の後任には東郷靖が就任し，NMBの研究開発業務の指導を継続した。

NMBは研究開発部門への配属者数を増加し，研究開発能力の量的な拡大も図った。1975年までは研究開発部門に配属される人数は1桁台であったが，1976年は採用人数に占める研究開発部門への配属が多くなり，その年以降同部門に配属される人数は10人以上になった（**表4-6**）。新卒で採用した人材に関しても，大学院修了生の多くは研究開発部門に配属されていった（**表4-7**）[23]。NMBの改革が進む1970年代後半以降，即戦力の人材を確保しつつ，研究開発部門の人数を増加させたことがうかがえる[24]。

研究開発能力以外に，マーケティングを含む販売促進活動についても能力の強化を図った。この活動に関して，経験豊かな人材がメルク社からNMBに派遣され，駐在した。そして駐在員が，NMBの販売促進能力の向上のために教育を行うなど知識移転に尽力した。1977年に，それまでメルク社のアフリカ地

表4-6 ■日本メルク萬有における入社人材の各部門への割り当て

	1971年		1972年		1973年		1974年		1975年	
	人数	割合	人数	割合	人数	割合	人数	割合	人数	割合
研究開発関係	9	9.7%	8	9.4%	9	11.8%	9	12.0%	7	11.1%
販売関係	37	39.8%	41	48.2%	30	39.5%	7	9.3%	5	7.9%
その他	47	50.5%	36	42.4%	37	48.7%	59	78.7%	51	81.0%
合計	93	100%	85	100%	76	100%	75	100%	63	100%

	1976年		1977年		1978年		1979年		1980年	
	人数	割合	人数	割合	人数	割合	人数	割合	人数	割合
研究開発関係	11	16.9%	12	12.5%	20	16.9%	19	13.2%	22	14.1%
販売関係	23	35.4%	35	36.5%	52	44.1%	89	61.8%	73	46.8%
その他	31	47.7%	49	51.0%	46	39.0%	36	25.0%	61	39.1%
合計	65	100%	96	100%	118	100%	144	100%	156	100%

注1）合計はその年に入社した新卒社員，中途採用者を合計したもの。
注2）各年の配属先を3種類に分類した。「研究開発関係」は「研究部」「開発調査部」等である。「販売関係」は「各営業所・出張所・分室」「学術部」「市場開発部」等である。「その他」は，製造部門関係，本社スタッフ部門関係の部署である。
資料）日本メルク萬有社内報『みどり』各号より作成。

表4-7 ■日本メルク萬有における新卒採用人員の配属先（学歴別推移）

		1971年		1972年		1973年		1974年		1975年		1976年	
		人数(人)	割合	人数(人)	割合	人数(人)	割合	人数(人)	割合	人数(人)	割合	人数(人)	割合
研究開発部門	大学院	2	2%	0	0%	1	2%	2	3%	3	5%	3	5%
	大学	3	4%	7	9%	5	9%	3	4%	0	0%	2	4%
	短期大学	0	0%	0	0%	0	0%	1	1%	1	2%	0	0%
	専門学校	0	0%	0	0%	0	0%	0	0%	0	0%	0	0%
	高校	3	4%	0	0%	1	2%	2	3%	3	5%	1	2%
	小計	8	10%	7	9%	7	12%	8	12%	7	11%	6	11%
生産部門	大学院	0	0%	0	0%	0	0%	1	1%	1	2%	2	4%
	大学	4	5%	4	5%	1	2%	3	4%	3	5%	1	2%
	短期大学	0	0%	0	0%	0	0%	0	0%	0	0%	0	0%
	専門学校	0	0%	0	0%	0	0%	0	0%	0	0%	0	0%
	高校	33	41%	24	30%	25	43%	41	61%	45	71%	23	40%
	小計	37	46%	28	35%	26	45%	45	67%	49	78%	26	46%
営業販売部門	大学院	0	0%	0	0%	0	0%	0	0%	0	0%	0	0%
	大学	23	28%	34	43%	16	28%	4	6%	0	0%	20	35%
	短期大学	1	1%	1	1%	0	0%	0	0%	0	0%	0	0%
	専門学校	0	0%	0	0%	0	0%	0	0%	0	0%	0	0%
	高校	4	5%	3	4%	6	10%	1	1%	5	8%	1	2%
	小計	28	35%	38	48%	22	38%	5	7%	5	8%	21	37%
管理総務部門	大学院	0	0%	0	0%	0	0%	0	0%	0	0%	0	0%
	大学	2	2%	3	4%	0	0%	0	0%	1	2%	0	0%
	短期大学	1	1%	0	0%	0	0%	1	1%	0	0%	0	0%
	専門学校	0	0%	0	0%	0	0%	0	0%	0	0%	0	0%
	高校	5	6%	4	5%	3	5%	8	12%	1	2%	4	7%
	小計	8	10%	7	9%	3	5%	9	13%	2	3%	4	7%
合計		81	100%	80	100%	58	100%	67	100%	63	100%	57	100%

		1977年		1978年		1979年		1980年		1981年		集計	
		人数(人)	割合	人数(人)	割合	人数(人)	割合	人数(人)	割合	人数(人)	割合	人数(人)	割合
研究開発部門	大学院	4	5%	7	7%	5	5%	1	1%	2	1%	30	3.1%
	大学	0	0%	0	0%	4	4%	11	8%	9	7%	44	4.6%
	短期大学	1	1%	1	1%	1	1%	0	0%	0	0%	5	0.5%
	専門学校	1	1%	0	0%	0	0%	2	2%	1	1%	4	0.4%
	高校	2	2%	5	5%	2	2%	3	2%	18	13%	40	4.1%
	小計	8	10%	13	13%	12	11%	17	13%	30	22%	123	12.7%

生産部門	大学院	2	2%	1	1%	5	5%	2	2%	1	1%	15	1.6%
	大学	6	7%	5	5%	3	3%	9	7%	2	1%	41	4.2%
	短期大学	0	0%	0	0%	4	4%	1	1%	0	0%	5	0.5%
	専門学校	0	0%	1	1%	0	0%	0	0%	0	0%	1	0.1%
	高校	26	32%	29	28%	13	12%	23	18%	0	0%	282	29.2%
	小計	34	41%	36	35%	25	23%	35	27%	3	2%	344	35.6%
営業販売部門	大学院	0	0%	0	0%	0	0%	0	0%	2	1%	2	0.2%
	大学	27	33%	43	42%	67	62%	69	53%	86	63%	389	40.3%
	短期大学	1	1%	2	2%	1	1%	0	0%	0	0%	6	0.6%
	専門学校	1	1%	1	1%	0	0%	0	0%	1	1%	3	0.3%
	高校	4	5%	3	3%	1	1%	0	0%	2	1%	30	3.1%
	小計	33	40%	49	48%	69	64%	69	53%	91	66%	430	44.5%
管理総務部門	大学院	0	0%	0	0%	0	0%	0	0%	0	0%	0	0.0%
	大学	2	2%	2	2%	0	0%	6	5%	9	7%	25	2.6%
	短期大学	0	0%	1	1%	1	1%	2	2%	1	1%	7	0.7%
	専門学校	3	4%	1	1%	0	0%	0	0%	3	2%	7	0.7%
	高校	2	2%	1	1%	1	1%	1	1%	0	0%	30	3.1%
	小計	7	9%	5	5%	2	2%	9	7%	13	9%	69	7.1%
合計		82	100%	103	100%	108	100%	130	100%	137	100%	966	100%

注1) NMBにおける新卒採用者（4月採用者）のみを集計しているため，表3-7の合計値とは一致していない。

注2) 各部門に含まれる部署の例は以下のとおりである。
　　①「研究開発部門」は「研究部」「開発調査部」「医薬開発部」「臨床開発部」等である。
　　②「生産部門」は「包装部」「製造部」「工場事務」「品質管理部」等である。
　　③「営業販売部門」は「各営業所・出張所・分室」「学術部」「市場開発部」等である。
　　④「管理総務部門」は「総務部」「人事部」等である。

資料) 日本メルク萬有社内報『みどり』各号より作成。

区を担当していたフランス人のL.ファイエがNMBに派遣され，駐在することとなる。彼は1978年にNMBの販売推進本部長に就任し，販売推進業務の統括と指導を行った。同年，イギリス人のI.フルーがNMBの販売推進本部常駐となり，マーケティング活動全般のアドバイザーとしてファイエの補佐に努めた。彼もそれまでアフリカやイラン地区でマーケティング・マネジャーとして活動してきた経験があった。メルク社は，NMBにマーケティングという活動を根づかせるべく，他地域でマーケティング活動の経験に長けた人材をNMBに駐在させ，日本人従業員の教育を行ったのであった。同時に，後述のとおり，NMBは日本人従業員の中から選抜した人材を研修生としてメルク親会社や別

の海外子会社・支店に派遣し，本場のマーケティング活動などを体験させた。こうして，日本人従業員たちのマーケティング業務に関するノウハウの蓄積やスキルの向上を図っていった。

　NMBはメルク社の本国の研修に則り，製品宣伝のストーリー作成，ロール・プレイングを中心としたプログラムを設定して，自社のプロパーに対する教育を実施した[25]。当時の製薬産業では，アメリカと日本との間にプロパーに対する教育方法について，大きな違いがみられた。アメリカではロール・プレイングで練習を行うことが当然であるのに対して，日本では講師が製品の説明の仕方を一方的に伝えることが主流であった（マウラー，1989，pp.109-110）。NMBはアメリカの方式を取り入れ，日本人プロパーたちに対して，製品の持つ有効性などの情報を日本の医師に対してどのように伝えるかといった宣伝話法をはじめとするコミュニケーション面の指導を徹底した。もちろん，製品に関する情報の習得は当然のことであり，製品に関する知識・情報を体系的に学習できるような教材をメルク社が開発し，それをNMBに導入して効率的な学習を促した。

　各プロパーが医師と面会できる時間は限られている。そうした状況下で，プロパーが医師と信頼関係を構築することは容易でない。プロパーと医師との間で医学・薬学知識を基盤とした適切な情報のやりとりがなされると，医師は情報提供された医薬品について認知でき，有効性や安全性についての理解を深めることができる。医師の抱える問題やニーズを的確に把握し，その問題やニーズに応じることができる情報の提供が，プロパーには求められているのである。こうした適切な情報を提供してくれるプロパーに対して，医師は信頼を寄せるようになる。NMBは，そうしたプロパーたちに育て上げることに尽力したのであった。

　1978年に，NMBはプロダクト別マーケティングシステムを採用した。これは大病院を中心ターゲットと定めたうえで，競合品の分析や市場データの検討を十分に行い，製品ごとに販売目標や販売戦略を設定する試みであった。これは，販売促進活動の効率化へとつながった。このようにNMBは医学・薬学知識に基づく的確なコミュニケーションができる人材を増やし，医師に対してそうした知識を効率的に伝えるための仕組みを構築してきたのであった。

1970年代末から，NMBは新薬の市場導入に備えて，営業販売部門に多くの人材を配属させるようになった（表4-6）。研究開発能力と同じく，販売促進能力についても量的拡大による強化を図ったのである。これまでの主力製品の売上を維持しつつ，新しく導入する医薬品の売上を伸ばすためには，特にプロパーの増員が必要であった。そこで，多くの新卒採用者を営業販売部門に配属していった。営業販売関係の部署には，大卒者が多く配属される傾向にあった（表4-7）。当時，プロパーのほとんどは男性であったため，1970年代後半以降，特に大卒以上の男性採用者の多くが営業販売関係の部署に配属された。なお，大学院卒業者がこの部門に配属されることは長らくなかったが，1981年に初めて配属がなされた。

　多くの新卒者を採用しなければならないため，NMBは1970年代後半以降，特に大卒以上の新卒者に対する求人のための広告や案内を積極的に行うなど，採用活動に力を注いだ。例えば，1980年度の採用活動の予定として，大卒採用予定者数として105人を設定し，会社案内を新規に4,500部作成し，324万円を費やす計画としていた。ほかにもリクルート社などが発刊している就職ガイドブックに記事掲載を行う費用として178万円を予算に計上し，ダイレクトメールを作成，発送するためとして，740万円を計上していた[26]。また137校の大学で求人票の掲載を行い，直接大学に訪問して求人活動を実施することも計65回を予定していた。こうした活動によって，会社説明会に来てもらう人数を増やし，採用試験の受験者数を着実に伸ばして，想定の採用人数の確保を目指した[27]。そして，1981年に入社した大卒者は106人であるため，ほぼ予定通りの採用活動ができた。

　メルク社の持つ優位性は，親会社で獲得した新たな化合物や新薬に関する豊富な知識であり，新薬の市場導入とその普及に向けた研究開発および販売促進に関するノウハウであった。そこには，医師との関係構築のためのノウハウも含まれていた。「ジャパン・プラン」以降，メルク社はこれらをNMBに移転することに注力した。この過程において，NMBの組織整備を行い，人材の確保と育成に努めた。そして，NMBは研究開発能力と販売促進能力の強化を遂げることができ，医師との関係を構築・深化するための基盤を整えたのであった。

2-2-2 親会社・日本メルク萬有間の関係強化

　こうしたメルク社による日本事業の改革を通して，同社とNMBとのつながりは深まっていった。メルク社とNMBとの関係性の変化を，再びメルク社からの来日者数とその目的に基づいて検討しておく。

　まず日本に長期滞在する駐在員が増えたことが，数値からも明らかである。表4-2や表4-4から，1970年代後半から1年以上滞在した駐在員が継続して存在するようになったことがわかる。これは日本事業の初期の段階から大きな変化であり，NMBとのつながりが強化されたことを示している。1980年代に入っても，研究開発や製造等技術関係に関する駐在員が多く日本にやってきている。1980年代には新薬が次々と発売されるようになり，次の新薬のための研究開発も継続して行われていた[28]。新薬の研究開発の円滑化を図るために，例えば1981年に2人の駐在員が派遣され，彼らは臨床試験や登録業務などの業務に携わった[29]。彼らがNMBの日本人従業員とともに業務を遂行することによって，これら業務に関するさまざまな知識移転が進み，同時に駐在員は日本の実情に対する理解を深めることができたと考えられる。ほかにも，新しく建設される工場・研究所の建設監督者として，NMBに駐在員が派遣されていた[30]。彼を通して，新工場の研究所に関する実情の把握や稼働に向けた知識が移転されたと考えられる。

　常駐者以外に，NMBには多くの出張者がやってきている（表4-2）[31]。メルク社は，日本に多数の短期出張者を派遣することによって，日本人従業員との交流を適宜生み出し，必要に応じた現場の状況把握と知識移転を行っていたと考えられる。1971～1974年までの来日者のべ総数と1975～1979年までの総数を計算すると，それぞれ60人，61人であり，総数に大きな変化は見られない。しかし，1980年代に入ると来日者数は急増した。この時期に，メルク社とNMBとのつながりはより強化されたことがわかる。このように，駐在員と短期出張者とを通して，メルク社はNMBとの関係性を深めていったのである。

　来日者の目的を見てみると，研究開発・製造等技術関係を目的とした来日者は，1977年と1978年は少ないものの，1970年代後半以降一貫して多い傾向にあった（表4-3）。しかも，1970年代後半から，メルク社の研究開発部門の幹部層が多く来日するようになっていた[32]。こうした幹部層が来日することで，

表4-8 ■NMB海外出張者のべ数

	1975年	1976年	1977年	1978年	1979年8月3日現在	計
役員	4	1	1	3	4	13
管理・生産本部	0	0	2	1	2	5
生産・技術本部	2	0	6	3	4	15
販売推進本部	3	1	6	17	11	38
研究開発本部	0	1	12	11	6	30
新事業所開発本部	—	—	—	4	2	6
合計	9	3	27	39	29	107

補足説明）3カ月以上の出張者数：1977年2人，1978年4人，1979年8月3日現在8人。
資料）日本メルク萬有社内報『みどり』1979年9月104号，15頁。

新薬開発に向けた実情の把握が進められたであろう。また同時期に，NMBの研究開発部門の人材の多くが，メルク社を含めメルク社内の別の海外子会社や支店に出張するようになった（**表4-8**）。メルク社からの人材が日本にやってくるだけでなく，日本からも人材を海外に派遣することによって，研究開発関連の人材交流が積極的になっていった。このような人材交流を通して，メルク社は日本の状況について情報を蓄積し，新薬の市場導入に向けた知識移転を進めたと考えられる。

また，表4-3が示す研究開発・製造等技術関係の来日者について，新薬開発や品質管理・査察以外を目的としたものとしては，1980年代の新工場・研究所建設への関与を目的としたものがあげられる。例えば，新工場ではコンピュータによるオートメーション化などが進められており，コンピュータコントロールによる製造の実現に向けた設備の設定などを目的として，人材がNMBにやってきた[33]。彼らは数カ月ほど日本に滞在して，新工場・研究所の稼動に向けた技術移転を行った[34]。

マーケティング等販売関係に関しては，1970年代後半以降からこの分野での活動を目的とした来日者が見られるようになった。特に，新薬発売に向けた取り組みが積極的に行われていた1980～1981年には来日者の約半数がマーケティング等販売関係を目的としたものであった（表4-3）。以下，具体例をみていこう。

メルク社は1976年にMSDI東京マーケティング会議を開催し，日本で販売されている既存製品の販売状況の把握と，それを今後いかに効率的に販売していくのかについて検討を行った。MSDI社長など国際事業関係の幹部をはじめ，メルク社の西ドイツ・フランス・イタリア・スウェーデンの子会社社長なども会議に出席した。この会議の開催の背景には，既存製品の売上拡大につながる知識を日本に移転するという狙いがあった[35]。また，今後発売される新薬のためのマーケティング・販売促進活動のためのトレーニングを目的として，メルク社から人材が日本にやってくるようになった。フェイエやフルーなどの常駐者に加え，来日した短期出張者がNMBの従業員たちと交流を持ち，メルク社が培ってきたマーケティングや販売促進に関するスキルを移転していった。例えば，販売研修方法考案者たちのスキル向上を目的に，1978年に1カ月ほどメルク社から人材が派遣された。彼はNMBの販売研修担当者と研修方法に関する討議を行い，研修方法の考案スキルならびに実際のトレーニングスキルについて知識を移転した。そうした活動とともに，彼は実際のNMBのプロパー活動の実情を把握すべく病院を訪問したり，プロパーたちとの討議も行ったりした[36]。その翌年以降，プロパー向け研修・営業課長向け研修・販売研修担当者向け研修を目的とした人材が多く日本にやってくるようになった。ほかにも，新薬の具体的なマーケティング・販売計画を策定・検討するための人材もNMBに訪れていた。NMBの主力製品となるクリノリルについては，そのマーケティング計画の策定や進捗状況の確認のために10人が来日し，NMBの従業員とともにクリノリルの成功に向けた業務に従事した[37]。

　研究開発部門と同様に，1970年代後半からNMBの販売促進関係の人材も，多数海外に出張するようになった（表4-8）。こうした来日者とNMBの従業員との交流およびNMB従業員の海外出張は，メルク社側に日本事業の把握をもたらし，NMBにはメルク社の持つ最先端のマーケティング・販売促進に関する知識をもたらしたと考えられる。

　メルク社は駐在員および短期出張者を積極的に日本に派遣し，NMBも海外への出張者を増やし，グループ内での人材交流を増やしていった。こうして，メルク社・NMB間のつながりは深まり，親会社は日本の実情を理解でき，同時にNMBへの知識移転も進んだと考えられる[38]。したがって，こうした両社

第4章　メルク社と日本メルク萬有・萬有製薬

間の関係強化は，NMBの能力—特に研究開発および販売促進に関する能力—の強化につながったと想定される。

2-3　医師との関係構築

　日本の治験は，行政面の指導が厳しくなってきたことや試験内容が複雑化することによって，10施設とか20施設が1つの研究会を組織し，同じ臨床試験計画のもとで組織的に行う研究会方式になっていった。そして治験対象の施設は，研究会の会長の選択で決められることが多かった[39]。企業はまず会長の人選と折衝が重要であった。日本では有力大学医学部の教授を頂点とした階層社会が形成されており，医学部教授などのオピニオンドクターが治験時の研究会の会長になることが多い。彼（女）らの持つ影響力が大きければ，研究会メンバーや施設の迅速な選定が可能となる。しかも彼（女）らは基礎研究や臨床に関する経験も豊富であるため，治験業務も円滑に進む可能性が高くなる。またオピニオンドクターは，学会での発言力，大学病院の医局を通した情報発信力を持つため，治験等で自らが取り扱った新薬に関する情報を周りの医師に浸透させる役割も果たしてくれる。すなわち，オピニオンドクターは新薬の迅速な開発およびその普及に貢献する存在である。そのため，メルク社は，有益な科学的知識の提供と医学会に対する支援活動によって，オピニオンドクターと関係を構築し，新薬の市場導入とその普及の促進を目指した。

　メルク社では，研究開発の成果からいくつもの薬効領域の新薬の投入が見込まれていた。そこで，それら新薬の市場導入と普及を成功させるために，さまざまな医師の社会的ネットワークとの連携を図った。すなわち，さまざまな薬効領域の専門医を自らの事業に巻き込んでいったのであった。メルク社は，1973年にMSDIの外部委員会としてMEDAC（Medical Advisory Council：医学に関する助言委員会）を設立した。MEDACは，メルク社の研究開発のみならず将来の医療研究の未来を検討するために設立されたものであった[40]。そもそもメルク社は1930年代にメルク社治療研究所を設立し，以来医薬品の研究，開発に関して基礎・臨床医学界と密接に協同活動を行ってきた。MEDACはその一貫と位置づけられ，全世界レベルでの医師との協力関係を構築するための組織であった[41]。MEDACは，MSDIの医学担当副社長を経験していたK.C.メ

ゼー博士を中心に，世界17カ国から心臓病，高血圧，腎臓病，各種関節疾患，内科，臨床薬理，精神薬理，小児科などの研究者26人のメンバーで構成された。日本からも大島研三日本大学名誉教授が腎臓病および高血圧分野のメンバーとして選出されていた[42]。メルク社はMEDACを介して最先端の医療知識を獲得するとともに，グローバルな規模でオピニオンドクターとの関係を築いたのであった。

　MEDACメンバーたちは，メルク社との協議の中でメルク社製品のみに言及するわけではなく，広く医学動向についても検討し合った。それと同時に，メンバーはメルク社の研究動向に関しても関心を抱いていた（Sturchio, ed., 1991, pp.143-144）。メルク社もMEDACメンバーから医学に関する知識や動向を入手し，開発品目に関する検討をともに行うことができた。さらに，同社は自社研究の果たす医療面での貢献をMEDACメンバーに伝えることができた。こうしたMEDACメンバーとの情報共有は，例えばメルク社のヨーロッパ事業の発展に寄与し，同社はヨーロッパ市場での評価を高めることに成功したのであった。メルク社はヨーロッパ事業を展開するときに，MEDACといった自社外部の医療関係者たちをアドバイザーとして活用しており，外部の人材と関係を構築し，アドバイザーとして機能させるという手法は，ヨーロッパ事業の中心人物であったB.コーエンの経営スタイルであった[43]。ヨーロッパ事業の成功もあり，1977年にコーエンはメルク社の国際事業責任者，すなわちMSDIの社長に就任した。

　そして日本でも自社外部の医師と協力して，事業を展開することになった。メルク社は1976年にMEDACの東京会議を開催した。日本開催であることから，当時の日本での死因の第1位として関心が高かった脳卒中を会議のテーマとして設定した。MEDACからはメゼー博士や大島名誉教授をはじめ，高血圧，心臓病，腎臓病および臨床薬理，精神薬理に関する研究者12人が参加し，メンバー以外にも高血圧，脳卒中の専門家が海外から4人，日本からは25人が出席した。会議では，脳卒中の疫学に関して3題，病理学に関して3題，脳卒中の臨床面に関して7題が提起され，討論がなされた。メルク社のコーエンをはじめMSDI幹部やメルク社の研究開発部門における学術担当の幹部，そしてNMBや萬有製薬の幹部もオブザーバーとして参加した[44]。この会議の内容は，日本

医師会機関紙『日医ニュース』第348号にも掲載された。そのため，会議に参加しなかった医師たちも会議の内容に触れることができた。

また，MSDIで組織されていた従来のMEDACとは別に，メルク社は世界の主要市場でそれぞれ独自に顧問機関を新たに設ける方針を採用し，日本など4カ国の子会社では外部顧問機関が新たに組織された。そこで，NMBは1981年にジャパンMEDAC（メルク社の日本における学術顧問機関）を発足させた。吉利和浜松医科大学学長をジャパンMEDACの座長とし，循環器部門の専門として池田正男国立循環器センター副院長，感染症部門の担当として真下啓明東京厚生年金病院院長，臨床統計部門に佐久間昭東京医科歯科大学教授，他に塩川優一順天堂大学教授がメンバーとして名を連ねた[45]。座長の吉利は，日本腎臓学会，日本臨床代謝学会（現・日本臨床分子医学会）など多数の学会の会長を歴任してきた人物であった。

ジャパンMEDACの会議では，医学の研究傾向やNMBにおいて開発中の製品に関しての発表などがなされ，日本の実情に合わせた製品開発および医学知識の発展について検討がなされた。治験の際に設けられる一般的な研究会とは異なり，MEDACは永続的グループであった。ジャパンMEDACを設けることによって，日本でも医療全般の動向に関する情報交換ができるのみならず，特定領域のオピニオンドクターを加えることで，企業が関心を向けている薬効領域に焦点を絞って意見を求めることも可能であった（マウラー，1989，p.41）。

1981年5月に第1回のジャパンMEDACの会議が開催され，メルク社の研究開発部門のトップであったバジェロスなども会議に参加した[46]。そして，ジャパンMEDACのメンバーとメルク社・NMB関係者とで，日本での新薬開発や医療現場に関する意見交換を行った。こうしてNMBは，ジャパンMEDACとの関係性を通して日本での新薬開発の合理化を進めるとともに，そのメンバーと情報交換・情報共有を行うことによって，彼らと良好な関係を構築，維持することを図った。ジャパンMEDACが機能したことは，NMBが同メンバーの属する医師の社会的ネットワークとの連携を果たすことを促したと考えられる。

さらに，メルク社およびNMBは，医療関係の日本国内学会や国際学会に対する支援活動にも取り組んだ。この取り組みを通して，各領域のオピニオンドクターとの関係の構築およびその深化を図った。NMBは1978年に学会支援を

専門とする企画渉外課を新設した。NMBは学会に協賛してその運営を支援し，学会の大会等が開催されるときには，講演会や展示を行い，学会の活性化に貢献した[47]。そのほかにもメルク社・NMB独自の研究会，シンポジウムを企画・実施した。これも企画渉外課の業務であった[48]。

企画渉外課はさまざまな学会に関与したが，その中の1つとして高血圧を専門研究領域とする日本高血圧学会に対しても積極的な支援を展開した。同学会は1978年に高血圧を研究の焦点に絞った学会として設立された[49]。NMBは，血圧降下剤等循環器領域の製品を販売していたことから，この分野の医師とは接点を有していた。学会の設立に際しても，NMBは協賛企業として学会活動の支援を行った。さらに毎年の総会時には海外からの講演者を招き，特別講演が行われたのだが，NMBやメルク社はその招待講演者への来日交渉や滞在期間の活動支援をたびたび行った。そして招待講演者を講師として，総会とは別に，NMB主催の特別講演会を開催した。例えば，1980年10月，福岡で開催された第3回総会時の招待講演者の1人，ミラノ大学のザンチェッティー博士[50]に関してはメルク社を通じて来日交渉を行った[51]。そしてザンチェッティー博士を講師とし，福岡や広島で講演会や討論会を行った。福岡での講演には近郊の開業医，勤務医のほか高血圧学会に出席した医師等253人が参加し，広島では近郊の医師119人が出席した。また福岡での討論会には35人の専門医が参加した[52]。時には，メルク社を介さずにNMB単独で招待講演者との直接交渉に関与することもあった[53]。このような，メルク社の有する国際的に著名な医師とのネットワークを利用して，講演者を招待するといった支援活動は，学会活動の活性化に貢献したといえる[54]。

メルク社・NMBは，自らが関係を有する海外のオピニオンドクターを日本の学会に招いたり，メルク社・NMBが企画した講演会や会議に外国人医師を招いたりして，外国人医師と日本の医師とが情報共有・人的交流をできる場を積極的につくり出していった。すなわち，メルク社は外国人医師と日本人医師とを仲介する役割を担っていた。表4-9は，メルク社が日本で開催した外国人医師・研究者による主な講演の一覧である。企画渉外課が設立された時期は，ちょうど新薬の開発が進められている時期でもあるため，積極的な情報発信がなされた時期でもあるが，1970年代後半から1980年代にかけて多くの講演がな

第4章 メルク社と日本メルク萬有・萬有製薬

表4-9 ■メルク社・NMB主催の外国人医師・研究者による講演

年月	外国人医師	所属等	講演目的・内容	備考
1972年5月	エドワード・D・フリース博士	ジョージタウン大学医学部教授（アメリカ）	高血圧症、特に本態性高血圧症とその治療に関する学術講演。講演会の目的は高血圧治療の重要性と降圧剤の早期使用の意義のPRを行い、同時にアルドメットの有用性をPRすること。	全国6カ所で開催。講演者は左記2名を含め国内の権威者9名が参加。講演会には全国で約900名の医師が参加。
	カルマン・C・メゼイ博士	MSDI副社長（メディカル・サイエンス担当）		
1973年10月	カラブロ博士	アメリカのリウマチ専門医	若年性慢性関節リウマチについての懇話会。慢性関節リウマチについての講演会。	カラブロ博士は同年9月に開催された第13回国際リウマチ学会（於：京都）にチェアマン・イントロダクトリースピーカーとして来日。NMB主催の会議に関しては、10月4日京都で懇話会を実施。19名の国内専門医が参加。同月12日に東京で講演会を開催。整形外科・内科勤務医・開業医など約120名が参加。
1974年9月	ウィルフレッド・ドルフマン博士	ブランズウィック病院精神医学顧問・「サイコソマティックス」誌編集長	デプレッションの啓発とトリプタノールの売上増を目的に講演会開催。内容として、臨床各科に見られるデプレッションの多彩な臨床像の解説、診断と治療などアメリカの現状の紹介。	東京、大阪、福岡で実施。東京講演では、慈恵医大学教授、日本大学教授、東京大学助教授、東邦大学助教授などが出席し質疑討論会を実施。
1976年2月	K.C.メゼー博士（MSDI医学担当副社長）含め15名の外国人医師。		MEDAC東京会議。会議のテーマは脳卒中。	MEDACメンバーからは高血圧、心臓病、腎臓病および臨床薬理、精神薬理に関する研究者12名が参加。日本人はMEDACメンバーの大島研三日本大学名誉教授を含め26名が参加。
1978年3月	ザンチェッティ博士	ミラノ大学（イタリア）	高血圧症とその治療に関する学術講演会開催。アルドメットの販売活動を支援するため、世界的に著名な臨床医および研究者を講演者として高血圧症の患者の日常診療に参考となる内容が取り上げられた。	東京、大阪、京都で開催。病院勤務医と開業医を対象に開催。参加数は東京295人、大阪267人、京都116人の計678人。
	オネスティ博士	（アメリカ）		
	ルイス博士	（オーストラリア）		
	バルビット博士	（イギリス）		
1989年5月	ヤール博士	パーキンソン病研究者	パーキンソン病治療薬メネシットのプレマーケティング活動の一環として学術講演会・座談会を実施。	東京で講演会実施。第20回日本神経学会の開催期間中ということもあり、約690名の医師や研究者が出席。座談会は東京に加え、大阪で実施。座談会にはパーキンソン病治療専門医を集めて実施。
	ジャッフェ	MSDRL副社長（メネシット開発に従事）		
1979年10月-11月	レジャー教授	コーネル医科大学（アメリカ）	「産婦人科、内科、外科における感染症治療」をテーマにマーキシンの宣伝活動の一環として講演会を実施。	京都大学など全国14の主要大学・病院の医局を対象に講演会を実施。約240名の医師らが出席。講演会を実施した大学・病院は、新薬の普及、評価に強い影響力を持つ施設を選定。
	5名の外国人研究医			
1979年11月-12月	マクロスキー教授	トーマスジェファーソン大学（アメリカ）	マーキシン学術講演会。	全国主要都市で11回開催。講師と個別に病院訪問し、医師との個別ミーティングも実施。
	5名の外国人			
1980年6月	ワーナー博士	（西ドイツ）	嫌気性菌に関する学術講演会。	広島、福岡で実施。このほか、1980年6月22日に嫌気性菌ならびに嫌気性菌感染症に関する国際シンポジウムがNMB支援のもと開催され、国内外426人が参加。ワーナー博士は国際シンポジウムにおいて行われた嫌気性菌部門の国際命名委員会の委員長。
1980年10月-1981年2月	外国人講師		嫌気性菌に関する学術講演会。マーキシン販売戦略の一環として嫌気性菌に対する治療についての情報伝達を目的としたもの。	1981年2月まで全12回開催。講演会への参加者総数は1,797人。
1980年11月	マックラッケン博士	抗生物質の小児用量に関する研究者	嫌気性菌に関する学術講演会。	東京で開催。NMBが講演会を後援。マックラッケン博士は第7回発達薬理シンポジウムに参加。

1980年10月-11月	ザンチェッティ博士	ミラノ大学（イタリア）	アルドメット販促用講演会・討論会。	福岡，広島で講演会実施。講演会には372名の医師が出席。また福岡で35名の専門医を迎えて討論会を実施。この講演会・討論会は福岡で開催された第3回日本高血圧学会に合わせて開催されたもの。
1980年11月	海外から日系人10名		特別シンポジウム「日本人と高血圧」	ハワイで開催。海外から日系人10名，日本から29名出席。NMBからは8名が参加。
1981年6月	オーストリアン博士	ペンシルベニア大学（アメリカ）	肺炎球菌ワクチンの情報伝達を目的とした学術講演会。	オーストリアン博士は肺炎球菌およびそのワクチン研究者。ファインゴールド博士は嫌気性菌研究者。講演会は東京で開催し，約180名の医師・研究者が参加。
	ファインゴールド博士	カリフォルニア大学（アメリカ）		
1981年6月	4名の外国人医師		炎症とその治療に関するクローズド・ミーティング。クリノリルの情報伝達目的。	パリで開催。これはパリで開催された第15回国際リウマチ学会に合わせて行われた。ミーティング座長は塩川優一順天堂大学教授。日本人研究者4名と外国人医師4名のほか，日本人医師18名が参加。
1981年10月	外国人の緑内障専門医		日米緑内障シンポジウム。チモプトール・緑内障の情報伝達目的。緑内障の罹患率，早期診断，初期治療，治療法の段階，治療の限界，手術療法などが報告。他に早期発見・治療の体制が整っているアメリカの実態が報告された。	東京とニューヨークの2会場で開催し，両会場を通信衛星で結んだシンポジウム。東京会場には，医師のみならず報道関係者も出席し，合計約500人が参加。
1981年9月-10月	ヤール博士	パーキンソン病研究者	パーキンソン病に関する学術講演会。	大阪，仙台，東京で講演会実施。神経関係の専門医が合計300人以上参加。ヤール博士は京都で開かれた第12回世界神経学会出席のため来日していた。
1982年5月	アメリカ・イタリアの研究者	リウマチ研究者	国際シンポジウム「リウマチの新しい治療」。	シンポジウムは，NMB・萬有製薬・杏林製薬の3社共催。東京，名古屋，大阪で開催。名古屋：250名，大阪：500名，東京：1,000名の医師等が招かれた。
1982年10月	フローリック博士	アルトン・オクシュナー医学財団副学長	アルドメットをはじめとする降圧剤の販売促進の一環とした学術講演会。	講演会はNMB・萬有製薬の共催によるもので東京，大阪で開催。第5回日本高血圧学会に合わせて実施。フローリック博士は同学会が特別招聘した。
1982年10月-11月	カリフォルニア，ハワイ，ブラジルから合わせて13名の基礎・臨床医		第2回特別シンポジウム「日本人と高血圧」。高血圧のリスクファクター，食塩性高血圧症，高血圧症の管理などをメインテーマに実施。基礎と臨床との垣根を越えた議論を実施。	ハワイで開催。池田正男国立循環器病センター副所長を代表世話人とし，日本からは23名の臨床医と10名の基礎研究者が参加。

注）所属・肩書は当時のもの。
資料）日本メルク萬有社内報『みどり』各号より作成。

されていたことが読み取れる。こうした講演は単なる情報発信の場としてのみ機能したわけでなく，日本人医師が新たな情報に触れ，外国人医師と交流を果たす機会にもなりえた。科学的知識の吸収に関して貪欲な研究者に対して，最先端の知識に触れる機会，または世界的に著名な人材との交流を持てる機会を提供することは，彼（女）らの知的探究心を満たし，また彼（女）らのキャリアの発展にもつながることであった[55]。

ほかにも，メルク社・NMBは医師が国際会議に参加するための助成金を設

けたり，各国の医師に対して奨学金の支給を行ったりしていた[56]。

　MEDACの設立およびMEDACメンバーとの関係維持，学会活動への支援，外国人医師と日本人医師との仲介，日本人医師に対するサポートといったメルク社・NMBの活動は，日本の医師のネットワーク内での同社の評価を高めることにつながったと考えられる。

2-4　新薬の市場への導入

　メルク社は1973年1月に第一製薬株式会社との間に合弁会社である第一メルク株式会社を設立し，日本でのセフォマイシン系抗生物質「マーキシン」の開発を始めた。「マーキシンは，嫌気性菌を含むグラム陽性・陰性菌に対して殺菌的効果を示すばかりでなく，安全性が高く，さらに細菌が産生する分解酵素ベータラクタマーゼに強い抵抗力を示し，セファロスポリンやペニシリン系抗生物質に耐性となった病原菌に対しても効果が期待できる」医薬品であり，世界で最初のセフォマイシン系抗生物質の注射剤であった（日本メルク萬有株式会社，1980，p.86）[57]。その効能からも，マーキシンはメルク社が日本市場に導入する久々の大型新薬として開発が始められた。

　メルク社が日本で本格的な抗生物質を手がけるのは初めてであった[58]。というのも，合弁相手であった萬有製薬は当時抗生物質を中心事業としており，しかも同社はこの事業に関してはブリストル・マイヤーズとのつながりが深かったからである。メルク社は萬有製薬への配慮もあり，抗生物質に関してはNMBで開発を進めてこなかった。そうした背景もあり，第一メルクという子会社を新たに設立して，マーキシンの開発を開始した。しかし，この新しい合弁会社の限られた経営資源では，マーキシンの開発を進めることができなかった。結局，開発の途中で第一メルクは解散となり，1978年からNMBと第一製薬との共同開発という形でマーキシンの開発は継続することとなった。そして，NMBは1978年4月に新薬承認申請を行い，1979年8月に製品名マーキシンとして輸入承認を取得した。1980年2月に待望の新薬として，マーキシンは発売された。

　このマーキシンの発売時に，メルク社・NMBはその効能に関する情報発信に努めた。例えば，マーキシンの発売を控え，1979年10月1日から5日までボ

ストンで開催された国際化学療法学会において，メルク社はマーキシンに関する特別シンポジウムを主催した。このときの国際化学療法学会に参加した日本の医師は約120人であった。NMBは主に日本人医師を対象にサービス提供を行うべく，7人の社員を派遣した[59]。また，1979年10月25日から31日まで東京で国際産婦人科連合世界大会が開催され，世界80数カ国から医師5,000人あまりが参加した。このときも，メルク社はマーキシンに関する国際シンポジウムを独自に企画・実施し，日本人118人，外国人54人の産婦人科の医師や研究者を動員した。さらに，NMBと萬有製薬の共催で，京都大学など全国14の主要大学・病院医局において，「産婦人科，内科，外科における感染症治療」をテーマに講演会を開催し，マーキシンの宣伝活動を展開した。この講演会の開催に際して，新薬の普及，評価に大きな影響力を有する施設を選別して，開催場所を設定した。この講演会の講師は，国際産婦人科連合世界大会においてメルク社の主催した国際シンポジウムの講演者であった外国人研究者5人に依頼した。この講演会には，約240人の医師を動員することができた[60]。1980年には，日本で初めて嫌気性菌国際シンポジウムが開催され，NMBはこの開催に対しても支援した。このように，メルク社・NMBは，国際会議に参加してシンポジウムを開催したり，日本全国主要都市においてマーキシンに特化した講演会や研究会を開催したりして，さまざまな医師を巻き込んだ活動を展開したのであった。

　NMBはこれまでの学会支援活動ならびに国際シンポジウムの支援を通して，関連する研究会，学会の有力人物との関係を深めていた。そうした関係性があったからこそ，自身主催の研究会にも彼（女）らの協力を得ることができた。例えば，NMBはマーキシンの発売後1981年に「腹部外科感染症セミナー」を設けた。このセミナーは嫌気性菌や術後感染症に関した内容を中心に議論を行うものであり，そこには嫌気性菌国際シンポジウムの会長を務めた小酒井望も参加していた。彼は1978年に日本化学療法学会の会長も務め，1980年には嫌気性菌感染症研究会の会長であった[61]。小酒井をはじめ，このセミナーには日本化学療法学会の主要なメンバーも参加した。セミナーのまとめ役となっている石山俊次は，日本化学療法学会の設立者の1人であった。彼は同学会の理事，1968年には会長と重要な役職を歴任しており，また嫌気性菌感染症研究会の設

立を首唱した人物でもあった。その後すぐに日本化学療法学会の会長となる五島瑳智子や，1990年代になってから会長に就くような有望な若手研究者も加わっていた（表4-10）。もちろん，NMBの関係者も報告会に参加し，マーキシンの有効性についての情報提供を行った。

　NMBとこのセミナー参加者との関係は，セミナーの場だけにとどまらなかった。例えば，岐阜大学医学部附属嫌気性菌実験施設教授であった上野一恵の下にNMBの研究所の人材を派遣し，NMB社員は上野から研究指導を受けて，研究活動を続けていた[62]。このセミナーにて報告を行っていた石山や五島，上野，由良二郎などは，マーキシンの臨床試験に参加しており[63]，セミナー以前から関係を有していた。NMBは，こうした臨床試験に参加した医師たちとその後も継続的に医学知識の発展のための知識を共有していたのであった。かつ，他の医師にもマーキシンの有効性を伝えて，同製品の普及のためにこうしたセミナーを開催・運営したのであった。またマーキシンの臨床試験には真下啓明も携わっていた。彼は，感染症部門の担当として，ジャパンMEDACのメンバーに選ばれている。さらに，1981年にNMBは真下の監修，上野，由良，中山一誠らの学術指導の下で，好気性菌と嫌気性菌の混合感染に関する実例，診断，治療を紹介するための医学映画「混合感染へのアプローチ」を作成した。

　もちろん，それまでNMBが実施してきた販売促進能力の強化の継続も図られた。プロパーに対して，個別製品の取り扱いに関する知識の蓄積や能力強化に向けた教育は続いた。マーキシンに関して，1979年3月から7月までの期間にわたり，全営業部員には自宅学習が課せられた。5カ月間という長期にわたっての自宅学習は，NMBにおいて初めての試みであった。教材はメルク社が開発したものであり，マーキシンに関連するあらゆる知識・情報を体系的に学習できるように設計されていた。教材は，テキスト8冊，カセットテープ4巻，スライドフィルム8本，スライドビューアー1台で1セットとなっていた。そして，販売促進本部スタッフ部門を対象としたトレーニングが，同年6月から約2カ月間実施された。

　マーキシン導入に向けて，1979年8月にNMBと萬有製薬とが共同で「マーキシン・プロジェクトチーム」を発足させた。この新チームは，NMBにおいて社長直属の特別組織と位置づけられた。チーム・リーダーの下，マーケティ

表 4-10 ■腹部外科感染症セミナー（1981年〜1983年）参加者

氏名	所属	日本化学療法学会会長経験	氏名	所属	日本化学療法学会会長経験
新井裕二	杏林大学医学部外科学講師		品川長夫	名古屋市立大学医学部外科講師	
石引久弥	慶應義塾大学医学部外科学助教授		島田馨	東京都養育院附属病院感染症科部長	
石山俊次	前日本大学医学部外科学教授	1968年度	鈴木和徳	菊池病院	
伊藤通成	国立療養所中野病院		鈴木忠	東京女子医科大学	
岩井重富	日本大学医学部第3外科講師		住山正男	浜松日本赤十字病院	
上野一恵	岐阜大学医学部附属嫌気性菌実験施設教授		高田忠敬	帝京大学医学部第1外科助教授	
上村志伸	国立病院医療センター外科		高橋愛樹	昭和大学医学部外科学講師	
加藤繁次	東京歯科大学外科学教授		谷村弘	京都大学医学部外科学講師	1998年度
門田俊夫	防衛医科大学第1外科		玉熊正悦	東京大学医学部外科学講師	
金子幸二	東京大学医学部第3外科		鶴見清彦	東邦大学医学部外科学教授	
川井三郎	国立病院医療センター		中村浩一	東京慈恵会医科大学外科学教授	
木村恒人	東京女子医科大学外科学講師		中山一誠	日本大学医学部第3外科講師	
倉光秀麿	東京女子医科大学		東皓雄	東京医科大学外科	
香田真一	国立習志野病院		守谷孝夫	立川共済	
小酒井望	順天堂大学医学部臨床病理学教授	1978年度	矢沢知海	東京都立広尾病院副院長	
五島瑳智子	東邦大学医学部微生物学教授	1985年度	由良二郎	名古屋市立大学医学部外科学教授	1992年度
後藤雅彦	東京慈恵会医科大学第3分院外科		今朝洞忠孝	日本メルク萬有研究所員	
坂部孝	日本大学医学部外科学教授		塩沢厚	日本メルク萬有学術部長	
三穂乙寛	慈恵医科大学				

注1）第1回から第5回までのセミナーにおいて，報告もしくは質問を行った人材を記載している。
注2）所属先は，参加した時点のもの。数回参加が確認され，所属先が変わっている場合は後年のものを記載している。
資料）日本メルク萬有『腹部外科感染症セミナー』1981年〜1983年。日本化学療法学会ホームページ「日本化学療法学会総会 歴代総会長と開催地」。

ンググループ，メディカルグループ，コミュニケーショングループ，秘書グループが配置され，各グループをコーディネーターと呼ばれる責任者が統括する組織であった。このプロジェクトチームが各病院への販売計画を策定し，医

第4章　メルク社と日本メルク萬有・萬有製薬

師へのアプローチを全国的に展開した。

　こうした結果，マーキシンは発売から半年間で約35億円の売上となり，1980年度に85億円余の売上をあげた。1981年のセフェム系抗生物質注射剤領域において，市場占有率5.7％を占め，第6位に位置した[64]。ただし，マーキシン自体の売上は，その後の大幅な値引き販売が裏目に出たこともあり，翌年度から下降線をたどることとなった。しかし，それでも1980年代初期のNMBの主力製品であった[65]。何より，マーキシンの市場導入と普及に向けた動きの中で得た，抗生物質領域における医師との関係性は，1987年に発売される新しい抗生物質製剤である「チエナム」の市場導入にプラスの影響を及ぼしたと考えられる。事実，上野一恵の下で研究を行っていたNMB社員は，上野たちとともにチエナムの抗菌性に関する論文を公表しており（朝日・渡辺・今朝洞・上野，1985），抗生物質製剤に関する研究開発上の医師との協働が継続していたと推察される。

　NMBは，1980年代に入りマーキシンのほかにも，いくつかの製品を市場に導入した。まずパーキンソン病治療薬「メネシット」があげられる。メネシットはNMBと三共株式会社との共同で開発が行われ，1979年5月に製造承認を取得し，マーキシンと同時に発売された。メネシットは1981年時点で抗パーキンソン市場において10％以上の市場占有率を確保し，同市場内で第2位の売上となった[66]。

　続いて1981年6月にNMBは緑内障，高眼圧症治療用点眼剤「チモプトール」の製造承認を取得し，同年9月に同製品を発売した。チモプトールを発売した翌月に，日本緑内障研究会および米国失明防止協会主催の「緑内障シンポジウム」が，NMBの提供で行われた。このシンポジウムは東京とニューヨークとの2会場を，人工衛星を介してテレビ中継するという日本医学会では初めての衛星シンポジウムであった。メルク社は，1980年9月にアメリカ・オーストラリア間を衛星中継によって行う「生命に関する衛星シンポジウム」を開催した経験があった[67]。同時的に両国の医師を結びつけ，情報を伝達するという試みを，日本では「緑内障シンポジウム」で初めて実践したのであった。

　「緑内障シンポジウム」の日米両会場には，緑内障に関しての世界的オピニオンドクターがパネリストとしてそれぞれ5人出席し，東京大学の北沢克明が

総合司会を担当した。東京会場には医師のみならず報道関係者も出席し，合計約500人が参加した。シンポジウムでは緑内障の罹患率，早期診断，初期治療，治療法の段階，治療の限界，手術療法などが報告された。特に，早期発見・治療の体制が整っているアメリカの実態報告や研究発表は，日本の緑内障への関心を高める役割を果たしたとみなされた[68]。

NMBは，1981年12月に杏林製薬との間で開発を進めていた非ステロイド消炎・鎮痛剤「クリノリル」の製造承認を取得し，1982年2月に発売した。クリノリルは1982年2月から11月の間に120億円以上の売上をあげ，同期間のNMB売上全体の27％を占めるまでに至り，NMBの中でも売上第1位の製品となった。また同期間の非ステロイド性抗炎症剤市場の11％を占め，この市場のトップ製品となった[69]。

こうした新薬の投入により，NMBの売上は伸びていった。

3　日本事業の新展開

3-1　萬有製薬の買収

メルク社は1970年代後半から日本事業の改革を進めた。NMBのマネジメント層は刷新され，親会社との連携を密にする体制を構築した。そして，親会社からの知識移転を受けて，NMBは研究開発・販売促進能力といった職能的能力を強化できた。その結果，1980年代に待望の新薬を投入し，売上高の増加にも成功した。

しかしながら，1970年代は医薬品の自由化が行われ，他の外資系製薬企業も日本事業の改革に着手している時期であった。同時に，日本製薬企業の多くも，日本の医薬品市場の環境変化を受けて，研究開発力の強化に乗り出すなど競争力を高めていた時期であった。メルク社は日本事業の改革を進め，一定の成果を上げていたものの，同業他社も同様に競争力を高めていたため，同社が日本の医薬品市場内で大幅に地位を上昇させることは依然としてできていなかった[70]。したがって，日本市場における地位を一気に高めるためには，新たな方向性を打ち出す必要があった。

そこで，メルク社は新たな対日戦略を検討することになった。メルク社の新たな対日戦略として，NMBの萬有製薬の株式持分を買い取るか，萬有製薬そのものを買い取るかという2つの案が浮上した[71]。

前者は，NMBの経営権を掌握し，メルク社がNMBのさらなる成長のための改革を継続するものであった。1980年代には，すでに発売した医薬品以外にもいくつかの新薬の市場導入が見込まれていた。これらは，大きな売上につながる大型新薬と期待されるものであった。ただし，NMBは製品の価格交渉や流通に関する機能を持っていなかったため，メルク社がNMBを完全所有しても，この大型新薬の市場への普及に際して，メルク社・NMBが流通を含めたすべての職能活動を統括することはできない。製品の価格交渉や流通に関しては，萬有製薬に頼らざるを得なかった。

しかし，1970年代後半，萬有製薬の販売や流通活動には問題が生じていた。この時期，萬有製薬には「9支店があり，各支店が支店長の判断のもとに，それぞれが価格を決定していた。ある程度，個人プレーといってよいようなやり方をやっていた。そのため萬有製薬としての価格政策が守られないような状況だった。これでは，いくら価格維持といっても通らない。会社の方針として物事が運ぶようにしなければ価格はすぐこわれてしまう」（日本経営史研究所編，2002，pp.213-214）状況であった。萬有製薬側に問題があったままでは，NMBが新薬を市場に導入しても，大きな成果につながらない可能性が高かった。

一方で，すべての職能活動を統括するためには，NMBがゼロから流通に関する知識を獲得する必要があった。また，既存の組織規模から大幅な拡大も見込めないため，新薬の発売に際して，現有のプロパーでやりくりをする必要もあった。こうした状況を考慮すると，前者の案では，短期間での大幅な日本事業の飛躍を実現することは困難であった。

それに対して，萬有製薬の買収を行えば，萬有製薬が有するプロパーや流通機能も獲得できる。萬有製薬が問題を抱えていたとしても，子会社になれば，萬有製薬の改革も実施できる。そのため，日本事業の大幅な飛躍を即座に可能にしうる後者の案をメルク社は選択したのであった。ただし，企業買収は，自社の思惑だけでは話が進まない。被買収企業との合意が必要である。この点，

メルク社は幸運であった。というのも,この時期の萬有製薬にとって,メルク社との関係が自社の経営上欠かせないものとなっていたからであった。

そもそも,この時期の萬有製薬の新薬開発は不振に陥っていた。1970年代〜1990年代にかけて,日本の医薬品市場におけるニーズの変化が生じており,抗生物質製剤以外の医薬品を確保することは,重要な経営課題となっていた。しかし,萬有製薬は抗生物質製剤偏重の製品構成から脱却しきれず,新しい薬効領域の新薬を開発することに苦戦していた。しかも,1970年代半ばから萬有製薬の特許取得数は減少し,同社は自社開発の画期的新薬を販売することができていなかった。その結果,販売実績に占める仕入品の割合が増加していった[72]。萬有製薬の仕入品の多くは,NMBが生産したものであった。1980年になると,萬有製薬の売上に占めるNMB製品の割合は40％を超えていた。このように,萬有製薬の存続のためには,NMB製品が必要不可欠な状態になっていたのである。萬有製薬は,こうした経営事情もあり,メルク社からの買収に関する協議に応じることとなった。

こうしてメルク社と萬有製薬との間で「萬有製薬がNMBを包合する統一企業体をつくり,それにメルク社が資本参加し,日本をベースとする有力製薬企業に発展させる」目的の「ビッグ・ボール」構想が練られた(日本経営史研究所,2002,p.224)。そして1980年初めから協議が進められた。既述したように,これまで「NMBの運営に関する覚書」の更改やNMBの「販売協定」の更改が行われていた。これら更改は,例えば,販売体制の一元化につながる内容でもあった。そのため,萬有製薬とNMBとの統合という新たなステージへの扉はある程度開かれていた。

1981年に両社間で大綱の合意がなされ,メルク社は萬有製薬の過半数株式を取得することが決まった。その準備段階として,メルク社は市場経由で萬有製薬株式の5％を取得することも定められた。1983年8月3日に買収に関する正式な手続きを完了し,翌年10月にメルク社の萬有製薬における持株比率は50.02％となった。1983年12月から萬有製薬とNMBとの統合が検討され,1985年10月に萬有製薬とNMBとの統合は完了した。その後,メルク社の日本拠点は萬有製薬が中心となった。

この萬有製薬の買収に際して,メルク社が日本企業の人事制度に関する学習

を試みていることは注目に値する。1970年代まで，人事関係を目的として日本を訪れるメルク社関係者は，1971年にみられただけであった（表4-3）。すなわち，1970年代までのメルク社は，NMBの人事関係に対してほとんど関与してこなかったといえる。NMBの人事制度は，萬有製薬から導入した制度をベースに構築されていたと考えられる。ところが，1980年代に入ると，メルク社は日本企業の人事制度への関心を高めていった。これは，NMBや日本企業の人事制度に関する学習を促進し，萬有製薬の買収を成功させることに大いに寄与したと考えられる。以下，メルク社による日本企業の人事制度に関する学習に注目して，萬有製薬の買収および萬有製薬とNMBとの統合の過程について整理しておこう。

　メルク社は1970年代後半から日本子会社に長期駐在員を派遣しているため，駐在員を通して，日本企業の人事制度に関する情報をある程度入手できていたであろう。それでも，人事制度の重要性などに関する適切な理解には至っていなかった。事実，買収の交渉当初，萬有製薬の従業員に対する保障や同社の労務管理を変化させないという萬有製薬側の提案に対して，メルク社は難色を示していた。日本企業にとって，人事制度を変化することがどれほどの意味を持つのかということを，このときのメルク社は十分に理解できていなかった。そこで，メルク社は日本企業の人事制度について調査を行うべく，1980年代に入って人材を日本に派遣した（表4-3）。

　1980年の来日者は，上智大学に出向いて日本企業の人事制度の特徴などに関する講義を受けるとともに，NMBの人事関係者と給与体系や人材育成などをはじめとした人事関係全般に関する討議を行った[73]。ほかの短期出張者たちも，NMBの人材採用活動や賃金制度，企業年金など人事関係に関するさまざまな事項について調査・討議を行った[74]。こうした短期出張者たちによる調査を通して，メルク社は日本における人事制度に関する実情や特徴について学習していったと考えられる。メルク社は日本的経営制度—具体的には，雇用や従業員保障をはじめとする人事制度の慣行—を維持・尊重することの重要性を理解することによって，萬有製薬の買収を成功させた（アベグレン，2004）[75]。

　メルク社が日本において従業員保障をはじめとした人事制度に配慮したことは，特に萬有製薬とNMBとの統合に伴う組織再編成の人員配置からうかがえ

る。メルク社は，両社の統合に際して，人員削減を極力避けるよう努めていた。そして，両社の人材を平等に取り扱うよう，処遇が悪化しないよう，細心の注意を払っていた。人材の処遇に関して，「統合は萬有製薬によるNMBの吸収合併とするが，両者の社員は差別されることなく，その人の能力・年齢・経験によって公平に処遇される」という方針を策定した（日本経営史研究所編，2002，p.228)[76]。この方針に則って，統合後の新組織の役職やポストに就く人材は，両方の企業から同じような比率になるように配分した。例えば，新組織の営業部門における人員配置は以下のようになった。統合後の萬有製薬の新しい営業部門では，部長・所長クラスを28ポスト設け，萬有製薬出身者が15人，NMB出身者が13人という人員配置を行った。統合前の1984年時点の萬有製薬の営業部門には所長クラス以上が15人，NMBの営業部門には所長クラス以上が13人いた（日本経営史研究所編，2002，p.262）。つまり，新組織においても，従来の処遇をそのまま維持する方針を採用していた（表4-11）。新組織ではポストを削減せず，またどちらかの出身者に偏った人員配置をせず，これまでの経験

表4-11■新生萬有製薬の営業部（1985年1月1日付）における人材の出身

役職	出身	役職	出身	役職	出身
営業総本部長兼営業推進部担当専務	萬有	新潟営業所長	NMB	京都営業所長	萬有
第一営業推進部長	萬有	東京第一営業所長	萬有	神戸営業所長	萬有
第二営業推進部長	NMB	東京第二営業所長	NMB	岡山営業所長	NMB
第三営業推進部長	NMB	東京第三営業所長	NMB	広島営業所長	萬有
第四営業推進部長	萬有	横浜営業所長	萬有	高松営業所長	NMB
第五営業推進部長	萬有	名古屋第一営業所長	NMB	福岡営業所長	NMB
札幌営業所長	萬有	名古屋第二営業所長	萬有	熊本営業所長	萬有
盛岡営業所長	萬有	金沢営業所長	NMB	鹿児島営業所長	NMB
仙台営業所長	NMB	大阪第一営業所長	萬有		
北関東営業所長	萬有	大阪第二営業所長	NMB		

萬有出身者	15名
NMB出身者	13名
合計	28名

注）推進部長ならびに営業所長クラスを記載。
資料）『日刊薬業』1985年1月29日号ならびに関係者への聞き取り。

を配慮した処遇を行ったわけである。このような，人材を公平に処遇することによって，両社の従業員間の摩擦をできる限り回避し，両社の統合をスムーズに進めていった。

　萬有製薬の買収およびNMBとの統合の結果，メルク社は日本において研究開発から生産，販売，流通に至るすべての職能を有することとなった。同時に，プロパーをはじめとする人的資源や経営資源を一気に拡充できた。1984年6月時点で，萬有製薬およびNMBの営業部門の人材はそれぞれ533人，572人であった[77]。したがって，両社の統合により，メルク社は日本で一気に2倍の営業部門の人材を確保することに成功した。特に，プロパーの増員は，次の新薬の市場への普及にとってプラスに働くことになった。

3-2　市場ニーズへの対応

　メルク社が萬有製薬を傘下に収めた時期，日本の医薬品市場のニーズは変化を迎えつつあった。日本社会は少子高齢化に向かい，成人病・生活習慣病と呼ばれる慢性疾患の治療に対するニーズが高まっていた。医薬品の生産額では抗生物質製剤が長らく最も高かったが，次第にその額を低下させていった。代わって，循環器官用薬などが生産額を高めていった。そして，生産額のトップは抗生物質製剤から循環器官用薬に入れ替わった（図3-1）。日本でのさらなる成長のためには，こうした市場ニーズの変化に応じて，慢性疾患用治療薬を市場に導入し，かつその普及を達成することが必要であった。

　メルク社は，新しい循環器官用薬の日本市場への導入に努めた。1970年代のメルク社は，血圧降下剤の研究開発を進めていた。1977年にメルク社の研究所は，強力かつ作用時間の長い降圧剤（ACE阻害剤）の合成に成功した。これに化学的修飾を加えて経口吸収を良くした「マレイン酸エナラプリル（日本製品名｜レニベース」）」の開発に成功した。日本では，1980年からNMBがマレイン酸エナラプリルの急性毒性試験を開始した。そして，翌1981年3月から臨床試験に移行した。

　臨床試験で多くの症例に対する試験結果を得ることができれば，製品の有効性に対する信頼が高くなる。特に慢性疾患治療剤に関しては，多数の実績が競争優位につながるという特徴を持っている（遠藤・岡松・小沢・加茂谷・田中，

2002, p.72)。そのため，多くの臨床試験の結果を得るべく，大規模な臨床試験や調査が試みられた[78]。しかも，こうした大規模な臨床試験や調査は，製薬企業および医師双方にとってメリットがあったと考えられる。というのも，製薬企業にとっては，該当製品に関する情報の蓄積や優位性を確立することにつながり，販売促進活動を行ううえで有益な情報源を獲得できる。医師にとっても，新たな医療情報を獲得でき，その後の臨床や基礎研究の発展に結びつけることができるからである。そして大規模臨床試験や調査が実施できれば，医師との協働や情報共有が進むため，医師との関係性をより強固にできたと考えられる。

メルク社は，レニベースの有効性を確固たるものにするために，同製品の有効性を実証できる多数の試験結果を日本で確保することを目指した。そしてさまざまな施設で，多くの医師が参画する大規模な臨床試験の実現を図った。

レニベースの治験のための研究会「MK-421研究会」が立ち上がった。MK-421研究会では，MEDACジャパンのメンバーでもある吉利和が会長に，その他研究会メンバーの仲介等を行う世話人には横浜市立大学教授の金子好宏が就いた。金子は，日本高血圧学会初代会長であった。レニベース治験のコントローラーには，浜松医科大学教授の中島光好が就いた。MK-421研究会には，1980年代に日本高血圧学会の会長に就任する第一線の医師たちや，その後1990年代に会長に就任する有望な人材もメンバーに加わっていた（表4-12）。すなわち，高血圧に関する主要人材が，レニベースの市場導入に向けた活動に参画していた。

メルク社・NMBが，日本高血圧学会に協力する活動を続けてきたことは，すでに述べた。こうした学会との協働によって，その領域の専門医たちとの関係を深めることに成功していたと考えられる。そしてこの関係性は，この領域の主要メンバーがMK-421研究会に参加することを促進したと考えられる。

レニベースの臨床試験開始後すぐに「降圧剤の臨床評価方法に関するガイドライン」が定められ，MK-421研究会はこの新ガイドラインに沿って臨床試験を行った。最終的に，レニベースの臨床試験には500人を超える規模の医師が関与することとなった。各主要メンバーが他の医師に働きかけを行ったことによって，多くの医師を動員することができたと考えられる。そして多数の症例

表4-12 レニベース治験研究会（MK-421研究会）メンバー

氏名	所属	日本高血圧学会会長経験者	氏名	所属	日本高血圧学会会長経験者
吉利和	浜松医科大学		飯野靖彦	東京医科歯科大学第二内科	
金子好宏	横浜市立大学第二内科	1978年度	阿部圭志	東北大学医学部第二内科	1996年度
池田正男	国立循環器病センター内科	1981年度	小野山薫	九州大学医学部第二内科	
中島光好	浜松医科大学薬理学		武内重五郎	東京医科歯科大学医学部第二内科	
塩之入洋	横浜市立大学第二内科		福地総逸	福島県立医科大学第三内科	
吉永馨	東北大学第二内科	1982年度	荒川正昭	新潟大学医学部第二内科	
佐藤利平	東京大学第一内科		八木繁	獨協医科大学循環器科	
清水直容	帝京大学第一内科		平田清文	東邦大学医学部腎臓病学	
蔵本築	東京都養育院附属病院内科		長澤俊彦	杏林大学医学部第一内科	
山崎昇	浜松医科大学第三内科		石井當男	東京大学医学部第二内科	1992年度
山田和生	名古屋大学環境医学研究所第三部門		矢崎義雄	東京大学医学部第三内科	1997年度
武田忠直	大阪市立大学第一内科	1990年度	杉野信博	東京女子医科大学腎臓内科	
増山善明	和歌山県立医科大学循環器内科	1988年度	金崎勝男	川口工業総合病院内科	
国府達郎	愛媛大学第二内科	1983年度	波多野道信	日本大学医学部(板橋)第二内科	
尾前照雄	九州大学第二内科	1980年度	多川斉	三井記念病院内科	
荒川規矩男	福岡大学第二内科	1984年度	小倉明子	東神田クリニック内科	
猿田享男	慶應義塾大学医学部内科	1995年度	河合忠一	京都大学医学部第三内科	
椎貝達夫	東京医科歯科大学第二内科		柏井忠治郎	大阪赤十字病院内科	

注）所属先等，判明者のみ記載。なお，すべて当時の所属を示している。
資料）ライフサイエンス出版（1984）187，199，225，255頁。近代医学社（1985）1,695頁。日本高血圧学会ホームページ「歴代会長名簿」。

についての試験結果を確保することができた。試験結果から，レニベースは従来の降圧剤に比べ高い有効性と軽い副作用という特長を持つことが証明された。多数の症例から得た結果であるため，その信頼性は高いと評価された。

ACE阻害剤市場では1977年にスクイブ社が「カプトリル」の開発に成功し，日本においては三共が1978年にスクイブ社とカプトリルの導入契約を締結し，1983年に発売していた。カプトリルはこの分野での先発製品として大きな売上をあげ，当初はほぼ独占状態であった（三共百年史編集委員会，2000，p.259；遠藤ほか，2002，pp.58-62）。一方，レニベースはカプトリルより投与回数が少なく，副作用も軽減することが，臨床試験の結果証明された。1日1回服用でよいため，慢性疾患の患者にとっての飲み忘れや服用の煩わしさを軽減するものであった。すなわち，レニベースは従来製品に比べて患者の「生活の質（Quality of Life）」を高める製品でもあった。

　1980年からメルク社による萬有製薬の買収交渉が進み，レニベースは買収後の萬有製薬から発売された。レニベースの製造承認は1985年3月に申請され，翌年4月に承認された。6月19日に薬価収載となり，7月14日に発売された。

　萬有製薬は，高い有効性，軽い副作用，そして患者の生活の質を高めうるというレニベースの優位性についての情報発信に努めた。萬有製薬はレニベースの発売後11月末までの期間に，レニベースに関する大小の講演会や説明会を全国各地で約400回開催した。萬有製薬は，これら講演会や説明会に累計で約2万人の医師を動員した。多くの医師を動員することができ，同製品に関する情報の浸透を図った。

　すでに述べたように，NMBの頃も，関係のある医師を講師に招いて講演会や説明会を実施してきた。したがって，レニベースに関する講演会や説明会においても，すでに関係のあった医師たちを講師役にしていたと考えられる。すなわち，萬有製薬とつながりが深く，かつレニベースに関しての情報を多く有する治験メンバーたちが，講師役になっていたと推察される。治験メンバーには，高血圧領域のオピニオンドクターたちが含まれていた。こうした医師たちがレニベースの優位性について情報発信することは，ほかの多くの医師たちの間で同製品の評価を高めることにつながったであろう。

　こうした講演会や説明会のほかに，マーキシンのときに実施したように，独自の研究会を組織して，オピニオンドクターたちと医学・薬学に関する情報を共有・検討した。レニベースの発売以前の1984年に，メルク社はジャパンMEDACをより専門分野別に絞り込み，各専門分野の医師たちと議論すること

を試みた。この取り組みの一環として，NMBは第1回循環器病研究会を開催した。国立循環器病センター副院長の池田正男を世話人とし，20人の循環器領域の主要医師を招待して，循環器領域に関する医療について広く意見交換を行い，医学・薬学知識の発展を目指すことが，この研究会の目的であった[79]。レニベースに関する情報の共有を第1の目的とはしていなかったが，この研究会の開催はレニベースの普及に貢献したと考えられる。というのも，この研究会の参加者は高血圧治療への関心を深めることができたであろうし，最新の治療に関する選択肢として，レニベースに関する情報を入手できたと考えられるからである。

レニベースは発売後10カ月で100億円以上の売上となる大型製品へと成長し，カプトリルを抜いてACE阻害剤市場における第1位の製品となった。レニベースは，1991年3月に慢性心不全（軽症～中等症）が追加適応症として承認された。その結果，同年度のレニベースの売上高は306億円となり，萬有製薬の総売上のおよそ30％を占める製品にまで成長した。その後も300億円超の売上を維持する主力製品であった（表4-13）。

レニベースの大成功により，メルク社は日本の高血圧治療薬市場での地位を高めることとなった。さらに新しい高血圧治療薬として，1998年に萬有製薬は

表4-13■萬有製薬の主要製品の売上高の推移（1991～2000年度）

（単位：億円）

年度	総売上高	リポバス	レニベース	チエナム	ニューロタン
1991	1,051	58	306	215	
1992	1,147	167	309	210	
1993	1,224	303	310	178	
1994	1,290	391	313	172	
1995	1,308	483	310	163	
1996	1,458	602	334	168	
1997	1,395	590	308	154	
1998	1,532	637	322	173	60
1999	1,625	613	324	167	206
2000	1,697	592	309	160	367

原資料）萬有製薬社内資料。
資料）日本経営史研究所編（2002），352頁，表6-9を抜粋。

アンジオテンシンⅡ受容体拮抗薬分野における降圧剤「ニューロタン」を発売した。同製品も発売後すぐに大きな売上をあげることに成功した（表4-13）。こうして，この市場での地位を持続させたのであった。

　高血圧治療薬以外の循環器官用薬として，萬有製薬は1991年に抗高脂血症薬「リポバス（一般名：シンバスタチン）」を新発売した。メルク社の研究所は，1979年にシンバスタチンの発見に成功していた。日本では1984年から前臨床試験に着手し，1986年に臨床試験を開始した。翌年1月に東海大学教授の五島雄一郎[80]を代表世話人として，MK-733研究会が組織された[81]。そして，高脂血症患者を対象に全国規模の多施設共同オープン試験を実施した。最終段階の二重盲検群間比較試験[82]は，1988年12月から翌年10月までの期間にかけて，41施設で行われた。

　リポバスの売上は初年度58億円であったが，翌1992年には167億円，1993年には300億円を超え，それ以降，順調な売上の伸びを示すこととなった（表4-13）。売上が伸びた要因として，1992年から開始されたリポバスに関する大規模調査があげられよう。リポバス発売時に，萬有製薬は大規模疫学調査を医師と協力して実施する計画を立てた。そして，リポバスの長期間投与による効果と安全性を確認することを目的に，1992年から1999年まで調査を行った。約6,500人の医師が参画し，約5万4,000症例を得ることができた。これら症例を分析した結果，改めてリポバスの有効性が実証された。大規模調査によってリポバスの有効性に関する情報が蓄積され，なおかつその情報発信を進めたことによって，同製品の売上が伸びたと考えられる。リポバスは1994年にレニベースを抜いて，萬有製薬の中で最大の売上高を誇る製品となった。

　メルク社は，日本の医薬品市場におけるニーズの変化に応じて，高血圧治療薬や高脂血症治療薬など新たな循環器官用薬を市場に導入し，それを迅速かつ確実に普及させることに成功した。こうした新たな市場ニーズに対応すると同時に，従来から存在する市場ニーズへの対応も行っていた。例えば，萬有製薬は，新しい抗生物質製剤「チエナム」を1987年に発売した。この新薬の起源は，1971年にメルク社が新規に発見した抗生物質チエナマイシンにある。1979年にメルク社の研究所は，「チエナマイシンに化学的修飾をし，アミジン誘導体であるイミペネム（N-formimidoyl thienamycin）の合成に成功した。しかし，

イミペネムは腎の尿細管の特定部位でつくられるジヒドロペプチターゼ-I (DHP-I) によって不活性化され，尿路感染症に対する有効性が期待できない可能性があった。そこでメルク社は，このDHP-I阻害剤であるシラスタチンナトリウムを開発し，両者を配合することによって腎での不活性化の問題を解決し，世界初のカルバペネム系抗生物質を誕生させた」（日本経済経営研究所編，2002，p.287）。これがチエナムであった。

日本では，NMBと第一製薬が共同でチエナムの開発に乗り出した。当初はイミペネム単味製剤が想定されていた。その後，アメリカにおいて配合剤での臨床試験が進められていることが伝えられ，日本でも1983年3月から配合剤の開発に向かうこととなった。同時に，チエナムの日本での販売は，メルク社グループのみが行うことを狙って，共同開発のパートナーを第一製薬から鳥居薬品に代えた[83]。

配合剤の開発には，配合剤自体の試験のみならず配合する両成分の試験も必要であった。また抗生物質製剤の開発計画は，多くの感染症に適用できるように，多くの症例を集めて臨床試験を行うのが一般的であった。チエナムは，特にその抗菌スペクトルの広さが特長であったため，それを証明するためには呼吸器系感染症，複雑性尿路感染症，化膿性腹膜炎など各種の症例に対して試験を行う必要があった。それぞれの領域に対応し，かつ数多くの試験結果を確保するための開発計画，セッティングが必要であった。

チエナムの日本での臨床試験は1980年10月から行われたが，上記のような共同開発パートナーの変更などの問題も生じたため，その完了は当初の予定からずれ込んでしまった。1983年8月に，多施設の参加による研究会が発足され，入院患者対象のオープンスタディが開始された。チエナムの抗菌性への期待から，その臨床試験には重症例が多数組み込まれた。チエナムの臨床試験には真下啓明を含め，NMB腹部外科感染症セミナーで報告を行った医師たちも参加していた。彼らは外科領域で使用されるチエナムの試験にとどまらず，さまざまな領域で使用されるチエナムの臨床試験に参加した。そして全国338施設において行われた他剤との臨床試験の結果，2,313例中1,860例はチエナムが著効または有効であることが示された。

チエナムは短期間に大きな売上をあげることに成功し，1991年度の売上高は

215億円であった。この年を頂点にチエナムの売上は低下するが，1993年に筋注用製剤，1997年に点滴用キット製剤を発売し，150〜170億円台の売上を維持した（表4-13）。

4　医師との関係の持続的深化

NMBおよび買収後の萬有製薬では，大学医学部勤続者もしくは医療機関，研究機関出身者が研究開発部門の最高責任者に就いていた（**表4-14**）。これは，NMBの研究開発部門の責任者に東郷靖が就いてから，継続して見られた特徴であった。

そもそもメルク社の親会社では，研究開発部門の責任者には医師が就任していた。医師が責任者として研究開発活動を指揮することは，医学等科学知識と医療現場の知識やニーズを融合させることにつながっていた。そのため，この人員配置は，新薬の研究開発を進めるうえで大いに機能していた（桑嶋・高橋，2001，pp.91-92）。日本でも，自社内に医師を抱えておけば，研究開発において医学的見地からの意見をスムーズに盛り込むことができる[84]。また，その医師を介して，ほかの医師へのアプローチや医師間での情報交換をスムーズに行うことができる。影響力のある医師を社内に抱えていれば，ほかの医師に対する情報発信力もあり，多くの医師を巻き込んだ事業展開が促進される。したがって，医師や研究者を研究開発部門の責任者としたことは，研究開発の円滑化や医薬品の市場導入および普及にプラスに働いたと考えられる。

しかも，彼らを社内に取り込むことは，外部の医師とのつながりの深化・拡張をもたらしていたと考えられる。一般に，外資系企業では研究開発部門などの責任者には，親会社から派遣された駐在員が就くことが多い。彼（女）らは数年単位で日本を離れてしまうため，日本の医師たちとの関係を深めることがどうしても困難になってしまいがちである[85]。一方，メルク社は，日本人医師を日本子会社に継続的に迎え入れ，研究開発部門の責任者としていた。この取り組みは，日本子会社と医師との関係性を持続的に深化させていくことにつながったであろう[86]。そのため，ほかの多くの医師との協働，そしてその結果もたらされる医薬品の市場導入および普及が促進されたと考えられる。

第4章　メルク社と日本メルク萬有・萬有製薬

表4-14　メルク社の日本子会社の研究開発関係の責任者（1976～1999年）

子会社名	氏名	職位	在任期間	就任前の経歴	出身校
日本メルク萬有	ビクター・M.ハーカス	研究開発本部長，取締役	1976年～1978年	メルク本社	不明
日本メルク萬有	東郷靖	研究開発本部長，取締役副会長	1978年～1984年	メリーランド大学医学部内科	東京大学医学部
萬有製薬	松本郁男	研究本部長，中央研究所担当，取締役	1985年～1987年		東京大学農学部
萬有製薬	岩垂秀一	研究開発本部担当，中央研究所担当，臨床医薬研究所長，常務取締役	1985年，1989年～1991年，1997年～		名古屋大学大学院化学科
萬有製薬	清水国光	開発本部長，取締役	1985年		日本大学農学部
萬有製薬	東郷靖	開発本部長，専務取締役	1986年	メリーランド大学医学部内科	東京大学医学部
萬有製薬	田中信男	研究開発本部長，研究開発担当，専務取締役	1986年～1993年	東京大学応用微生物研究所長	東京大学医学部
萬有製薬	西村暹	つくば研究所所長，研究開発担当，専務取締役	1992年～	国立がんセンター研究所生物学部長	東京大学化学系大学院化学博士課程
萬有製薬	池本文彦	開発研究所長，取締役	1994年～	大阪市立大学医学部助教授	神戸大学理学部
萬有製薬	明樂泰	研究開発本部長，専務取締役	1995年～	メルク社研究開発部門日本担当副社長兼日本MSD取締役	慶應義塾大学医学部
萬有製薬	吉田光昭	つくば研究所所長，常務取締役	1999年～	東京大学医科学研究所所長	東京大学大学院薬学系博士課程

注1）ここでは研究開発関係の最高責任者のみを記載。主として役員クラスのみを対象としている。
注2）職位は，研究開発関係の最終職位。また役員経験者は研究開発関係部門在任期間時の最終職位を示す。
注3）在任期間は，各職位の相当期間を示す。途中役員であっても研究開発部門の副本部長等になった場合は期間とみなしていない。
注4）就任前の経歴は，中途採用者のみ記載。
注5）萬有製薬がメルク社の傘下に入ったのは1984年だが，萬有製薬に関してはNMBとの統合が完了する1985年からの人名を記載している。
注6）岩垂秀一は1985年時点研究開発本部担当の後，1989年より研究開発本部副本部長兼研究開発企画，中央研究所担当となった。1997年より臨床医薬研究所長に就任。
注7）田中信男は1986年4月に萬有製薬の特別顧問となった後，同年6月に研究本部長に就任。1987年より研究開発本部長となり，1989年より研究開発担当と名称が変わっているが実質研究開発部門の最高責任者である。
注8）西村暹は1994年時点に研究開発担当になり，研究開発部門の責任者になるが，翌年からはつくば研究所所長委嘱という地位（実質つくば研究所所長と同義）に就いている。1999年時点につくば研究所名誉所長委嘱となる。

注9) 明樂泰は1991年3月メルク社研究開発部門日本担当副社長になる以前に，ミシガン州立大学薬理学教室教授，国立小児病院副院長兼医療研究センター長という経歴である。
注10) 池本文彦は1990年に萬有製薬に中央研究所薬理研究部長として入社後，1994年に開発研究所長に就任した。そして1998年に取締役に就任。入社以前の経歴が大阪市立大学医学部助教授である。
資料) 萬有製薬株式会社『有価証券報告書』各年版，日本メルク萬有株式会社（1980）より作成。

ところで，当時の日本では，製薬企業が医師を社内に抱えることは少なかった。医師が勤務していたとしても，非常に限られた人数であった（森田, 2000）。というのも，医師が製薬企業に入ることは，臨床に関する能力不足と評される風潮もあったためであった[87]。そのため，当時の日本には，医師のキャリアとして，企業に勤務するという選択肢があまり存在しなかった。

では，メルク社はどのようにして日本子会社に医師を招き入れたのか。まず，メルク社はアメリカで勤務する日本人医師をターゲットとした。その医師を日本に帰国させ，NMBに入社させる方針を採用した[88]。そして採用され，日本にやってきたのが東郷であった。

東京大学応用微生物研究所長であった田中信男は，まず顧問として萬有製薬に招かれた。そして，退職後に同社の研究開発部門の責任者に就任した。おそらく，顧問の期間内に萬有製薬やメルク社の内実を理解してもらい，彼に萬有製薬に入社することの心理的障壁を取り除くことに努めたと考えられる。メルク社は世界的知名度があり[89]，これまでのメルク社・NMB・萬有製薬による医学会への積極的な貢献も，彼のメルク社に対する理解を深めていたであろう。これも萬有製薬への入社を受け入れた要因ではないかと考えられる[90]。

5 日本事業の成果

メルク社に買収されて以降，萬有製薬はレニベースをはじめとした新薬を市場に導入して，その普及を成功させた。日本の医薬品市場のニーズの変化に応じた新薬を継続的に市場に導入し，かつ既存のニーズにも応じる新薬を導入していった。メルク社に買収される以前の萬有製薬の売上構成をみると，抗生物質製剤が最大の割合を占めていたが，この構成も大きく変化し，循環器官用薬が，萬有製薬の売上高に占める最大の医薬品となった（**表4-15**）。日本の医薬

品市場においても，循環器官用薬が最大の生産額を誇るようになっており，市場の動きに即した行動を萬有製薬はとれるようになったのであった。

売上高基準で，萬有製薬は1994年に製薬企業の中の第15位に位置し，外資系製薬企業としては最上位の企業となった（儀我，1996，p.116）。その後も萬有製薬は，持続的な成長を果たしていった（図4-2）。

表4-15■萬有製薬の販売実績に占める各薬効領域の割合

(単位：%)

薬効領域	1970年度	1980年度	1990年度
神経系薬剤	11.5	8.9	8.6
感覚器官用薬（眼科用剤）	―	―	9.5
循環器官用薬	27.8	20.4	41.6
ホルモン剤	9.1	8.9	―
抗生物質製剤	40.4	47.9	34.6
ビタミン剤	1.2	0.5	―
その他	9.9	13.4	5.8
合計	100	100	100

注1）1970年度，1980年度は萬有製薬が販売した製品に占める割合。すなわち仕入れ品を含めて販売した金額に占める割合。
注2）1990年度の割合は仕入れ品を除く萬有製薬製品に占める割合。
注3）1970年度，1980年度の「その他」には感覚器官用薬を含む。
注4）1990年度の「その他」にはホルモン剤や代謝性医薬品などが含まれる。
資料）萬有製薬『有価証券報告書』より作成。

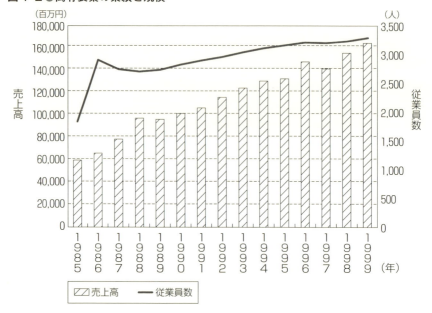

図4-2 ●萬有製薬の業績と規模

資料）日本経営史研究所編（2002），461-465頁。

⊙注

1 本章は，特に断りのない限り日本経営史研究所編（2002），日本メルク萬有株式会社（1980）に基づいて記述がなされている。引用する場合に限り，これら文献の引用ページ数を記載している。
2 E・メルク社は積極的に輸出活動を展開しており，売上高に占めるドイツ市場外での割合が高かった。例えば，1900〜1901年における売上構成は，23％がドイツ，49％がその他ヨーロッパ，28％がその他市場であった（Hertner, 1986, p.116）。
3 例えば，全売上高に占める輸出も含めた国際事業の売上高の割合は，1950年代半ばでは20％ほどであったのに対して，1970年代には40％を超えるに至っている（Merck & Co., Annual Report, 各年）。
4 1956年のアニュアルレポートには，生産拠点数が10となっており，日本の工場設置に関して触れられていない。しかし，後述のとおり1955年の終わりに日本の岡崎において工場が開設されている。そのため，1956年時点での正確な生産拠点数は11となる（Merck & Co., Annual Report, 1956, 1965）。
5 コルチゾンは，抗炎症作用，抗アレルギー作用の点で優れた効果を持つ副腎皮質ホルモ

ンの一種である。1936年にアメリカのE.ケンドルが，副腎皮質からの分離に成功した。1944年に，メルク社が胆汁酸からの部分合成に成功し，この製品の量産化が開始された。1948年にはコルチゾンがリウマチ患者への治療に関して劇的な効能を有することが判明し，同製品に対する需要が高まっていく。

6 以下に記述する医薬品に関しては，断りの無い限り一般的科学名ではなく製品名を記載する。

7 当時，外資系企業が対日直接投資を実施して日本での事業活動を行うには，日本企業との合弁会社を設立するか，本国への利益送金を行うことができない円ベース企業を設立するかの2つの選択肢が存在した。メルク社は，前者を狙っていたわけである。

8 1970年には，MSDI社長に就任する。

9 メルク社は1970年前後にNMB岡崎工場の査察を実施し，メルク社の基準に従い生産計画から資材購入，製造，包装，保管，工務，品質管理，安全管理に至るさまざまな項目について検査が行われた。その結果，NMBはメルク社グループ内において高い評価を獲得した（日本メルク萬有，1980，pp.65-66）。

10 矢野経済研究所『マーケットシェア事典』，1976年版。

11 第3章で述べたように，価格交渉に関するプロパーの活動は，1990年代に変化が生じる。医療機関への納入価格に関する交渉や決定権は，製薬企業のプロパーから医薬品卸企業側に移ることになる。

12 日本メルク萬有関係者（営業関係；企画渉外関係）への聞き取り（2008年4月1日；2009年1月13日）。

13 日本メルク萬有関係者（企画渉外関係）からの私信（2009年1月7日付）。例えば，萬有製薬の学術部門担当であった岡林金次郎はさまざまな医師との人的ネットワークを有していた。萬有製薬では，彼の人的ネットワークが新製品の成功につながったこともある。萬有製薬が1965年に発売した動脈硬化治療薬アンジニンの研究開発は，たまたま岡林が東京医科歯科大学第3内科臨床医であった島本多喜雄教授と接触したことがきっかけであった（日本経営史研究所編，2002，p.161）。NMBも，岡林を介してさまざまな医師との接点を持つことが可能になったと考えられる。

14 日本メルク萬有株式会社『みどり』1972年12月号；1973年8月号。

15 もともとメルク社の国際事業における関心は，ヨーロッパ市場にあった。ヨーロッパ事業には積極的に関与して，成長を果たそうと努力していた。

16 メルク社関係者（マーケティング関係）への聞き取り（2006年3月28日）。メルク社の対日事業の最高責任者となるP.R.マウラーも，メルク社の動きは日本に対して臆病者のようであったと指摘している（マウラー，1989，p.92）。

17 メルク社関係者（日本事業担当上層部）への聞き取り（2006年6月22日）。ボストンコンサルティング関係者への聞き取り（2006年6月22日）。

18 日本MSDはメルク社が100％出資する完全子会社であった。同社はメルク社製品の輸入販売およびメルク社の関係会社に対する原料薬品の輸出を主な業務としながら，親会社と他の日本子会社とを仲介し，生産・販売・人事などの業務全般にわたって支援・調整・助言を行う役割も担っていた。

19 東郷は東大医学部出身で，メリーランド大学医学部内科に22年勤務した後，1978年1月

に研究開発本部副本部長としてNMBに入社した。
20　メルク社関係者（日本事業担当上層部）への聞き取り（2008年11月28日）。
21　『みどり』1976年11月号。
22　『みどり』1980年5月号。
23　ただし，表4-7を見る限り，1980年，1981年の研究開発部門への大学院修了者の配分が少なく，特に1981年は高卒者の配分が多くなっている。これは，後述のように，妻沼での新しい研究所の開設に向けた動きに関連していると考えられる。この時期には，NMBにおいてある程度の研究開発能力が構築され，新規に即戦力としての専門的知識を持った人材の確保よりも，妻沼での新研究所開設に向け，その業務を円滑にこなすための事務スタッフの拡充に取り組んでいたのであろう。なお，NMBにおける採用者の傾向や特徴に関しては，竹内（2015）に詳しい。
24　その他，研究開発の組織において特筆すべきことは，1978年6月に薬事関係を独立した組織としたことがあげられる。これは，申請ならびに薬価設定に関する業務を担う組織の充実を目的としていた。新薬申請が続くことが見込まれ，1980年には研究開発関係22人のうち3人は薬事登録部に配属している（表4-6の資料より）。薬務行政の変化が進む状況に対応すべく，NMBでは組織の構築を行っていたといえる。
25　『みどり』1982年6月号。メルク社関係者（マーケティング関係）への聞き取り（2006年3月28日）。
26　年度が異なるが，NMBにおける1979年度の大学卒・大学院卒採用活動の直接経費は，採用者1人当たり約20万円であった（『みどり』1979年9月号）。
27　NMBの会社説明会に参加した学生数は1977年時点では59人であったが，1978年に330人，1979年には495人になる。NMBの採用試験受験者数も1977年には105人であったのが，1978年に202人，1979年に343人に増加した（『みどり』1979年9月号）。
28　代表的な例は，1986年に発売されることとなるレニベースである。この製品は1980年にNMBにおいて急性毒性試験を開始し，翌年に臨床試験を開始した。
29　『みどり』1981年2月号。
30　『みどり』1980年5月号。
31　駐在員・出張者を含め，メルク社から日本子会社にやってきた人数が多いか少ないかについては，同業他社との比較ができないため評価できない。
32　例えば，メルク社の研究開発部門のトップとなるバジェロスも1977年と1981年に来日している（『みどり』1977年12月号，1981年5月号）。そのほか，研究開発部門の幹部の来日が増えたことは，『みどり』各号に基づく。
33　『みどり』1982年9月号。
34　1人は1年間滞在する駐在員であった。この1人は，表4-4が示す1982年のNMB妻沼工場所属者である。
35　『みどり』1976年2・3月号。
36　『みどり』1978年9月号。
37　『みどり』1982年1月号。
38　多国籍企業は，海外子会社とのつながり・ネットワークを調整して，子会社の経営を展開している。多国籍企業をネットワークとして捉える考え方については，Bartlett and

Ghoshal (1989), Ghoshal and Bartlett (1990) などを参照。また，多国籍企業における親会社と海外子会社との調整に関しては，茂垣 (2001) を参照。
39 『みどり』1980年5月号。
40 日本メルク萬有株式会社『CREATA』No.41, 1986年, p.6。
41 『みどり』1976年4月号。
42 『みどり』1976年4月号。
43 メルク社関係者（日本事業担当上層部）への聞き取り（2008年11月28日）。
44 『みどり』1976年4月号。『日医ニュース』第348号，1976年3月5日。
45 『みどり』1981年7月号。
46 バジェロスらの来日は，ジャパンMEDACのみを目的としたものではなかった。1981年5月に，妻沼の新事業所開所式があり，バジェロスをはじめメルク社の会長であったJ.ホランなども開所式参加のため来日していた（『みどり』1981年5月号）。
47 『みどり』1982年9月号。
48 企画渉外課が学会支援活動を行うためには，さまざまな医師と接点を持ち，医師と良好な関係を有しておくことが求められる。そのため，例えば，萬有製薬の岡林金次郎による医師の紹介などは，同課の運営に大いに貢献していた（日本メルク萬有関係者（企画渉外関係）からの私信（2009年1月7日付））。
49 初代会長は横浜市立大学医学部第2内科教授の金子好宏が就任した。
50 ザンチェッティー博士は1981年の第8回国際高血圧学会の会長であることが決まっていた。
51 日本メルク萬有関係者（企画渉外担当）からの私信（2009年7月31日）。
52 『CREATA』No.59, 1980年，p.21。『みどり』1980年12月号。
53 日本メルク萬有関係者（企画渉外担当）からの私信（2009年7月31日）。
54 日本メルク萬有関係者（企画渉外担当）への聞き取り（2009年1月13日）。日本メルク萬有関係者（企画渉外担当）からの私信（2009年7月31日）。また，日本高血圧学会は1978年に発足したばかりの学会であり，活発な活動を展開するための資金面や組織的基盤がまだ充実していなかったと考えられる。なお，同学会の設立当初の会員数は約300人であったが，2014年には会員数は約4,700人になっている（日本高血圧学会ホームページ http://www.jpnsh.jp/seturitu.html（2015年11月20日確認））。
55 私立大学薬学部関係者への聞き取り（2009年8月24日）。
56 日本メルク萬有関係者（企画渉外担当）への聞き取り（2009年1月13日）。日本国内の助成金や奨学金の支給がなされるたびに，支給先の医師に関する情報が『みどり』に掲載されている。こうした企業が，知識の獲得や発見・創造に向けて意欲的な人材に対して金銭的支援を行うことは，医学や医療技術の発展に寄与する行為であった。
57 1978年から西ドイツ，その後イギリス，アメリカなど数カ国で発売されていった。
58 NMBでは1969年に抗生物質製剤としてコスメゲンを発売していた。しかしこれは抗がん剤としてのものであり，殺菌作用のある抗生物質製剤の本格的な市場導入はマーキシンが初めての経験であった。
59 『みどり』1979年10月号。
60 『みどり』1979年12月号。

61 日本メルク萬有株式会社『腹部外科感染症セミナー(3)』1983年。
62 第4回腹部外科感染症セミナーにおいて報告を行っているNMBの研究所員は，上野一恵の指導の下，岐阜大学医学部の施設で実験を行っている（日本メルク萬有株式会社『腹部外科感染症セミナー(4)』1983年）。
63 『Chemotherapy：日本化学療法学会雑誌』Vol.26，S-1，1978年。
64 1980年2月から7月までの半年間の売上数値は，『みどり』1980年10月を参照。1980年度の数値は，日本経営史研究所編（2002）p.207を参照。市場占有率に関しては，『みどり』1982年5月を参照。
65 1982年のマーキシンの売上はNMB全体の売上の25.5％を占めていた（『みどり』1983年2月）。
66 『みどり』1982年5月。
67 「生命に関する衛星シンポジウム」では，アメリカとオーストラリアに在住する3,000人以上の医師が，それぞれの国，場所でテレビを通じてこのシンポジウムの様子を見ることができた（『CREATA』No.60，1981年，p.21）。
68 『CREATA』No.63，1981年，p.21。
69 『みどり』1983年2月。
70 日本の医薬品市場全体におけるメルク社製品のシェアは，1970年代に漸減していた。日本の医薬品市場でのメルク社製品のシェアは，1960年代半ばでは2％であったが，1980年代初めに1.3％に落ち込んでいた（『日刊薬業』1983年8月9日号）。
71 メルク社関係者（日本事業担当上層部）への聞き取り（2006年6月22日）。
72 萬有製薬『有価証券報告書』各年版より。
73 『みどり』1981年1月号。
74 『みどり』1980年4月号；1982年4月号；1983年1月号。
75 メルク社はコンサルティング会社から知見を得ることを通しても，日本における人事問題の重要性の理解を深めていた。
76 企業合併において，従業員を平等に処遇することは重要な案件である（橋本，1999）。
77 日本経営史研究所編，2002，p.262。
　　ただし，学術部門や親会社の事務関係の人材は除いている。
78 例えば，三共は，大きな売上を誇った高脂血症治療剤「メバロチン」（1989年発売）についての大規模な臨床調査を実施している。1994年2月から10年間で，8,000の症例結果の確保を目指した取り組みであった（三共株式会社，2000，pp.337-338）。
79 『CREATA』No.75，1984年，p.21。
80 五島雄一郎は，1976年に開催されたMEDACの東京会議にもオブザーバーとして出席し，会議内容をNMBの発刊している雑誌『CREATA』に載せている（『CREATA』41号，1976年，p.8）。また，彼はレニベースの臨床試験にも参加したことのある医師であった。彼が参加したレニベースの臨床試験結果は，1985年の近代医学社『基礎と臨床』19巻4号に掲載されている。
81 MK-733研究会には，MK-421研究会メンバーであり，日本高血圧学会の会長経験者であった福岡大学教授の荒川規矩男も参加している。メルク社は，五島雄一郎や荒川規矩男といったこれまで関係を構築してきた医師と協働を続けていたのである。

第4章　メルク社と日本メルク萬有・萬有製薬

82　二重盲検試験とは，「薬効判定法のための臨床試験法の一つ。心理的影響を避けて正しく評価する目的で患者および医師の双方に被験薬と対照薬の区別を知らせずに行われる臨床試験」である（薬事日報社編，2005, p.292）。
83　日本メルク萬有関係者（販売促進担当）からの電話聞き取り（2010年3月8日）。
　　メルク社は日本事業拡大の一環として1983年10月に鳥居薬品を買収した。メルク社の萬有製薬買収に関する大綱の合意が1981年にはなされていたことからも，チエナムの開発時には鳥居薬品の買収に関しても協議が進められていたと考えられる。チエナムの販売に関しては販売体制の一本化を図り，鳥居薬品は販売を行わず，萬有製薬のみが販売することとなった。なお，その後の1988年に，メルク社は鳥居薬品の株式をアサヒビールに譲渡した。
84　医療機関関係者への聞き取り（2009年7月15日）。
85　日本イーライリリー社関係者（研究開発部門）への聞き取り（2009年7月30日）。
86　NMB・萬有製薬の研究開発部門責任者になった人材の中には，東京大学医学部出身者や慶應義塾大学医学部出身者などがいる。保阪（1987）や米山（2002）など，医学部における学閥の問題点を強調する見解によると，これら大学医学部は，ほかの大学医学部に対して強い影響力を持っていたされる。それゆえ，これら大学医学部出身の医師を社内に抱えておけば，その影響力や人的ネットワークを介して，ほかの多くの医師を巻き込んだ事業展開が促進されたと考えられる。
87　日本製薬企業関係者（研究担当）への聞き取り（2009年6月12日）。医療機関関係者への聞き取り（2009年7月15日）。私立大学薬学部関係者への聞き取り（2009年8月24日）。
88　メルク社関係者（日本事業担当上層部）への聞き取り（2008年11月28日）。
89　メルク社は『フォーチュン』誌が選ぶアメリカで最も尊敬すべき企業に，1980年代から90年代にかけて7年間選出されていた。
90　田中をはじめ萬有製薬の研究開発部門の責任者となった医師や研究者は，すでに十分なキャリアを経ていた。そのため，当時の日本社会に存在していた評価—企業に医師が入社することは能力不足という評価—を受ける心配がなかったとも考えられる。

第5章

シエーリング社と日本シエーリング社

　シエーリング社は戦前にも日本に直接投資を行っていたが、第2次世界大戦のさなかに日本から撤退していた。その後、1950年代に香港系の外資系企業であった日獨薬品株式会社に資本参加する形で、日本への直接投資を再開した。日獨薬品は1969年に日本シエーリング社と改称した。シエーリング社は1970年代に日本子会社の改革に乗り出し、1974年に日本シエーリング社を完全子会社化した。この改革を通して、日本シエーリング社の研究開発をはじめとした職能的能力を高めることに成功した。そして、1980年代に新薬を市場に導入し、特に1981年以降に発売した新しい造影剤は次々と売上を伸ばし、造影剤事業は大成功を収めた。その結果、日本シエーリング社は急成長を遂げた。

　その後、日本シエーリング社はさらなる成長を目指して、新しい薬効領域市場への参入を果たした。しかしながら、同社は新しい市場で大きな成果を収めることができなかった。しかも、造影剤市場に競合他社が新薬を導入した結果、同市場において激しい競争に直面し、造影剤の売上は減少してしまった。主力事業であった造影剤事業の売上減少をカバーできる新しい医薬品もなかったため、日本シエーリング社の業績は1990年代に低迷した。このように、日本シエーリング社は、急成長と低迷とを経験したのであった。

　本章の目的は、こうしたシエーリング社の1950〜1990年代の日本事業の経緯を描き出すことにある。なぜ同社の日本事業は急成長を遂げることができたのか、一方で、急成長を果たしたにもかかわらず、同社はなぜ持続的な成長を実現できなかったのか、本章ではこの課題を解き明かしたい[1]。

1 日本シエーリング社の設立と初期の活動

1-1 シエーリング社の発展と戦前の日本参入

　シエーリング社の起源は，1851年にエルンスト・シエーリングが緑の薬局（Green Pharmacy）を開業したところに求められる。エルンストは1864年に本格的な工場と研究所を設立し，1871年には個人経営であった緑の薬局を会社組織に改め，同年10月23日にシエーリング有限会社（Chemical Factory PCL (formerly E.Schering)）を設立した。1927年にシエーリング有限会社はカールバウム化学薬品製造所（The Berlin Chemical Factory C.A.F. Kahlbaum GmbH）と合併し，シエーリング・カールバウム株式会社（Schering-Kahlbaum AG）へと変わった。さらに同社は1937年にコックスヴェルケ・化学工場株式会社（The Kokswerke and Chemical Factory AG）と統合し，社名はシエーリング株式会社となった（以下，緑の薬局時代，有限会社以降含めて，社名表記はシエーリング社で統一する）。

　創業初期のシエーリング社は，ほかの薬局などに提供するための薬品の製造に従事していた。当時は，医師や患者に直接提供するための最終加工された医薬品でなく，医薬品に加工される前段階の薬品を製造することに専念していた。同社が製造した製品は「ヨード塩」，「臭素塩」，「アンモニア」，「硝酸カリウム」，「タンニン」，「アセトン」，「クロロフォルム」などさまざまで，1870年代初頭には1,000近くもの製品を取り扱っていた。同社は，これら製品を品質の高い状態に，かつ効率的に製造することに重点を置いていた（Kobrak, 2002, pp.20-23）。

　エルンストは，実用化段階に入っていた銀板写真法に関心を抱いていた。そのため，1854年からヨード塩や臭素塩など写真用薬品として用いられる製品の製造を開始した。シエーリング社は，ベルリンにおいて写真用の化学薬品を取り扱う初めての薬局であった。ただし，同社は数多くの製品を取り扱っていたものの，新物質の探索研究や新製品の開発にはまだ取り組んでいなかった。

　1870年代から，シエーリング社を取り巻く環境に変化が生じた。1877年の特

許法以降，競争優位を確立するうえで，自社で製品を開発することの重要性が高まった。また染料等化学企業が，医薬品事業を展開するようになった。その結果，医薬品市場の競争が増すこととなった。こうした市場環境の変化を受けて，新物質を探索し，独自の新しい医薬品を開発するという戦略を選択することが，自社の存続にとって重要になってきた。シエーリング社は製造工程改良のための研究活動を行っていたが，それだけでなく，新物質の発見やそれに基づいて医薬品を開発する必要が生じたのであった[2]。

1883年にシエーリング社は，分析研究所を設立した。1888年にアルブレヒト・シュミットを同社初の専任化学者として採用した。彼がシエーリング社内で求められた課題は，新しい医薬品の発見と開発であった。シュミットは，同年に分析研究所を科学研究所に改めるなど，シエーリング社の研究開発能力を高めるための取り組みに専念した（Kobrak, 2002, p.35）。1902年にマックス・ドールン博士が入社し，シエーリング社は彼の指揮のもと生理研究所を設立し，1919年に生理研究所と科学研究所を合併させて中央研究所を設立した。新薬の継続的な開発を実現できるよう，組織整備を進めたのである。

こうして，シエーリング社において医薬品の開発が行われるようになった。シエーリング社は，1890年に初めて尿酸性諸疾患「ピペラジン」という医薬品の開発に成功した。この新薬は，回春剤として発売された[3]。そのほかにも，解熱鎮痛剤や消毒剤の開発を行い，1893年には感染症の治療薬として内服尿路防腐剤「ウロトロピン」の開発に成功した。

シエーリング社が開発に成功した医薬品の中で，主力製品となるのはホルモン剤と造影剤であった。ドールンは，代謝過程の研究に関心を持っていた。そのため，シエーリング社はホルモン研究に向かうこととなった[4]。同社は1923年にホルモン研究を開始し，1928年に世界最初の卵胞ホルモンによる更年期障害治療剤の製造に成功した。一方，シエーリング社は創業当初からヨードに注目しており，長期にわたって写真用薬品を取り扱ってきたことから，造影剤の研究に向かったと考えられる（Kobrak, 2002, p.119）。被写体物質の原子番号が大きいほどX線の吸収は大きくなるという特性があり，ヨード（ヨウ素）は，原子番号が53で，造影力が比較的大きいうえに毒性が小さいという特徴もあった（舘野，2002, p.67）。シエーリング社は，「ヨードこそX線造影剤に適

した元素である」(日本シエーリング社史編纂プロジェクトチーム編, 2003, p.11) という発見にたどり着き, 1930年にX線診断用静脈性尿路・血管造影剤「ウロセレクタン」の開発に成功した。ホルモン剤と造影剤の市場への導入を成功させたシエーリング社は, その後の成長を遂げていった。

　成長の過程において, 国際化も進められた。シエーリング社の国際化は, 万国博への参加が契機となった (Kobrak, 1999, p.73)。エルンストは1855年のパリ万国博に参加し, 彼が出展した純度の高いヨード塩類は銀賞を獲得した。彼は, 万国博などでのさまざまな国の人々との知識交流が事業の発展につながることを認識していた (Kobrak, 2002, pp.28-29)。早い段階から世界市場を視野に入れ, 世界のさまざまな人々との接点づくりを狙っていたと考えられる[5]。

　またドイツでは1873年に経済不況が生じ, 国内市場が収縮した。そのため, シエーリング社をはじめドイツ各社にとって, 海外市場の開拓は企業成長にとって魅力的な事業となった。当時, ドイツの化学企業が生み出す化学製品に対する海外からの関心や評価は高かった。実際, ドイツの化学企業による製品の多くは輸出され, イギリス, フランス, ベルギー, アメリカなどで販売された。シエーリング社も1876年のフィラデルフィア万国博が契機となり, 同年にアメリカでの事業を開始した。またオーストラリアでの博覧会に出展するなど, 積極的に自社製品を海外市場でアピールしていった。そして, シエーリング社の海外売上は増大していき, 自社製品の海外市場での評価の高まりを自負するようになった (Kobrak, 1999, pp.75-77)。

　このように, シエーリング社は博覧会などを利用して, 海外市場における自社製品の評価を高めていった。そして, 成長性のある市場に参入して, 国際事業の発展を目指した。1890年に医薬品を開発してから, さらなる研究開発の資金を得るためにも, 海外市場の開拓は必要であった[6]。1879年時点で, イギリス, ロシア, フランス, オーストリア, 北アメリカ, 中南米諸国, 中国, オーストラリア, そして日本を重要輸出先国として位置づけていた。1905年にドイツからロシア向け輸出の最終製品に対する関税が高まったことを受け, シエーリング社はロシアへの直接投資を行い, 製造拠点を設立した。1908年にイギリスにおける製造拠点を設立した (Kobrak, 1999, pp.110-113)。製品の輸出も

積極的に行い，1925年には同社の全生産量の55％が輸出に向けられていた[7]。

日本に目を転じると，シエーリング社の製品はかなり古くから日本市場に供給されていた。例えば，シエーリング社は1901年に電気メッキ用化学薬品の製造を開始し，この時点でヘルラー兄弟商会を輸入販売業者として指名して，ヘルラー兄弟商会がシエーリング社の電気メッキ用化学薬品を日本で販売していた。1905年に，シエーリング社は合資会社友田商店を医薬品の輸入販売業者に決めた[8]。シエーリング社は，友田商店を通して鎮静剤や催眠剤，下剤，淋病薬，麻酔剤，消毒剤などを日本に導入した。そして，1912年に田邊五兵衛商店とも代理店契約を締結した。同社を通して，神経痛・リウマチ治療剤をはじめとした医薬品を日本市場に供給していった。

第1次世界大戦による一時的な中断があったものの，シエーリング社から日本への輸出は継続した。ドイツの化学企業にとって，日本は重要な輸出市場であった。1920年代半ば頃のドイツ産化学製品の輸出のうち，日本市場向けは8.4％であった。これは，アメリカ，旧オーストリア・ハンガリー帝国地域に次ぐ数値であった（工藤，1992，p.11）。この数値からも，シエーリング社にとっても，輸出先市場としての日本の重要性は高かったであろうと推察される。

1933年に，シエーリング社は日本でのさらなる販売強化を目的として，日本への直接投資を行った。そして完全子会社の「日本シエーリング株式会社」が設立された。当初この日本子会社は，販売促進活動のみを担当した。シエーリング社の製品の販売，流通については，代理店が行っていた。その後，「日本シエーリング株式会社」も医薬品の小売販売を行うようになった。シエーリング社は，1940年時点の日本において，神経痛・リウマチ治療薬，解熱鎮痛剤，尿路防腐剤，尿路消毒剤，卵胞ホルモン剤，黄体ホルモン剤，男性ホルモン剤，糖尿病治療剤，淋病治療薬，下剤，船酔い予防・治療薬，静注尿路・腎盂造影剤などを発売していた。ただし，1943年に「日本シエーリング株式会社」は閉鎖されることになった。第2次世界大戦でドイツ工場が被害を受けたため，シエーリング社の製品を日本に供給することが不可能となったからであった。

1-2　戦後の日本参入―日獨薬品への資本参加

第2次世界大戦後，シエーリング社は日本市場への製品供給を再開するため，

1951年に田辺製薬株式会社や武田薬品などと代理店契約の交渉を行った。しかし，これらは契約に至らなかった。というのも，日本の医薬品市場は戦後に抗生物質製剤のブームを迎え，日本製薬企業の多くは抗生物質製剤の開発に注力しており，シエーリング社の医薬品に関心を示す日本製薬企業が少なかったためであった。最終的にシエーリング社製品の代理店となったのが，華僑の張済民が設立した日獨薬品であった。

　広東と香港で大華股份有限公司（グレートチャイナ）を設立していた張済民は，1949年に日本でもグレートチャイナを設立した。張は，シエーリング社の製品を取り扱いたいという熱意を抱いていたため，1951年にシエーリング社の極東支配人と張済民とが交渉を行った。しかし，この時点では代理店契約を結ぶには至らなかった。そこで，代理店契約がないままに，張はシエーリング社製品の輸入販売を行うことにした。そしてグレートチャイナ社内にドイツ・シエーリング新薬部という医薬品部門を設立した。ドイツ・シエーリング新薬部が最初に販売した医薬品は，ほとんどが性・ホルモン剤であった。1952年，ドイツ・シエーリング新薬部をグレートチャイナから独立させ，香港の投資会社が出資して，資本金250万円の日獨薬品株式会社が設立された。代表取締役社長には，張済民が就任した。

　1954年に，シエーリング社と日獨薬品との間で代理店契約が締結された。その際，シエーリング社製品を日本で小分け生産することに関しても，合意がなされた。そして，シエーリング社による日獨薬品への関与はさらに進んだ。これは，両者の利害が一致したためであった。この時期，日獨薬品は経費が売上の45％を占めるまでになっており，運営資金が逼迫していた[9]。そのため，シエーリング社に資金援助を求めていた。一方，代理店契約以降に日獨薬品が売上を伸ばしたことを受けて，シエーリング社は日獨薬品を信頼し，日本でのさらなる売上を狙い，同社への投資を決定した。1957年にシエーリング社は，日獨薬品への投資を目的として，円ベース企業シエラジア有限会社を設立した。日獨薬品が新規発行した増資分をシエラジア社が購入することによって，シエーリング社が日獨薬品に50％出資する形となった。

　シエーリング社は，同年に日本での小分け生産用の企業として，＜日本(にっぽん)シエーリング株式会社＞を100％出資で新たに設立する。同名であるが，戦前の

「日本シエーリング株式会社」とは別物である。1959年に＜日本シエーリング株式会社＞内に工場が完成し，同社は生産活動を開始した。工場における機械等製造設備は，すべてシエーリング社が用意したものであった。その後，1960年に日獨薬品が＜日本シエーリング株式会社＞の工場を賃借し，日本での生産活動は日獨薬品が受け持つこととなった。日本での生産活動は，最終製品の改装から始まり，その後バルク製品の小分包装へと移行した。1967年に日獨薬品は＜日本シエーリング株式会社＞と合併し，シエーリング社の日本事業は日獨薬品に集約された。そして，1969年に日獨薬品は社名を日本シエーリングに改称した。

1-3　初期の日本事業

　日獨薬品は，販売活動に重点を置いた経営を行っていた。同社は，薬局と開業医を主な対象として，単独で直販，直受・直送といった販売活動を実施していた。医薬品を扱う外資系企業としては珍しく，日獨薬品は既存の大手日本企業と提携してこなかった。しかも卸との関係に関しても，主に集金機能を活用するにとどまり，1974年に特約店制度を採用するまで，卸の販売機能を十分に活用してこなかった。要するに，日獨薬品は自らの力だけで製品の普及に努めていた。

　1956年から業務手帳をプロパーに配布し，担当医師の状況などを的確に把握して，効率的な訪問を達成するように工夫した。1958年に日獨薬品は，初めて中・長期計画「合理化２カ年計画」を打ち立てた。プロパーの医師との面接率を高め，限られた人数のプロパーを有効に活動させるべく，製品メーリングを開始した。また医師に景品等を提供するドクターサービス制度も，同年開始された。一方で，日獨薬品の売上債権滞留[10]月数は1962年に8.4カ月，1964年には9.2カ月と長期化していった。これは薬業大手12社の6.7カ月に比べ，かなり長い状態となっていた[11]。そのため，社長の張は，業務手帳の利用の徹底，ドクターサービス制度の適切な使用およびメーリングの積極的活用を訴えた。より計画的な販売を達成できる方法と管理の仕方について，改善を試みたのであった。

　また日獨薬品は1960年代後半から新入社員の教育に力を入れ，1969年に研修

所を設立した。これによって、プロパーの能力の向上を図った。ただし、当時の同社の販売活動は、各プロパーの誠意や人柄に基づいて行われることが多く、しかも製品の添付や価格を主たる訴求点としたものであった。そのため、科学情報の提供を軸とする体系だった販売促進活動が十分に行われていたとは言いがたかった。

日獨薬品は、1961年に副腎皮質ホルモン剤「デキサシエロソン」を慢性関節リウマチの治療薬として発売した。同製品は、開業医や薬局を主な顧客対象としていた。1966年に、同製品は病院向けにも販売されるようになった。日獨薬品は、頭部外傷における脳浮腫の予防や拡張防止にもデキサシエロソンを使用するよう販売促進を行った。また、同製品は放射線宿酔(しゅくすい)や制癌療法時の薬剤として使用されるようになり、1967年からは癌末期における疼痛(とうつう)を緩和する薬剤として使用された。そして、1976年には手術管理の領域での販売が本格的に行われ始めた。

デキサシエロソンは病院市場でも売上を伸ばし、副腎皮質ホルモン注射剤市場において、1971年から1980年まで第1位の売上を誇る製品となった。デキサシエロソンの売上が伸びたことによって、日本シエーリング社の売上高は1970年に100億円を突破した。

このように日本シエーリング社の売上高は増大した。にもかかわらず、同社の利益は悪化していった。その背景には、製薬企業の販売活動に対する日本政府の規制強化の影響があった。厚生省は日本製薬産業における販売姿勢の適正化を求めるようになり、1970年には「医家向け医薬品添付販売禁止」を通達した。こうした政府の動きに呼応して、日本シエーリング社は1968年から販売制度のあり方について検討を始め、ドクターサービス制度と一部行われていたサンプル添付を1970年に廃止した。そして、日本シエーリング社は製品の値引き販売によって売上を伸ばすことを目指した[12]。この値引き販売によって、確かに同社の売上高は伸びたものの、利益は減少した。また同社では、1971年からストライキなどによって稼働率が低下する事態に陥った。そのうえ賃上げ要求もあり、人件費の上昇が生じた。こうした労使問題にも直面したことにより、ますます経費は高まっていった。その結果、日本シエーリング社は1974年に税引き後の当期純損失として6,200万円を計上し、その後も赤字額が増えていった。

2 急成長の達成

2-1 親会社による日本子会社への関与

1960年代以降,日本の医薬品市場は急速に拡大傾向を示した。生産金額で見ると,1960年に1,760億円であったが,1970年に1兆253億円,1980年に3兆4,822億円,1990年には5兆5,954億円に増加した。この間に,日本の医薬品市場はアメリカに次ぐ世界第2位の規模になっていた。このように,外資系製薬企業にとって日本市場の重要性は明らかになっていた。

日本市場の重要性が明白になったにもかかわらず,1970年代初期の日本シエーリング社は赤字を計上し続けている状態であった。そこでシエーリング社は,1970年代に日本を最重要市場の1つと位置づけ,日本事業に注目するようになった[13]。日本子会社の低迷状態を打破するために,シエーリング社は日本事業の建て直しを図った。同社は日本子会社の経営に積極的に関与し始めた。

1973年に,日本シエーリング社の社長を長らく務めていた張済民を退任させた。代わりに,フランス・シエーリング社社長を務めていたフェリックス・テローゼンを日本に派遣し,日本シエーリング社の社長に就任させた。さらに翌年には日本シエーリング社を完全子会社化[14]した。ただし,テローゼン社長時代には,日本事業の経営状態は改善されなかった。日本シエーリング社の社長は,1977年にテローゼンからヨルグ・グラウマンに交代した。グラウマンは韓国シエーリング社社長を務めており,アジア事業の経験を見込まれ,日本に派遣されたのであった。

表5-1は,1980年から1999年までの日本シエーリング社の役員経験者数を示している。この期間の役員の構成では,外国人が多く占めていたことがわかる。すなわち,本社側の影響を強く受ける人材が,経営層の大半であった。日本子会社に対する関与を深めて以降,シエーリング社は日本子会社に対する支配・統制を強化する経営体制の構築を目指していたと推察される[15]。

表 5-1 1980年から1999年までの日本シエーリング社の役員数

(単位：人)

年	外国人 常勤	外国人 非常勤	日本人	年	外国人 常勤	外国人 非常勤	日本人
1980年	1	5	3	1990年	1	10	3
1981年	1	5	3	1991年	1	10	3
1982年	1	5	3	1992年	2	10	5
1983年	1	5	4	1993年	2	6	5
1984年	1	5	4	1994年	2	9	5
1985年	1	7	4	1995年	3	7	5
1986年	2	5	5	1996年	2	7	5
1987年	2	6	4	1997年	3	7	4
1988年	2	7	3	1998年	3	6	5
1989年	2	8	3	1999年	3	5	4

注1）役員とは，名誉会長，会長，代表取締役社長，専務取締役，常務取締役，取締役，監査役を指す。
注2）外国人役員の常勤とは日本に駐在している人材を指し，非常勤役員は日本に駐在していない。
注3）表の人数は，該当年内に役員を経験した人数を示す。したがって，例えば該当年の3月に役員でなくなった人が1名おり，4月から新たに役員になった人が1名いる場合，この2人が役員として同席することはなくとも，ここでは両名をカウントしている。
注4）1980年から1999年までの役員経験者の総数は36人。内訳は，外国人：27人，日本人：9人。
注5）27人の外国人役員のうち常勤経験者は，5人である。
資料）日本シエーリング社史編纂プロジェクトチーム編（2003），472-474頁。関係者（研究開発部門経験）（営業部門経験）への聞き取り（2008年2月26日；2008年3月26日）。

2-2　研究開発能力の強化

　シエーリング社は，日本子会社を従来の販売活動に偏った組織から脱却させることに注力した。特に，適切かつ充実した研究開発活動を実施できる製薬企業として，日本シエーリング社を立て直すことに取り組んだ。その背景には，日本の医薬品市場における環境変化への対応の必要性があった。

　1960年代後半から生じた制度上の変更から，日本で活動する製薬企業は研究開発能力を高めることが求められていた。医薬品の安全性確保を目的として，厚生省は1967年9月13日に「医薬品の製造承認等に関する基本方針について」を発効し，同年10月から実施した。医薬品の承認‐製造，輸入の承認‐審査をより厳格化したのである。それまで，「外国で製造販売されている医薬品の場

合，外国の試験成績データを翻訳し，申請書に添付すれば輸入許可を得ることができた」（日本シエーリング社史編纂プロジェクトチーム編，2003，p.111)。したがって，それまでの日本シエーリング社では，医薬品の製造承認申請に必要な前臨床試験についても行う必要がなかった。ところが，「基本方針」の施行によって，「従来の外国での試験データに加えて日本国内での臨床試験データも必要になった」のである（日本シエーリング社史編纂プロジェクトチーム編，2003，p.124）。こうした環境変化に応じて研究開発能力を高めなければ，医薬品の迅速な承認が達成できず，持続的成長が困難になった。そこで，日本シエーリング社も制度変化に対応して，研究開発能力の強化に取り組み出した。

1960年代半ばから，日本シエーリング社では試験業務が開始された。1966年に，大学新卒の研究要員第1期生として4人を採用する。そして「動物を用いての投薬，検査，解剖などを開始した」（日本シエーリング社史編纂プロジェクトチーム編，2003，p.112）。シエーリング社は技術者たちを日本子会社に派遣し，研究要員に対する技術指導を実施した。ほかにも大阪大学の病理学者を招き，指導を仰いだ。例えば，動物試験全般と血液化学に関する指導がなされた。研究委員の能力を高め，それに伴い日本シエーリング社で行われる試験の数や種類も増えていくようになった。

そして，同社は組織整備にも取りかかった。1968年には「基本方針」に応じて，臨床試験に関する業務および承認申請業務を担当する開発課が設けられた。また動物飼育や前臨床試験の遂行レベルを高めるべく，日本シエーリング社は1969年に研究所を発足させた。研究所には，医学部と企画部とが設置された。同年，日本病理学会評議員であった江角吉造博士を，医学部長として迎え入れた。江角はそれまで大阪大学医療技術短期大学医学部に在籍していた。翌1970年に，日本シエーリング社は研究所と開発課とを統合し，新たに研究開発部を設けた。同部は，「前臨床試験に取り組む研究所と臨床試験を担当する開発課，それに，企画管理課と情報室によって構成され」ていた。「この年から新薬の承認に国内での薬理試験が求められることになり，翌1971年1月から当社（日本シエーリング社—筆者注—）の研究所は一般薬理，効力薬理，薬力学試験を開始した」（日本シエーリング社史編纂プロジェクトチーム編，2003，p.126）。

1971年に医薬品再評価の実施が厚生省から通達され，それに対応すべく日本

シエーリング社は1972年1月に開発第二課を設けた。それに伴い，臨床データ関係は開発第一課の担当とした。その後，同年9月に「前臨床試験をおこなう研究開発第一部と臨床試験・新薬承認申請・薬効再評価をおこなう研究開発第二部の2部制」へと移行した（日本シエーリング社史編纂プロジェクトチーム編，2003，p.126）。

1974年に，研究開発本部が日本シエーリング社に設置された。薬理に関する権威であったハンス・ヨアヒム・グロッツ博士がシエーリング社から派遣され，その本部長に就任した。グロッツの下，日本での研究開発能力の強化に向けた取り組みが進められた。例えば，組織再編と教育の進展があげられる。それまで研究開発本部は，研究開発第一部と研究開発第二部とで構成されていた。これを同年，3部制に切り替えた。第一部に属していた薬理細菌室を分離・独立させ，研究開発第三部とした。「第三部は，炎症薬理，内分泌薬理の第一薬理室と全身薬理，摘出臓器薬理，中枢神経薬理の第二薬理室で構成し，薬理試験部門が強化されることになった。そして，研究開発本部長が第三部長を兼務して直接指導に当たった」のであった（日本シエーリング社史編纂プロジェクトチーム編，2003，pp.126-127）。

1975年11月には，各研究開発部を廃止して，研究第一部・研究第二部・研究第三部，そして開発部を新設し，4部制へと組織を変更した。第一部は従来の毒性試験などを実施し，第二部は薬理試験を担当した。第三部は薬物動態学や生化学的試験，放射性物質の管理運営を行った。そして，開発部は，「新薬の企画，研究開発計画の立案，臨床データの取得，新薬承認関係書類の作成・再評価などの業務」を実施する組織とされた（日本シエーリング社史編纂プロジェクトチーム編，2003，p.127）。

当時の日本シエーリング社は，「普段から厚生省や審査員の先生などへ情報収集する体制をとってきていない為，制度の導入後に，求められる試験が刻々と変わったが，その情報の入手に遅れをとった」状態であった[16]。すなわち，同社は，医薬品業界に関する情報収集力という点で，劣位にあった[17]。そもそも同社は薬局や開業医を主な対象として事業を展開してきた背景があり，大学病院や大手病院に勤務するオピニオンドクターに接する機会も少なかった。そのため，オピニオンドクターから有力な情報を得ることができていなかった。

また，日本シエーリング社は直販や直受・直送といった独自の販売方式をとっていたため，卸との関係も弱かった。しかも，ほかの多くの外資系製薬企業と違い，日本製薬企業と連携した販売活動や事業展開を試みてこなかった。したがって，日本の卸や日本製薬企業から，日本の医薬品業界に関する情報を入手することも十分にできていなかった。

江角はこうした情報格差を認識し，日本製薬工業協会の総会やその組織内の部会等に日本シエーリング社の人材を参加させた。そうした会に参加することによって，承認に関する制度変更の情報入手を積極的に行ったのであった[18]。

また，日本シエーリング社は「新薬申請に必要な試験等の情報入手不足と申請書を作成するのに必要なノウハウ（概要の作成など）が充分でない為，申請書類ができるまでに時間がかかり，申請した時には指示事項，特に新しい試験結果（追加試験）が求められ，承認が遅れる結果」[19]となっていた。そこで，専門家を社内に迎え入れ，従業員教育を実施するなどし，状況の改善に努めた。1975年6月に，研究開発のスペシャリストであった守屋尚二を他社から迎え入れた。守屋は社長顧問となり，研究開発全般の調査・研究に従事した。その後，守屋は開発部長に就き，同部が担当する研究開発に関する企画・立案から承認申請や再評価に至る幅広い業務について指導した。1975年7月には，ペンシルベニア大学医学部ジョンソン研究所に在籍していた生化学の専門家である押野臨博士を迎え入れた。押野は1976年に研究開発第三部の部長に就き，同部が実施していた各種試験に関する管理運営を行った。すでに在籍していたグロッツや新しく日本シエーリング社に着任した守屋，押野らを中心にして，従業員に対する指導を展開した。

こうした一連の従業員教育および現場での実践によって，日本シエーリング社は，各従業員ひいては組織における科学知識の水準を高めることができた[20]。組織における科学知識の水準を高めることができれば，医師に提示する情報の質を高めることができる。知識や情報の質を高め，それを的確かつ効率的に医師——特にオピニオンドクター——に伝えることができれば，彼（女）らと信頼関係を構築することが可能になろう。したがって，研究開発能力を強化するだけでなく，情報発信といった販売促進能力の強化も必要であった。そのため，シエーリング社は，販売促進活動に関する知識も日本シエーリング社に移転した。

日本子会社の販売部門に人材を派遣し、彼を軸とした従業員教育を実施した。教育内容としては、例えば、科学知識を基礎にしたコミュニケーションを医師と行うための手法や、マーケティングに関するものなどであった。

こうして、日本シエーリング社は研究開発能力および販売促進能力の強化を果たした。特に研究開発能力はこの時期にようやく獲得できたものであり、これによって、同社は研究開発から生産、販売に至る職能の統合を成し遂げたといえる。

また、研究開発の効率化を目的として、同社では1976年から1977年にかけて開発品目の選別が行われた。こうした取り組みの結果、久々の新薬として、1979年に経口黄体・卵胞混合ホルモン剤「ドオルトン錠」が、翌年に外用合成副腎皮質ホルモン剤「ネリゾナ」が発売された。

2-3　皮膚用製剤ネリゾナの成功

1970年代後半の日本シエーリング社は、デキサシエロソンの売上に大きく依存していた。この時期、売上高の40％以上をデキサシエロソンが占めていた。しかし、薬事法の改正に伴い、医薬品使用の適正化促進の動きを受けて、1979年にデキサシエロソンの投与量についての見直しが求められることになった。その結果、同製品は、1980年以降販売量が減少していった[21]。そのため、日本シエーリング社は新薬の市場導入およびその普及を実現して、デキサシエロソンに大きく偏る売上構成を是正しなければならなかった。

日本シエーリング社が1980年に発売したネリゾナは、売上を伸ばすことに成功した。ネリゾナは同社が初めて詳細かつ計画的なマーケティング・プランを練り、本格的にオピニオンドクターへの働きかけを行った医薬品であった。以下、同製品の市場導入およびその普及プロセスを見ていこう。

シエーリング社は、外用コルチコイド[22]の開発を進め、1967年に吉草酸ジフルコルトロンの合成に成功した。この物質について、スイスのロシュ社と共同研究を進めた。1975年にスイスで承認を得て、製品名を「ネリゾナ」として発売した。

日本では、1974年2月に日本シエーリング社と日本ロシュ社との間で共同開発の契約が結ばれ、同化合物に関する前臨床試験を開始した。1976年1月に、

臨床試験へと進んだ。1978年4月に日本シエーリング社は製品名を「ネリゾナ」、日本ロシュ社は製品名を「テクスメテン」として製造承認申請を行った。そして、1980年6月10日に両製品は同時に承認された。

ネリゾナは医家向け外用コルチコイド単味剤[23]であり、日本での該当市場は、1980年頃に380億円の市場規模を有していた。この市場では、田辺製薬、塩野義製薬、第一製薬、大日本製薬、協和発酵、鳥居薬品、日本チバガイギー、日本グラクソなどがシェアを争っていた[24]。この市場に新たに参入するネリゾナの売上を伸ばすためには、ネリゾナの優位性を明確にし、それを医師に浸透させなければならなかった。

1979年1月にシエーリング社の支援を受け、日本シエーリング社内にネリゾナプロジェクトチームが結成された。このチームは、同社で初めて詳細なマーケティング・プランを作成し、マーケティング活動に取り組んだ。同チームが具体的に取り組んだ主な活動は、以下のとおりである（日本シエーリング社史編纂プロジェクトチーム編、2003、pp.180-181）。

① 製品戦略を支えるための各種治験
② 採用ドクター選択のための市場調査活動
③ オピニオンドクター活動のための全国主要9大学皮膚科を軸とする系列グループ治験
④ 製品特徴を明確にするドクター用ブロシュア類、問屋セールス用パンフレット、問屋セールス用ポケットカードなど販売促進ツールの作成
⑤ 部位別皮膚病図譜3部作の作成
⑥ 統一された宣伝手法やデザインのもとに作成される雑誌広告
⑦ 特約店活動[25]や価格政策

ネリゾナの優位性を確定させるべく、さまざまな試験が試みられた。そして、それら試験結果から、ネリゾナの優位性は明らかになった。日本でネリゾナを発売する以前に、ミュンスター大学のピーター・J.フロッシュ博士とシエーリング社のハンス・ベント博士が、「ネリゾナユニバーサルクリームを含む7種類のクリーム製剤を使って皮膚萎縮および毛細血管拡張のデューリングチャン

バー試験での研究に取り組んでいた」(日本シエーリング社史編纂プロジェクトチーム編, 2003, pp.181-182)[26]。その目的は, ネリゾナおよび他社製剤の効力と副作用を明らかにすることであった。その試験結果についてのフロッシュの未発表論文「ステロイド誘発性皮膚萎縮に関する新しい試験方法およびネリゾナの高い安全性について」が, 早々に日本シエーリング社に寄せられた。その内容は,「効力と副作用には正の相関関係がある」という, 従来ステロイド外用剤で常識とされてきた概念を覆し,「効力と副作用の乖離」という新しい概念を提示するものであった（日本シエーリング社史編纂プロジェクトチーム編, 2003, p.182)。

この試験結果を受けて, ネリゾナプロジェクトチームは, 日本人の皮膚に対して同じ試験を行うことを計画した。同じ試験を実施して, 日本人でも同様の結果を得ることができれば, 日本におけるネリゾナの画期性を証明でき, 差別化につながると考えたからであった。

1979年10月から徳島大学医学部皮膚科教授の武田克之の指導の下, 日本で初めて「ヒト皮膚萎縮試験」を実施した。他の製品とネリゾナとの比較が行われ,「ネリゾナユニバーサルクリームの皮膚萎縮作用はその基剤と同等であり, その他の成分を含む4製剤より有意に優れる」ことが証明された（日本シエーリング社史編纂プロジェクトチーム編, 2003, p.183)。すなわち, 日本人に対してもネリゾナが有効であることが明確になった。

ヒト皮膚萎縮試験のほかにも各種臨床試験が実施された。北海道大学系, 東北大学系, 東京大学系, 名古屋大学系, 大阪大学系, 広島大学系, 徳島大学系, 岡山大学系, 九州大学系の9系列の大学, 基幹病院において, ネリゾナの臨床試験が実施された[27]。臨床試験に関しては, これら大学の人材を班長として各地域にネリゾナ臨床研究班を設け, 臨床試験を行った。例えば, 北海道地区では北海道大学医学部の三浦祐晶を班長とし, 私立小樽病院, 旭川医科大学, 北辰病院, 私立札幌病院, 私立旭川病院, 斗南病院, 私立釧路病院, 札幌鉄道病院, 新日鐵室蘭病院, 国立札幌病院のメンバーが臨床試験に参加していた[28]。こうしてネリゾナの有効性と安全性に関しての確証を充実させるとともに, 大学病院, 基幹病院の皮膚科専門医からネリゾナの評価を得ることができた。

ネリゾナの市場導入およびその普及を促進するために, 日本シエーリング社

は皮膚病領域のオピニオンドクターに対する働きかけを行った。同社は，東京大学医学部皮膚科学教室の久木田淳教授に働きかけ，共同で皮膚疾患の部位別写真集『実地医科のための部位別皮膚病図譜』の作成に取りかかった。そして1980年から1982年にかけて，全3巻の図譜が発刊された。この図譜の作成の背景には，ネリゾナの販売促進用の資料を充実させるという目的のみならず，当時日本皮膚科学会会頭であった久木田教授との関係を確立するという目的も存在していた[29]。皮膚疾患に関する科学知識の共有を通して，久木田教授と信頼関係を構築することによって，彼の学会内での影響力などを有効に活用することを狙っていたわけである。さらに，同社はオピニオンドクターを講師として，外用コルチコイド剤の一般的トピックスをテーマとした地域講演会や専門的な内容をテーマとしたシンポジウムを開催した[30]。こうして，多くの医師に対して，ネリゾナに関する情報を効率的に発信していったのであった。

　外用コルチコイド単味剤市場において，ネリゾナは1981年に5.8％のシェアを獲得し，同市場第8位のシェアとなった。1983年に，7.3％のシェアを獲得して第2位となり，1985年には第1位となる9.5％のシェアを占めた。これ以降，1997年までネリゾナは同市場において第1位のシェアを維持し続けることに成功した。

2-4　造影剤での大成功

　シエーリング社の日本事業の始まりは性・ホルモン剤の発売であったが，その後すぐに，シエーリング社が長らく研究開発を行ってきた造影剤も日本で発売された。1954年に静脈性胆嚢造影剤「ビリグラフィン」を，翌年には静脈性尿路・血管造影剤「ウログラフィン」を発売した。日本シエーリング社の売上の大半をデキサシエロソンが占めていた時期においても，造影剤は同社の売上高を支える柱の1つであった。その後，日本シエーリング社は1980年代から急速に売上高と利益を伸ばすことに成功した（図5-1）。同時に，売上高のほとんどを造影剤等画像診断用製剤が占めるようになった（図5-2）。日本シエーリング社の急成長は，新しい造影剤の市場導入とその普及によるところが非常に大きかったのである。

　日本シエーリング社は，1981年1月に新しい非イオン性造影剤[31]「アミパー

図5-1 ■日本シエーリング社の業績推移

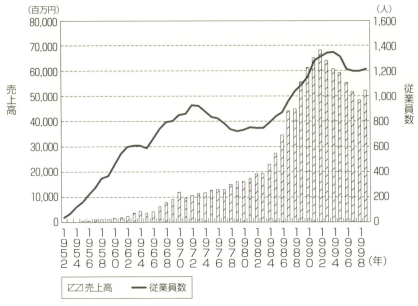

資料）資料「業績関係資料」、『医薬品企業総覧』各年版より作成。

ク」を発売した。アミパークは，それ以前の脳・脊髄造影剤に比べ，脳・脊髄疾患診断のための微細なレリーフ像を得ることができ，しかも安全性や患者の負担の軽減という点に優れていた。当時としては，画期的な新薬だった[32]。

　日本シエーリング社は，アミパークの適応症を脳・脊髄撮影に絞って，開発を開始した。1978年1月から12月の期間に，一般臨床試験が全国17大学の脳神経外科，放射線科，整形外科で行われた。また同年4月から10月にかけて，千葉大学整形外科井上駿一教授を中心として，全国17大学で比較試験が行われた。試験の結果，アミパークは臨床対象薬に対して副作用が少ないことが明確になり，アミパークの優位性は明らかとなった。アミパークは1980年10月に承認され，同年12月に薬価収載された。従来のイオン性造影剤では使用できなかった脳槽，脳室造影を可能にしたことから，アミパークは従来の造影剤に比して非常に高い薬価を獲得することができた[33]。

　日本シエーリング社は，アミパークを取り扱う医学領域の医師に対して，科

図5-2 ■日本シエーリング社売上高における薬効別の割合

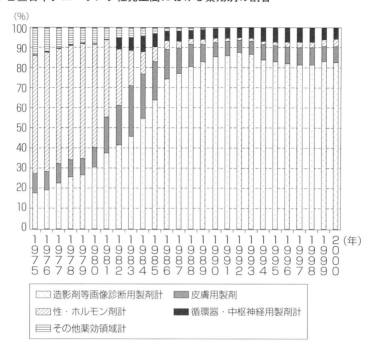

注）副腎皮質ホルモン剤デキサシエロソンはさまざまな薬効領域で用いられていたが，ここでは「性・ホルモン剤」に分類している。
資料）資料「業績関係資料」より作成。

学知識の提供を基礎にした関係の構築に努めた。アミパークを最も早く臨床使用し，世界に先駆けてその有効性を発表していたノルウェーのオスロ大学神経放射線科医スカルペ博士を，承認以前の1980年4月に日本に招聘した。そして1週間にわたり，日本シエーリング社内での教育的講演を行ったり，日本各地での講演や日本のオピニオンドクターとのディスカッションなどを行ったりした。また，各営業所で勉強会を行い，さらにオピニオンドクターを営業所へ招いて講演会を開催するなどして，同製品に関する情報発信に努めたのであった[34]。

日本シエーリング社は，整形外科，脳神経外科，神経内科のオピニオンドクターとともに「脊髄シンポジウム」を組織し，1980年8月に第1回会合を開催

133

した。当時の日本において，脊髄造影は整形外科と脳神経外科を中心に行われていたため，上記の3科のオピニオンドクターをまずターゲットとして，彼(女)らとの情報共有の場を設けたのであった。このシンポジウムにおいて，参加者はシエーリング社の製品のみならず最先端の研究動向などの科学知識についての議論を行った。日本シエーリング社は，このシンポジウムを通して，オピニオンドクターにアミパークの優位性を直接伝達できるとともに，オピニオンドクターたちと造影剤に関するさまざまな知識を共有することができた。このシンポジウムは，日本シエーリング社の「学会活動や研究会活動のさきがけとなるものであった」(日本シエーリング社史編纂プロジェクトチーム編，2003，p.192)。その後，このシンポジウムに放射線科の医師も加わるようになった。放射線科医による使用がなされれば，新たな造影剤の売上拡大が見込めるため，放射線科のオピニオンドクターへの働きかけが必要との思惑が日本シエーリング社にあったと考えられる。

また「脊髄シンポジウム」のみならず，放射線領域の全国学会―日本医学放射線学会など―および全国各地の地域研究会―神経放射線研究会など―に対しても，日本シエーリング社は組織的な参画・支援を行った。こうした一連の取り組みを通して，日本シエーリング社はアミパークに関連する領域のオピニオンドクターとの関係を深め，信頼関係を築いていったと考えられる。

1984年3月に，脳・脊髄撮影以外にも脳血管撮影，小児血管心臓撮影，四肢血管撮影へと適応症を拡大した「アミパーク6.75」が発売された。アミパークは用事調剤であったため，使用時の溶解の繁雑さなどの問題があった。そこで，同年8月に「AP6.75の対応策」を発表し，大学病院を中心とした基幹病院を対象にして，溶解の面倒さを克服するために溶解器の使用を勧めていった[35]。

製品の画期性の実証，情報の発信ならびに適応症の拡大を実現したことによって，アミパークの売上は伸びていった。1983年時点でのアミパークの売上高は12億円であったが，1985年のアミパークおよびアミパーク6.75の売上高は70億円となった。このようにして，アミパークは市場に受け入れられていった。

アミパークの開発は，使用が困難な脳・脊髄での造影に絞って行われていた。そして，その開発に成功したことによって，同製品は高薬価を獲得した。これは，日本シエーリング社の後続の造影剤にプラスの影響を与えた。特に薬価に

関して，アミパークの薬価が新薬の薬価算定の基準となったため，後続品は高薬価を獲得することができた。1986年に日本シエーリング社は非イオン性尿路・血管造影剤「イオパミロン300」，「イオパミロン370」を発売した。この新しい造影剤も高薬価を獲得することができた。アミパークは用事調剤であったが，イオパミロンは使用準備済み製剤であったこともあり，急速にアミパークに代替して売上を伸ばした。さらに，日本シエーリング社は，アミパーク，イオパミロンに次いで，1987年にも脳・脊髄撮影領域における新しい非イオン性等浸透圧造影剤「イソビスト240」を発売した。これら新薬は売上を伸ばし，日本シエーリング社の急成長につながった。

　これら新しい非イオン性造影剤が売上を伸ばした要因の1つとして，非イオン性造影剤の有効性や安全性に対する認知が高まったことがあげられる。1986年9月に，順天堂大学放射線科医学教室の片山仁教授を委員長とした「造影剤の安全性に関する委員会」が設けられた。この委員会は，非イオン性造影剤とイオン性造影剤に関しての大規模な副作用調査を実施した。調査は大学病院の放射線科を中心とする全国198施設で開始され，総数35万2,817症例が集められた。大量の症例を確保できたため，調査結果の信頼性は高いものとなった。そして，その結果は，安全性において非イオン性造影剤のイオン性造影剤に対する優位性を明確に示すものであった（表5-2）。この調査結果は，北米放射線学会の学会誌に発表された。また片山自身の講演活動などを通して，非イオン性造影剤の安全性の高さに対する認知は広まっていった。

　日本シエーリング社も説明会を開催し，またこの調査結果を活用した販売促進活動を展開して，非イオン性造影剤の有効性を医師に対して訴えていった。こうした働きかけを受けて，医師側もシエーリング社の非イオン性造影剤に対する関心を高めていく。1987年に開催された日本医学放射線学会第46回学術発表会において，造影剤に関する報告は全部で12報告あった。そのうち，シエーリング社製品であるアミパークやイオパミロンを使用したうえでの報告と明らかに判断できるものは，6報告あった[36]。

　非イオン性造影剤の有効性に対する認知が高まり，同製品の需要は拡大した。尿路・血管造影剤市場自体の規模が拡大し，かつ同市場ではほとんどが非イオン性造影剤によって占められることとなった。市場規模の拡大に応じて，イオ

表5-2■非イオン性造影剤とイオン性造影剤の副作用に関する比較

副作用の程度	非イオン性造影剤	イオン性造影剤
	168,363例	169,284例
	発現率（％）	発現率（％）
総副作用	3.13	12.66
重篤	0.04	0.22
極めて重篤	0.004	0.04
死亡	0.00	0.00

注1）重篤副作用とは，呼吸困難，急激な血圧低下，心停止，意識消失の症状のうち，治療を必要としたものを指す。
注2）極めて重篤な副作用とは，重篤副作用のうち，麻酔科の応援を依頼したものもしくは入院を必要としたものを指す。
資料）資料「造影剤関連資料」。

パミロンも売上を急速に伸ばしていった[37]。1992年度の日本シエーリング社の医薬品の全売上高623億円に対し，イオパミロンの売上高は458億円であった。売上高に占める割合は74％にも及んでいたのである。

1980年代の急成長によって，日本シエーリング社はシエーリング社グループ内における地位を高めた。1987年には，シエーリング社グループ全体の売上高の11.5％が日本事業によるものであり，グループ第2位の割合を占めるまでになった。ただし，シエーリング社グループの医薬品事業に限定すれば，日本はグループ内第1位の22％を占めていた。さらに，1993年度の日本事業の売上高は，グループ全体の約5分の1を占めるまでに成長した。

また日本シエーリング社は，造影剤に関連するオピニオンドクターとの関係構築および関係の持続的深化に努めた。例えば，彼（女）らの研究活動を支援する試みがなされた。画像診断に関する医用工学技術は急速に進歩しており，既存造影剤の使用に関する検討や新しい造影剤に関する研究を行うためには，新しい装置を使った基礎的研究が必要となっていた。そこで日本シエーリング社は，MRI造影剤マグネビストの開発を目的に，血液や尿などの生体試料や医薬品の構成元素を定量測定するICP（高周波誘導結合型プラズマ）を1986年に社内に導入した。同社は，この装置を利用した研究を行うとともに，外部からの研究依頼を受けた。この装置を用いて，「診断に最適なX線像を得るための造影剤の注入量・注入速度・撮影タイミングを解明するため，造影剤の血中濃

表5-3 ■ヨウ素分析の依頼検体数

年	依頼を受けた件数
1985年	397
1986年	280
1987年	1,582
1988年	1,924

注）1986年にICPを購入する以前も，日本シエーリング社はヨウ素分析に関しての依頼を受けていた。
資料）資料「ICP資料」。

度の測定を経時的におこなったのをはじめ，造影剤を使った検査のあと透析患者から除去された造影剤の量の測定」が行われ，また「造影剤の吸収・分布・排泄のされ方を確かめ，病気の状態がX線像にどのように反映するか知るため，造影時に体内にある造影剤のヨウ素量を経時的に把握する測定」も行われるようになった（日本シエーリング社史編纂プロジェクトチーム編，2003，pp.254-255）。従来のヨウ素定量法では，3日がかりで40検体程度の分析にとどまっていたが，このICPの利用によって1日で100検体以上の試料を分析することが可能となった[38]。

そして，1989年までに，日本シエーリング社の本拠地である関西圏のみならず全国52の施設からこの装置を用いたヨウ素分析の研究依頼が同社に寄せられた[39]。依頼件数は，1987年から急増していった（**表5-3**）。こうした機器の利用機会の提供などによっても，同社は画像診断に関する医師との関係をより深めることに成功したといえる。

3　新しい市場への参入

日本は高齢化社会が進展し，生活習慣病といった慢性疾患が増大していった。これを受けて，1980年代に医薬品市場ではニーズの変化が生じてきた。すでに述べたように，慢性疾患の増加によって，循環器官用薬，中枢神経系用製剤，消化器官用製剤などに対するニーズが拡大し，これら治療薬の生産額は高まった。一方，シエーリング社が日本で取り扱っていた製剤は，これら治療薬に比べると市場規模は小さかった。特に，造影剤に関しては，市場は拡大しているものの，その規模は一貫して非常に小さいものであった（図3-1）。

造影剤等画像診断用製剤の売上を伸ばしたことによって，1980年代後半には日本シエーリング社における医薬品売上高の8割以上を造影剤等画像診断用製剤が占めるようになっていた（図5-2）。市場の変化と自社の状況を踏まえ，日本シエーリング社はさらなる成長に向けた新たな方針を検討するようになった。売上高構成の偏重を是正する必要性を認識し，企業成長のためには成長性があり，市場規模の大きい薬効の市場に参入しなければならないと考えた[40]。

　シエーリング社グループ全体の売上高を見ると，造影剤以外の治療薬の売上も相応にあった。後年の数値になるが，1994年時点のシエーリング社グループ全体の売上高に占める造影剤等画像診断用製剤事業の割合は36％であり，確かにこの事業は主力事業であり続けていた。一方で，性・ホルモン剤事業が30％，治療薬事業が24％を占めている[42]。すなわち，シエーリング社グループ全体では，日本子会社のように画像診断薬事業のみが突出した成果をあげているわけではなかった。したがって，日本シエーリング社も造影剤以外の事業を成功させることによって，グループ全体の売上構成のようなバランスのとれた状態としたうえで，企業成長を目指したのであった。

　1983年に長期的戦略計画の策定を宣言し，同時にドイツ親会社で採用していた戦略分野別ユニット（Strategic Business Unit）という考えを導入した。これは戦略分野を設定し，各分野に製品を割り振り，その分野ごとで戦略を立案するという考えであった。ここには，戦略分野単位で親会社と日本子会社との連携を強化するという狙いもあった。シエーリング社としては，親会社やグループで確保した製品を日本に供給することを基本としながら，親会社と日本子会社との連携を図り，日本市場における特殊性や日本での開発可能性を考慮した戦略の立案を目指していた[41]。

　そして，日本シエーリング社は，循環器官用薬，中枢神経用製剤といった主要薬効領域の治療薬市場への参入を試みた。1983年に，同社は従来からのX線造影剤，皮膚用製剤，性・ホルモン剤以外の市場へ参入することを図り，受胎調節医薬品，老人病治療薬，中枢神経用製剤，循環器官用薬，非ステロイド抗炎症剤，潰瘍病治療薬を開発することを計画した[43]。1985年に，ドイツ親会社の医薬品部門の戦略に合わせた事業展開をするべく，日本シエーリング社は医薬品事業戦略の見直しを行った。その際，X線造影剤などすでに取り扱ってい

る製剤分野と新しく参入する製剤分野とに戦略分野を分類した。戦略分野ごとに親会社と連携を取りながら，新薬の市場導入を目指した。

　日本シエーリング社は，老人の脳血管障害治療剤「オイナール」によって，主要薬効の治療薬市場へ本格的な参入を果たした[44]。老人の脳血管障害治療剤市場の規模は，1980年代初めの時期に約1,400億円であった。そして，主要競合品の年間平均売上高は100億円を超えていた。そのため，日本シエーリング社はオイナールの年間売上高も100億円を超えることを狙っていた。

　オイナールの成分はマレイン酸リスリドである。これは低用量域で血管性頭痛や精神障害患者の不安に対する改善効果があり，西ドイツなどでは偏頭痛予防薬として発売されていた。一方，日本シエーリング社は日本での老人市場の規模拡大を考慮し，老人向けの「脳梗塞，脳出血，脳動脈硬化症に基づく諸症状の改善」（日本シエーリング社史編纂プロジェクトチーム編，2003，p.260）を適応症として開発を進めた。これは，シエーリング社グループで初めての試みであった。

　日本シエーリング社は，1976年にマレイン酸リスリドの前臨床試験を開始し，臨床試験では安全性を最重視して，「前記脳波分析による抗不安および精神賦活作用を期待しうる最低用量0.025mgを一回投与量とし」た[45]。新薬承認申請の基礎データ収集のために，当初はサンド社の「ヒデルギン」を対照薬とした他施設二重盲検試験を実施した。これを含めた二重盲検試験でオイナールの有効性を示す結果を得ることができた。そのため，日本シエーリング社は1982年に新薬の承認申請を行った。しかし，二重盲検試験対照薬の選定に関して問題があるとの指摘を厚生省から受けたことによって，この時点での承認には至らなかった[46]。結局，当初の予定より3年も開発に時間がかかってしまった。ようやく，1987年にオイナールは発売された。

　オイナールの開発の段階から，日本シエーリング社はこの製品を取り扱うであろう医師との関係構築を図った。オイナールに関連する領域の医師を動員し，医師と科学知識の共有を果たすなど，医師との協働を試みた。同社は「ニューロトランスミッターと疾患研究会」を組織し，神経伝達物質であるニューロトランスミッターに関する研究を行っているオピニオンドクターを動員した。研究会は約10年間にわたり定期的に開催された[47]。同社は，開催ごとにその報告

内容をまとめたものを刊行し,医師に対して情報を提供し続けた。医師の求める科学知識を提供することによって,医師の知的好奇心を満たすことに尽力したのであった。この医師との関係構築の図り方は,脊髄シンポジウムなどで培ってきた学会活動や研究会活動に関する経験をそのまま活用したものであった。

ところが,オイナールを使用すると見込まれる医師は,ニューロトランスミッターの研究に携わる医師のみではなかった。オイナールを取り扱う医師たちは内科医であり,内科医の数は非常に多かった。しかも,それぞれの社会的ネットワークは複雑であった。事実,オイナールに関連する学会についても,多数存在していた。「脳血管障害治療関係及び主要ターゲットグループドクターが関与する学会の中で,特に日本シエーリング社が継続して参画すべきものは,1.日本内科学会。2.日本循環器学会。3.日本精神神経学会。4.日本神経学会。5.日本老年学会。6.日本高血圧学会。7.日本動脈硬化学会。8.日本脳卒中学会。9.日本脳波・筋電図学会。10.日本脈管学会。11.日本リハビリテーション学会。12.ニューロトランスミッターと疾患研究会」[48]と,複数の学会・研究会をターゲットにする必要があることを日本シエーリング社は理解していた。

しかしながら,「これらの学会,研究会のうち,発売直前現在日本シエーリング社が積極的に関与しているのは,12.ニューロトランスミッターと疾患研究会であり,オイナールの製品戦略を考える上で最大限の活用を考えるべき研究会であり,強いコンタクトを進めていかねばならないが,他の学会についてはコンタクトはほとんど無く情報も非常に乏しい」[49]という状況に,オイナールを発売する時点の日本シエーリング社は置かれていた。すなわち,オイナールに関連する内科医の社会的ネットワークは多数存在していたにもかかわらず,日本シエーリング社はそれら社会的ネットワークとの連携が十分にできていなかったのである。

医師との関係が弱く,しかも自らが持つ販売網が十分でない場合,他社と連携し,共同販売を行うことによって製品の普及を実現するという選択肢もある。しかし,日本シエーリング社はその選択を行わなかった。日本シエーリング社は,創業後これまで大手の日本製薬企業と連携せず,自社単独で製品の普及を

行ってきた。オイナールの発売に際しても，これまでの経緯と同様に，大手の日本製薬企業とは連携しない方針を選択した。

というのも，同社はオイナールの成功も自社単独で実現しうると考えていたためであった。これまでのネリゾナや造影剤の成功も，同社は単独で実現してきた。こうした成功体験から，新薬の普及に関する能力は非常に強化されていたと日本シエーリング社は認識していた。また，オイナールは新しい市場領域に本格的に参入する，いわば今後の成長に向けたターニングポイントとなる新薬と位置づけられており，自分たちだけの手で普及に努めないと従業員のモチベーションの低下につながるという考えも日本シエーリング社にはあった[50]。

他社との共同販売による市場開拓を目指すべきではないかという慎重論も一方ではあったものの，上記の考えに基づき，それは採用されなかった[51]。このように，日本シエーリング社はネリゾナ，造影剤事業の成功体験があるがゆえに，新規市場への参入とその成功は可能であるという認識を持っていた。

しかしながら，日本シエーリング社が多数の医師のネットワークとの連携を単独で果たすことは困難を極めた。しかも，1980年代に山之内製薬や武田薬品といった大手の日本製薬企業も，この老人の脳血管障害治療剤市場に参入してきた。また，オイナールの承認と同時期にエーザイなども新薬の承認を受けた。その結果，競合他社がひしめくこの市場でオイナールは苦戦を強いられたのであった。

4　造影剤市場での競争激化

同じ頃，日本シエーリング社が大きなシェアを占めていた尿路・血管造影剤市場も，競争が激しさを増してきた。1987年に第一製薬が「オムニパーク」を，栄研化学株式会社が「ヘキサブリックス」を発売した。これらも非イオン性造影剤であった。1992年には山之内製薬も非イオン性造影剤「オプチレイ」を発売した。こうした市場競争の高まりを受けて，日本シエーリング社は同市場におけるシェアの防衛に注力するようになった。

日本シエーリング社は，造影剤事業に経営資源を集中的に配分した。**表5-4**は，1987年と1991年における同社のプロパーに関する領域別配分計画を示し

ている。同表から，造影剤事業に集中的に資源を投下したことがわかる。大学病院や基幹病院を訪問する「病専プロパー」に関しては，1987年時点で造影剤事業に47％の人員を配置していたが，1991年には72％の人員を配置していた。造影剤の主なターゲットとなる放射線科などは大学病院をはじめとする大病院に設置されていることが多い。そのため，病専プロパーの多くを造影剤事業に配分したと考えられる。中規模病院や診療所などをターゲットとする「病診プロパー」に関しても，造影剤における割合は大きく増えていることがわかる。

それに対して，中枢神経用製剤事業に関しては，病専プロパー・病診プロパーともにその数値を低下させている。残念ながら，1987年と1991年の同社における病専プロパー・病診プロパーそれぞれの人数は把握できていない。したがって，中枢神経系用製剤事業に配分されたプロパー数が増加したのか，減少したのかまではわからない。だが少なくとも，この間に中枢神経系用製剤事業などの新規事業に対する投資意欲は乏しくなったことが，この配分比率の推移から読み取れよう。

さらに日本シエーリング社は，1993年8月にホープ（HOPE）プロジェクトを立ち上げる。HOPEはHigher Organizational Productivity and Efficiency（組織のより高い生産性と効率）の略であり，このプロジェクトの目的は，市

表5-4 ■プロパー配分計画（1987年，1991年）

（単位：％）

1987年	造影剤	皮膚用製剤	性・ホルモン剤	中枢神経用製剤	その他	合計
病専プロパー	47	28	5	20	0	100
病診プロパー	16	46	10	25	3	100

1991年	造影剤	皮膚用製剤	性・ホルモン剤	中枢神経用製剤	その他	合計
病専プロパー	72	6	3	18	1	100
病診プロパー	54	11	13	19	3	100

注1）病専プロパーは，大学病院等基幹病院を担当するプロパーである。川上作戦の中心的役割を担っている。
注2）病診プロパーはエリアマーケティングを基本とするプロパーである。中規模病院や開業医市場および精神病院等専門病院が担当である。
資料）資料「1987年営業計画」，資料「1991年営業計画」より作成。

場競争に打ち勝つためのより高い生産性と効率の良い組織づくりを検討することであった。ホーププロジェクトでは，顧客ニーズの明確化，それに対する日本シエーリング社の現状評価，そして今後より高い生産性で顧客のニーズに応じるための対策に関する検討が行われた。その結果，日本シエーリング社は，高い生産性をあげ続けていくために，造影剤等画像診断事業に資源を集中させるという方針を採用した。それによって，この事業での競争力を高めていくことが目指された[52]。診断用製剤事業はチャンスが大きく，ここに重点的に資源を配分することが企業成長にとって必要と判断したのであった。

日本シエーリング社の造影剤は，同社の治療薬製品に比べて，薬価が非常に高かった（**表5-5**）。そのため，造影剤の納入先を新規に1件獲得すれば，大幅な売上増を実現したことになる。したがって，造影剤の売上に注力することは，企業成長という点から考えてもある種合理的な判断でもあった。

表5-5■日本シエーリング社主要製品の収載時薬価

製品	発売年月	収載薬価（円）
ネリゾナ	1984年12月	120.00
アミパーク3.75	1981年1月	9,024.00
アミパーク6.75	1984年3月	14,166.00
アデスタンG	1985年7月	99.20
イオパミロン300（20ml）	1986年8月	4,952.00
イオパミロン370（20ml）	1986年8月	6,107.00
イソビスト240	1987年8月	8,657.00
オイナール	1987年11月	50.00
マグネビスト	1988年9月	21,933.00
エバミール錠	1990年8月	35.20
イソビスト300	1991年12月	11,110.00
ネリプロクト	1993年9月	69.90
ノバロック錠	1993年9月	70.30

資料）資料「販売製品に関する資料」。

ホーププロジェクトを受けて，1995年に日本シエーリング社は自社製品の優先度を改めて設定した。そして，造影剤は最重要な「中心製品」と位置づけられた（**表5-6**）。そして，MRなど販売・マーケティングに関する資源の70%

表5-6 ■HOPEプロジェクト以降の製品の優先度（1995年）

中心製品		準中心製品		優先度の低い製品
全面的	条件付	成長性あり	成熟期	
造影剤 （尿路・血管，MRI，超音波）	ノバロック	ネリプロクト	ネリゾナ	左記を除く製品

注）ネリプロクトは1993年に発売された痔疾用剤である。
資料）資料「HOPEプロジェクト関連資料」より引用。

表5-7 ■営業，マーケティング資源配付計画（1995年）

中心製品	70%
準中心製品	20%
優先度の低い製品	10%
合計	100%

資料）資料「HOPEプロジェクト関連資料」より引用。

を「中心製品」に割り振る計画を立てた（**表5-7**）。同時にMRの人数や配置を変更し，病専MR数を333人から479人に，病診MR数を259人から123人とした[53]。大学病院など基幹病院をカバーする病専MR数を増やしたということは，メインターゲットとなる大病院の放射線科の医師との関係をこれまで以上に強化することを狙っていたと考えられる。

このように，主力事業であった造影剤市場での競争激化を受け，日本シエーリング社は「診断薬を中心としたビジネスの展開」[54]を自らの成長戦略と定め，造影剤等画像診断用製剤事業に資源を投下し，同事業の競争力の維持・向上に力を注いだのであった。

そして，日本シエーリング社は新しい造影剤等画像診断用製剤を市場に導入した。1988年に日本で初めてのMRI用造影剤「マグネビスト」を発売した。続いて1991年に非イオン性子宮卵管・関節造影剤「イソビスト300」を，1992年には非イオン性造影剤として初の逆行性尿路撮影[55]の適応を取得した「イオパミロン150」を発売した。また1991年にイソビスト240が関節撮影に，マグネビストが躯幹部・四肢撮影に，イオパミロン370がデジタルX線撮影法による動脈性血管撮影にと，それぞれ適応症が拡大された。翌年には，イオパミロン300の適応症が動脈性血管撮影および逆行性尿路撮影領域に拡大された。

ところが，造影剤市場における競争はますます激しくなっていた。例えば，尿路・血管造影剤市場の市場規模は拡大していたものの，競合製品の発売が続いていた。1993年に，第一製薬が，非イオン性造影剤「オムニパークシリンジ」を発売した。同製品は，非イオン性造影剤として初めてのキット製品であった。キット製品は医薬品の使用時における利便性を高めるもの[56]であり，オムニパークシリンジは，注射器にすでに溶剤を注入した状態で販売され，医療現場での溶剤注入の手間の軽減を図った製品であった。1985年のMOSS協議以降，各社はこうしたキット製品の開発を進め，市場に導入していった[57]。

 オムニパークシリンジは，その使い勝手の良さから，売上を伸ばした。競合製品の売上増加を受け，イオパミロンの市場シェアは1990年頃から低下し始め，その売上高も1992年をピークに下落していった。そして，1995年にイオパミロンは尿路・血管造影剤市場シェア第1位の座をオムニパークに譲り渡した[58]。

 しかも，造影剤市場での競争の激化は，製品間での価格競争を招く事態へとつながった。1996年の薬価再算定によって，イオパミロンをはじめ造影剤の薬価が大幅に切り下げられた。そのため，尿路・血管造影剤市場の規模は1995年にピークに達し，成熟段階に入ることになった[59]。これは，イオパミロンにとって追い打ちをかけた。市場シェアが減少している状態で薬価の切り下げが生じたため，売上高は減少せざるを得なかった。そのうえ市場規模が停滞したため，今後，大幅な売上の拡大を見込むこともできなくなってしまった。

5　新規事業の低迷

 一方，この時期，イオパミロンの売上低下をカバーできる新しい医薬品も存在していなかった。新しい売上の柱をつくり出すべく1980年代に新規事業に参入したものの，この新規事業は大きな成果をあげることができなかった。日本シエーリング社にとって，オイナールは主要薬効領域の治療薬市場に参入した初の医薬品であり，その成果に対する期待も大きかった。しかし，結局のところ，オイナールは大きな売上をあげることができなかった。オイナールは当初年間売上高100億円の製品にしようと画策していたが，1991年の15億円をピークに10億円台程度の売上をあげるにとどまったのであった[60]。

日本シエーリング社は，日本で最も市場規模の大きい循環器官用薬市場にも参入を図った。1991年に，田辺製薬と医薬品開発についての協業契約に調印した。この契約によって，田辺製薬が開発していた高血圧治療薬の1つであるACE（アンジオテンシン変換酵素）阻害剤イミダプリルを日本で共同開発・共同販売する権利を取得した。イミダプリルは，1978年から田辺製薬において合成研究が始められ，1983年に見出された物質であった。同年より前臨床試験が開始され，1986年から臨床試験が行われた。日本シエーリング社は二重盲検試験や一般臨床試験から開発に参加した。1992年に承認申請がなされ，1993年12月3日にイミダプリルは，日本シエーリング社製品名「ノバロック」，田辺製薬製品名「タナトリル」として同時発売された[61]。

　ところが，同じ物質であるにもかかわらず，ノバロックとタナトリルの売上には大きな格差が生じた。ノバロックはピーク時の1997年の売上でも20億円に届かなかったのに対して，タナトリルは発売以降大きく売上を伸ばし，1997年時点での売上は150億円を超えていた[62]。

　なぜ，ここまでの開きが出てしまったのだろうか。その原因は，この時期の日本シエーリング社の成長戦略にあったと考える。

　すでに見たように，1990年代の日本シエーリング社は，造影剤事業に集中的に資源を投資するという戦略が採用されていた。表5-6において，ノバロックは「中心製品」に属しているとはいえ，「条件付」であった。したがって，「全面的」な「中心製品」である造影剤に比べると，ノバロックの優先度は低く，ノバロックに投資される資源も少なかったと考えられる[63]。また，ノバロックは造影剤に比べて薬価が低いため，日本シエーリング社にとっての優先度は，ノバロックより造影剤のほうが高かったと考えられる。同社の場合，十分な資源が投資されない状態で，治療薬領域の医師の社会的ネットワークとの連携を図ることは困難であったと考えられる。

　そこで，日本シエーリング社とオピニオンドクターとの関係性を，例えば，同社が発刊していた雑誌の内容を通して考えてみたい。その雑誌に掲載された記事の内容や執筆者から，同社がどういう領域のオピニオンドクターと関係を持っていたかを推察することが可能ではないかと考えるためである。多忙を極めるオピニオンドクターがわざわざ時間を割いて企業のために記事を執筆する

ということは，医師と企業間との関係性が良好なものであり，医師はそうした労をいとわなかったと判断しても，それほどおかしくはないであろう。また，雑誌の記事内容から，企業側もどの領域の医師にアプローチしたいのか，関係性を保ちたいのかという方向性についてもうかがい知ることができよう。

日本シエーリング社は『日独医報』という雑誌を発刊していた。その1990年代の特集を見ると，そのほとんどが画像診断に関する記事であったことがわかる（表5-8）。したがって，『日独医報』の特集記事を見る限り，同社は画像診断に関連する医師たちとの関係は維持されていた一方で，それ以外の薬効領域の医師との間には強いつながりを持つことが十分にできていなかったといえよう。こうした状況下で，日本シエーリング社が治療薬領域の医師の社会的ネットワークとの連携を達成し，新薬の売上を高めることは困難であったと考えられる。

また日本シエーリング社には，1995年時点で602人（うち病専MRが479人，病診MRが123人）のMRがいた。それに対して，田辺製薬には1992年時点で1,000人のMRがいた（三菱銀行調査部，1994，p.20）。しかも，そのうちの多くが循環器官用薬事業に配分され，タナトリルの販売促進に努めたと考えられる。というのも，タナトリルが発売される前の段階において，田辺製薬にとって循環器官用薬は重要製品と位置づけられていたと考えられるからである[64]。1993年3月時点で，循環器官・呼吸器官用薬は田辺製薬の全売上高の50.1%を占めていた（田辺製薬株式会社，1993）[65]。ここから，同社は循環器官用薬領域に資源を多く割いていたと推察される。このように，日本シエーリング社と田辺製薬とでは，MR数に開きがあるうえ，重点的に資源を投資する事業領域が異なっていた。そのため，ノバロック・タナトリルに関連する領域の医師へのアプローチの仕方，医師との関係性のあり方などに大きな違いが生じていたと考えられる。これが，両製品の売上格差につながっていたのであろう。

結局のところ，日本シエーリング社はオイナールを契機として主要薬効領域の治療薬事業に参入を果たし，その後も新薬を発売したものの，この新しい治療薬事業で大きな成果を上げることができなかったのである。

表5-8 ■『日独医報』特集記事一覧

年	巻	号	特集	監修者	監修者所属先
1990年	35	1	第75回北米放射線学会ハイライト	平松慶博	東邦大学医学部放射線医学教室
				片山仁	順天堂大学医学部放射線医学教室
			第10回脊髄シンポジウム講演集	池田久男	高知医科大学神経精神医学教室
		2	局所領域における造影検査その2		
		3・4	小児科造影検査の実際	藤岡睦久	獨協医科大学放射線医学教室
1991年	36	1	第11回脊髄シンポジウム講演集「脊髄空洞症」	角家暁	金沢医科大学脳神経外科
		2	脳血管障害とうつ状態	伊藤栄一	国立療養所東名古屋病院院長
		3・4	泌尿器科・生殖器系のIVR	澤田敏	鳥取大学医学部放射線医学教室
1992年	37	1	睡眠薬をとりまく諸問題	中沢洋一	久留米大学神経精神医学教室
		2	第12回脊髄シンポジウム講演集「脊髄疾患の電気診断—有用性と展望—」	黒川高秀	東京大学医学部整形外科学教室
		3	脳梗塞の診断と治療—最近の進歩—	平井俊策	群馬大学医学部神経内科学教室
		4	MRI高速撮像法の臨床応用と将来展望	小塚隆弘	大阪大学医学部放射線医学教室
1993年	38	1	ステロイド外用剤	原田昭太郎	関東逓信病院皮膚科
		2	第13回脊髄シンポジウム講演集「脊髄の画像診断—治療へのインパクト—」	宮坂和男	北海道大学医学部放射線科
		3	螺旋走査型CTの現状と問題点	片田和廣	藤田保健衛生大学衛生学部
		4	最近話題の睡眠障害	山口成良	金沢大学医学部神経精神医学教室
1994年	39	1	第14回脊髄シンポジウム講演集「変形性頚椎症はなぜ神経症状をきたすのか」	井上聖啓	横浜労災病院神経内科
		2	診断と治療における造影MRIの役割	河野通雄	神戸大学医学部放射線医学教室
		3	肛門部疾患の外来治療	高野正博	福岡高野病院
		4	MRIの新技術と臨床応用	蜂谷順一	杏林大学医学部放射線医学教室
1995年	40	1	Interventional Radiology	打田日出夫 ほか	奈良県立医科大学放射線医学教室
		2	第15回脊髄シンポジウム講演集「脊髄血管障害と脊髄循環」	朝長正道	福岡大学医学部脳神経外科学教室
		3・4	乳癌の画像診断	小田切邦男	神奈川県立がんセンター放射線第1科
1996年	41	1	救急医療における画像診断	石川徹	聖マリアンナ医科大学放射線医学教室
		2	第16回脊髄シンポジウム講演集「癒着性クモ膜炎とその周辺」	吉沢英造	藤田保健衛生大学医学部整形外科学教室
		3	胸・腹部疾患の病理と画像—画像が描出するもの—	松井修	金沢大学医学部放射線医学教室
		4	低侵襲的血管イメージング	隈崎達夫	日本医科大学放射線医学教室
1997年	42	1	交差緩和の原理と応用	紀ノ定保臣	京都府立医科大学放射線医学教室
		2	拡散強調画像および潅流画像を中心としたMRIの役割	高橋睦正	熊本大学医学部放射線医学教室
			第17回脊髄シンポジウム講演集「脊椎癒合不全 Spinal Dysraphism」	前原忠行	順天堂大学医学部放射線医学教室
		3・4	新生児・乳幼児のMR画像—画像の特徴と診断の要点—	藤岡睦久	獨協医科大学放射線医学教室
1998年	43	1	骨・軟部腫瘍の画像と病理—画像が描写するもの—	大場覚	名古屋市立大学医学部放射線医学教室
		2	第18回脊髄シンポジウム講演集「HAMの基礎と臨床」	大濱栄作	鳥取大学医学部脳神経病理学教室
		3	造影MR Angiographyの実践—Non-neuro Contrast Enhanced MRA&MRV—	平敷淳子	埼玉医科大学放射線医学教室
		4	ホルモン療法—産婦人科領域の内分泌疾患への適応—	青野敏博	徳島医科大学産婦人科教室
		増刊	MRI用造影剤の臨床応用から10年	高橋睦正	熊本大学医学部放射線医学教室
1999年	44	1	アンギオを中心とした膵疾患読影のポイント	打田日出夫	奈良県立医科大学放射線医学教室
		2	螺旋走査型CTにおける実践的造影法	山下康行	熊本大学医学部放射線医学教室
		3	第19回脊髄シンポジウム講演集「脊髄腫瘍のすべて—診断と治療—」	阿部弘	北海道大学医学部脳神経外科学教室
		4	超音波診断—最新の技術革命と臨床応用—	大石元	奈良県立医科大学腫瘍放射線医学教室

注1) 監修者は，各特集の序やまとめで記述を行っている人を記載している。所属先は当時のもの。
注2) 1990年35巻2号の特集は，各項目の論述になっており，序やまとめの記述がないため，監修者は記載していない。
資料)『日独医報』各号より作成。

6　日本事業の成果

　1970年代にシエーリング社は日本子会社の改革に着手した。その一環として日本シエーリング社は，1974年にシエーリング社の完全子会社となった。そして，日本シエーリング社は，研究開発をはじめとした職能活動を充実させ，かつその能力強化を果たした。そして，1980年代に市場導入されたネリゾナや新しい非イオン性造影剤は成功を収めた。特に，造影剤事業で大成功を収めることによって，同社は飛躍的成長を果たしたのであった。この過程には，オピニオンドクターたちとの関係を構築し，その社会的ネットワークと連携して，医薬品の市場導入と普及を試みる取り組みがなされていた。

　一方，造影剤事業の成功により，日本シエーリング社の売上の80％以上を造影剤事業が占めるという状態となった。そこで，同社は新しい薬効領域市場に参入して，造影剤事業に偏重する構造から脱却し，さらなる企業成長を目指した。しかしながら，この新規事業を成長させることはできなかった。しかも，同社は造影剤市場の競争激化に直面して，造影剤事業の売上は減少していった。こうして，造影剤の売上低下をカバーできるような売上高を誇る治療薬もない状態に陥ったため，同社の売上高は急速に低下することとなった（図5-1）。

　日本シエーリング社の売上高が急速に低下する一方，研究開発費をはじめとした経費は増大する傾向にあった。そのため，1994年に同社は税引き後の純損失を計上した。そして赤字は1999年まで続いた。1980年代に飛躍的成長を遂げた同社であったが，一転して1990年代に低迷期を迎えたのであった。

　その後，2000年に日本シエーリング社は三井製薬工業株式会社を買収した。「三井製薬工業の1998年度（1999年3月期）の販売額は120億円で，治療薬分野の主要な分野は，抗癌剤，循環器系，中枢神経系であった」（日本シエーリング社史編纂プロジェクトチーム編，2003，p.371）。同社の治療薬分野は，まさにシエーリング社グループの治療薬事業分野と重なり，この買収によって，日本シエーリング社は治療薬分野を充実させることとなった。そして買収に伴い，同社の2001年の売上高は大きく増加した[66]。

◉注

1 本章は，特に断りのない限り，日本シエーリング社史編纂プロジェクトチーム編（2003）に基づいて記述がなされている。同書に関しては，引用した場合に限り，ページ数の記載を行っている。また，本章の分析に際して，日本シエーリング株式会社関係者へのインタビュー調査を通して確認できた資料も用いている。資料には資料名が具体的に明記されていないものもあったため，本書では，資料に便宜上のタイトル（資料「資料名」と表記する）をつけている。

2 Bayer Business Services GmbHからの私信（2012年1月10日付）。Bayer Business Services GmbHはバイエル社の関連会社であり，ビジネスデータ提供を行っている会社である。筆者はバイエル社へのアクセスを試み，その中でBayer Business Services GmbHの1人から回答を得ることができた。

3 ピペラジンは若返りの薬としては効果を充分に発揮できなかったものの，痛風治療薬として機能することが判明する。そして，1894年に痛風治療薬として発売されることになった。

4 Bayer Business Services GmbHからの私信（2012年1月10日付）。
5 Bayer Business Services GmbHからの私信（2011年5月17日付）。
6 Bayer Business Services GmbHからの私信（2011年5月17日付）。
7 資料「価格表内ドイツ・シエーリング社の沿革」。
8 シエーリング社以外のバイエル社，ヘキスト社やメルク社などのドイツ企業も同時に友田商店と代理店契約を締結した。
9 資料「資本参加資料」。
10 「商品が販売され，現金として回収されるまでの期間」のことである（薬事日報社編，2005，p.157）。
11 資料「販売計画資料」。
12 同時期，規制強化を受けて，多くの競合他社も販売活動の見直しを行い，値引き販売を実施するようになった。
13 Bayer Business Services GmbHからの私信（2011年5月26日付）。
14 シエーリング社資本の持ち株会社が，張済民の経営する香港の投資会社ユーラシア・インベストメントが保有する日本シエーリング社のすべての株式を取得した。一部，日本シエーリング社の社員が所有して売却されなかった株式が存在したものの，シエーリング社は日本子会社の株式をほぼ100％所有することになった。
15 ただし，役員として日本シエーリング社に常勤した外国人は5名である。2002年までの期間でみると，役員としての在任期間はグラウマン社長が26年，その他4人はそれぞれ3年，3年，4年，3年であった（日本シエーリング社史編纂プロジェクトチーム編，2003，pp.472-474；日本シエーリング社関係者（研究開発部門を経験した幹部社員）への聞き取り（2008年2月26日）；日本シエーリング社関係者（営業部門を経験した幹部社員）への聞き取り（2008年3月26日））。
16 資料「新薬承認制度変更関連資料」。
17 資料「新薬承認制度変更関連資料」。
18 日本シエーリング社関係者（研究開発部門を経験した幹部社員）への聞き取り（2008

11月10日)。
19　資料「新薬承認制度変更関連資料」。
20　日本シエーリング社関係者（研究開発部門を経験した幹部社員）への聞き取り（2009年3月5日）。
21　1984年6月に行われた市販後再評価において，デキサシエロソンの添付文書記載の適応症のほとんどについてその効果が認められたものの，外科ショックについては適応症として認められなくなった。その後，1985年12月に，デキサシエロソンの販売は中止された。
22　コルチコイドとは，「副腎皮質で産生，分泌されるステロイドホルモンの総称」である（薬事日報社編，2005，p.154)。
23　単味剤とは「有効成分が単一である医薬品」のことである（薬事日報社編，2005，p.248)。
24　資料「ネリゾナ資料」。
25　ネリゾナは，日本シエーリング社が初めて特約店と協業して販売を試みた医薬品であった。
26　デューリングチャンバー試験とは，「密封条件下における薬剤の皮膚におよぼす影響を測定するために使用される試験方法」のことである（日本シエーリング社史編纂プロジェクトチーム編，2003，p.182)。
27　資料「ネリゾナ資料」。
28　近代医学社，1981，p.297。
29　資料「ネリゾナ資料」。
30　資料「ネリゾナ資料」。
　　もちろん，関連学会への参加等も行っていた。例えば，フロッシュらのデューリングチャンバーを用いての研究成果は，1982年に東京で開催された国際皮膚科学会にて学術展示された。なお，「国際皮膚科学会は，1889（明治22）年にフランスのパリで第1回が開催されて以来，5年に1度，世界各地で開催されてきた皮膚科学分野における最も権威ある国際学会である」（日本シエーリング社史編纂プロジェクトチーム編，2003，p.183)。
31　イオン化せずに水に溶ける造影剤。それまでのイオン化するものに対して，低浸透圧であることが特徴である。
32　資料「イソビスト資料」。薬業時報社（1980)，p.136。
33　日本での薬価の設定は主に，既存の類似する製品の薬価を基準にして新薬の薬価を定めるという類似薬効比較方式で行われてきた。したがって，類似薬のなかったアミパークは高薬価を獲得することに成功した。例えば，それまで日本シエーリング社が販売していた造影剤の薬価は高くて3,000円台であったが，アミパークは9,000円を上回る薬価となった（資料「造影剤関連資料」)。
34　資料「造影剤関連資料」。
35　資料「造影剤関連資料」。
36　「46回学術発表会抄録集」『日本医学放射線学会雑誌』第47巻，臨時増刊号，1987年。
37　資料「造影剤関連資料」。
38　資料「ICP資料」。
39　資料「ICP資料」。
40　資料「1984年営業計画」。

41　資料「オイナール資料」。
42　Schering AG, *Annual Report 1994*, p.6.
43　資料「1983年営業計画」。
44　オイナールは，脳神経用製剤として開発された中枢神経用製剤である。ただし，1983年の日本シエーリング社の長期計画においては，老人病治療薬に分類されている。中枢神経に関する疾病の中でも，老人の脳血管に関する疾病市場は日本で大きかった。そのため，中枢神経用製剤から独立させて老人病治療薬というカテゴリーを設けていた（資料「1983年営業計画」）。
45　資料「オイナール資料」。日本シエーリング社関係者（研究開発部門を経験した幹部社員）への聞き取り（2008年11月10日）。
46　資料「オイナール資料」。
47　日本シエーリング社関係者（研究開発部門を経験した幹部社員）への聞き取り（2009年3月5日）。関係者（研究開発部門を経験した幹部社員）からの私信（2009年5月29日付）。
48　資料「オイナール資料」。
49　資料「オイナール資料」。
50　日本シエーリング社関係者（研究開発部門を経験した幹部社員）への聞き取り（2008年2月26日）。
51　日本シエーリング社関係者（営業部門を経験した幹部社員）への聞き取り（2008年3月26日）。
52　資料「HOPEプロジェクト関連資料」。
53　資料「HOPEプロジェクト関連資料」。
54　資料「HOPEプロジェクト関連資料」。
55　尿道から造影剤を注入し，体内での尿の流れに逆行して，尿路を撮影する方法（薬事日報社編，2005，p.103）。
56　より正確には，キット製品とは「医療機関での投薬調整時の負担軽減，細菌汚染・異物混入の防止等を目的として，医薬品と医療用具（容器を含む）または2つ以上の医薬品を1つの投与体系として組み合わせた製品」のことである（薬事日報社編，2005，p.100）。
57　資料「イオパミロンシリンジ開発資料」。
　　日本ではキット製品の市場は非常に小さいものであったが，MOSS協議で医薬品のキット製品の承認手続きの明確化ならびに価格設定方法に関しての合意がなされ，厚生省も便宜性を高めるキット製品に対して医療上のメリット加算を認めることとなった（薬事日報社編，2005，p.35；日本経営史研究所編，2002，p.243；日本シエーリング社史編纂プロジェクトチーム編，2003，p.300）。
58　資料「造影剤関連資料」。
59　資料「造影剤関連資料」。
60　オイナールはその後1998年12月に再評価指定されたが，最終的に再評価を辞退し，1999年に薬価削除されることとなった。
61　資料「ノバロック資料」。
62　資料「業績関係資料」。遠藤・岡松・小沢・加茂谷・田中（2002），p.61の図参照。
63　残念ながら，資料からはノバロックに求められた条件がどのようなものだったのかにつ

いて判断できない。また表5-8に関して,「中心製品」の中での配分比率等,実際に配分された割合や人数等の具体的数値は,現在のところ判断できない。
64 タナトリルは売上を伸ばしたこともあり,同製品はその後も田辺製薬における重点製品の1つと位置づけられることになる（田辺製薬株式会社,2002）。
65 呼吸器官用薬との合算ゆえ,循環器官用薬だけでどれほどの割合を占めていたのか正確な数字は判断できない。しかし,循環器官用薬が,田辺製薬にとって主力事業であったことは間違いない。
66 三井製薬の買収およびその成果は,本書の考察対象とする時期と重ならないため,本書では十分な検討を行っていない。

第6章

イーライリリー社と
日本イーライリリー社

　本章は，アメリカの巨大製薬企業であるイーライリリー社（Eli Lilly & Co.）の日本子会社を対象に，その事業経緯を明らかにする。現在まで続く日本子会社（日本イーライリリー社）が設立されたのは，1975年であった。メルク社とシエーリング社は第2次世界大戦後の比較的早い時期に日本に直接投資を行った外国企業であるのに対して，イーライリリー社はこれら2社よりも遅れて日本子会社を設立した事例である。すなわち，同社の日本子会社は，日本の製薬産業における後発者であった。ここでの「後発」とは，あくまで日本市場への参入や日本市場での本格的な活動時期が遅かったことを意味している。製薬企業の場合，「後発」という表現には，新薬に比べて市場への投入時期が遅い「後発（ジェネリック）医薬品」や後発医薬品を取り扱う企業を意味する場合があるが，本章は後発医薬品に関して論ずるものではない[1]。後発者である日本イーライリリー社が，どのようにして成長を遂げたのか。本章は，その歴史的経緯の解明を目的とする。

　遅れて事業を開始する外資系企業は，競合他社に比べ日本での資源に乏しい状態にある。例えば，人的資源の確保と育成という課題に直面する[2]。そこで本章は，日本イーライリリー社がこの課題にどのように取り組んだのかという点に注目する。もちろん，本書で提示した課題—医師の社会的ネットワークに埋め込まれた社会関係資本へのアクセスと活用に向けた取り組み—にも注目して，イーライリリー社の日本事業の歴史的考察を試みる[3]。

1　イーライリリー社の発展と日本参入[4]

1-1　イーライリリー社の発展と国際化

　イーライリリー社の起源は，イーライ・リリーが1876年にインディアナ州インディアナポリスにて創業した製薬事業に求められる。当初は，医薬品の製造と卸売業者への販売を行っていた。1886年にパーデュー大学薬学部卒の人材を常勤化学者として採用し，医薬品の研究開発を開始した。それから，積極的に新薬の研究開発へ投資するようになった。

　イーライリリー社は，1883年に性病治療薬「サカスアルテランス」の開発者であるジョージ・マクデイド博士と独占権契約を結び，この医薬品の開発，販売を始めた。その販売後，病院関係者に製品の効能についての報告を行ってもらうよう要請した。医師とのやりとりを通して，臨床データを確保するとともに，医師との関係を構築していった。サカスアルテランスは，イーライリリー社独自の製品として大きな売上をあげた初めての医薬品となった。同医薬品は，2〜3年で100万ドルもの利益を生み出した。

　同社の最も画期的な新薬の成功例の1つとしてあげられるのが，1923年の糖尿病治療薬インスリン（製品名「アイレチン（Iletin）」）の発売である。1921年に，トロントにてフレデリック・バンティングとチャールズ・ベストが，インスリンの抽出に成功した。バンティングは，1920年に糖尿を防ぐ内分泌物質の抽出に関するアイディアを持って，トロント大学のジョン・マクラウドの下で研究を行うようになった。マクラウドは，医学生であったベストをバンティングのサポート役に割り当てた。ベストは糖尿や血糖の定量法に習熟していた人物であった。バンティングとベストは1921年から実験を開始し，実験を繰り返した結果，2人は血糖を下げる物質の抽出に成功した。これがインスリンであった[5]。その後，生化学者ジョン・コリップがこの研究に加わり，この内分泌物質の有効性を確実なものにするため，さらに実験を繰り返した。1921年12月30日に，バンディングがエール大学にて学会講演を行い，この講演をイーライリリー社の生化学研究部門主任であったジョージ・クルーズも聴講していた。

1922年にバンティングたちは，抽出した内分泌物質を初めて糖尿病患者に投与した。第1回目の試験は中止になったが，その後コリップによる改良を経て，再度投与を行った際には血糖の減少を実現し，副作用も生じることがなかった。試験は大成功であった。その後，トロント大学医学部の全面的なバックアップの下，実際の治療も進められ，インスリンの効果は非常に高く評価されるようになった。その結果，1923年にバンティングとマクラウドは，ノーベル医学生理学賞を受賞した。

　イーライリリー社はインスリンに強い関心を持ち，その市販化を図った。1921年のバンティングの講演を聞いていたクルーズは，彼らが実施しているトロント大学でのインスリンの研究に対して協力を申し出た。抽出した物質を精製し，十分な量を確保するには多額の資金が必要になる。クルーズは，その援助を申し出たのであった。当初トロント大学側は，大量生産のための標準的な純度等を確保する方法を確立してから製品の商業化を考えていた。それゆえ，その申し出をすぐに受けなかった。ところが，同大学が生産面での問題に直面したことと，その間もクルーズは大学への説得を続けていたことによって，方針転換がなされた。1922年に，向こう1年間に限り，同大学は膵臓の有効物質の大規模調整法の独占的なライセンスをイーライリリー社に提供するという契約が締結された。そして，イーライリリー社は，トロント大学の研究に対して25万ドルの資金を提供した。

　イーライリリー社でもインスリンに関する研究開発を実施し，カナダ，アメリカでインスリンの効能が確かめられた。そして，インスリンの需要は増大していった。同社は，1923年にインスリンを「アイレチン」として発売した。アイレチンは1年間で111万ドルの収入を同社にもたらし，大成功を収めた。アイレチンは世界各地で販売され，その成功によって，同社は研究開発能力に優れた製薬企業であることを世界に認めさせることとなった。

　インスリンの開発の成功をはじめ，第2次世界大戦時にはペニシリンの大量生産を開始するなど，抗生物質製剤の開発と販売も行った。こうした医薬品をはじめとして，イーライリリー社はさまざまな新薬を市場に導入し，その普及を成し遂げて，企業成長を果たしていった。1975年には年間売上高は10億ドルを優に超えるほどとなり，従業員総数は2万3,000人超，研究開発予算額も

1億ドルを超えていた。

　企業の成長とともに，国際展開も行った。1884年にロンドンへサカスアルテランスの出荷を行ったのが，最初の海外市場での販売であった。ただし，同社の国際事業に対する姿勢は慎重であった。1923年には，イーライリリー社の製品は25カ国で販売されていた。ところが，海外市場向け売上高は18万4,000ドルであり，アイレチンの売上高を踏まえると，同社の国際事業の規模は限定的であった。

　1940年代にイーライリリー社は国際事業の再編を行い，イーライリリー・インターナショナルコーポレーションとイーライリリー・パンアメリカンコーポレーションの2つの子会社を設立した。同社はラテンアメリカを重視する方針であったため，2つの子会社のうち後者はラテンアメリカ地域を管轄し，前者はその他地域を管轄するという体制となっていた。そもそも，同社の初期の国際事業の中で重要な市場だったのは，キューバであった。1914年にキューバで製品の販売がなされ，当初の売上高は600ドルであった。その後，1930年時点のキューバでの売上高は13万9,854ドルであり，この間に233倍となった。同時点において，イーライリリー社は54カ国に参入しており，国際事業の売上の中でキューバの売上高が最高であった。キューバでの売上は伸び，1945年に100万ドルを超えた。キューバのほかにも，メキシコや南米の各国に販路を開拓した。1950年に，同社のアメリカ以外の地域での販売部員は384人いたが，そのうち216人がラテンアメリカ部門に所属していた。

　このような国際事業の体制を採用していたため，ヨーロッパをはじめとした大規模な医薬品市場では，後れをとることとなった。同社は国際事業での後れを認識して，国際事業への関与を深めていった。

　ただし，イーライリリー社にとって，アメリカ事業とそこで培われた知識が重要であったと考えられる。国際事業は，アメリカに近い地域を中心に行われていた。また，全売上高に占める海外売上高（輸出含む）の割合は，1980年代に至っても40％を下回る程度であった。この数値は，同業他社に比べ低い状態であった[6]。このように，同社の国際展開は積極的だったとは言いがたく，日本市場に関してもその本格的な関与は遅れていた。

1-2 日本への参入―日本イーライリリー社の設立

　日本子会社の設立は遅かったものの，イーライリリー社と日本との関係には，実は長い歴史があった。1909年に塩野義製薬と取引提携を結んでおり，1923年にはアイレチンを日本でも販売している。

　イーライリリー社が初めて日本への直接投資を行ったのは，カプセル事業を行う日本エランコ株式会社を設立した1965年であった。これはすでに見たメルク社，シエーリング社に比べると遅かった。日本エランコ社は，塩野義製薬と折半で設立された合弁会社であった[7]。同年にイーライリリー・インターナショナル・コーポレーション日本支社（以下，イーライリリー日本支社という）を設立したものの，同支店は生産などの各種職能活動を実施していたわけではなかった。

　イーライリリー日本支社は，1970年代初めに日本での長期シェア拡大計画を考案した。この中で，日本事業を合弁会社形態で行うか単独で行うべきかを検討し始めた。このときまでに，塩野義製薬の販売活動によって，日本市場におけるイーライリリー社製品の普及は進められていた。日本における同社の製品の販売は，まさに塩野義製薬に依存していた。塩野義製薬にとっても，イーライリリー社製品は企業成長を果たすうえで重要な役割を担っていた。多いときには，塩野義製薬の売上の6割近くをイーライリリー社製品が占めたこともあった[8]。日本での成長という観点からすると，両社の関係性は切り離せないものとなっていた。こうした状況を踏まえ，イーライリリー社は単独で日本事業を行うのではなく，塩野義製薬との間で合弁会社を設立する方針を選択した。そして，両社の間で合弁会社設立の合意がなされた。両社は1973年にシオノギリリー株式会社を設立した。

　ところが，シオノギリリー社の事業は軌道に乗らなかった。イーライリリー社は，この合弁会社を通じて，日本でアメリカ式のマーケティングを展開することを企図していた。それに対して，塩野義製薬は同社で原末[9]製造を行うことを考えていた。両社の間で，事業運営に関しての不一致が生じてしまい，事業運営はままならなかった[10]。

　そこで，イーライリリー社は，日本での医薬品事業は単独出資の子会社に

よって進めることにした。同社は1975年にイーライリリー日本支社を日本法人とし，日本リリー株式会社を設立した（1981年に日本リリー株式会社は日本イーライリリー株式会社に社名を変更した。以下，日本イーライリリー社と表記する）。ただし，設立当初の日本イーライリリー社の役割は，日本におけるリエゾンオフィスとして機能することであった。そのため，製薬企業として求められる研究開発，生産，販売といったさまざまな職能活動は行っていなかった。

2　日本事業の拡充[11]

2-1　人的資源の拡充と営業部門の発展

　イーライリリー社は，1975年に単独出資の日本子会社を設立したものの，その活動は非常に限定的なものであった。抗生物質をはじめとする同社製品の販売は，塩野義製薬に委ねている状態が継続していた。実際，イーライリリー社の製品の輸入承認申請に関する業務も，すべて塩野義製薬が担当していた[12]。

　ところが，塩野義製薬も自社で抗生物質の開発を進めたことによって，一部製品に関しては，イーライリリー社製品と競合する可能性が生じてきた。そのため，イーライリリー社としては，すべての医薬品の市場導入と普及に関する活動を塩野義製薬に任せきりの状態では今後の飛躍が望めない状況になってきた。また，すでに述べたように，日本市場の規模は拡大し，多くの外国製薬企業にとって日本市場の重要性は明らかに高まっていた。かつ，日本市場では，制度変更などに伴う環境変化も生じていた。こうした状況を受けて，イーライリリー社は，1980年代に入ってから日本事業に関しての検討を行うようになった。そして，日本子会社に関与することを決定した。日本事業に直接関与することは，人員確保や育成などに莫大な投資が必要になるが，イーライリリー社は日本市場の重要性を認識し，積極的に日本子会社の能力強化に努めた[13]。日本イーライリリー社が製薬企業として必要な職能を確保できるよう，改革に乗り出したのであった。

　1985年7月に，ウィリアム・ホワイトが日本イーライリリー社の社長に就任

した。彼は，以下のことを目標に掲げていた。第1に，日本において1988年までに200～300人規模の販売部員を確保すること。第2に，新薬承認を獲得できる研究開発組織の確立，そして承認を受けた新薬を販売すること。すなわち，販売促進に関する能力および研究開発に関する能力の拡充を目標として，日本イーライリリー社の改革に取り組んだのであった。例えば，販売促進能力に関して，この時期イーライリリー社は，国際市場での新薬の導入を成功させるべく，世界各地での営業部門の強化に取り組んでいた。そこで，日本においても，独自の営業部門を構築・強化するという試みを始めた[14]。

こうした各職能的能力の拡充を実現するためには，人的資源の質的向上および量的拡大が必要であった。特に，ホワイトが日本で直面した課題は，その量の確保であった。まず，日本でいかに人的資源を集めるのかが課題として生じた。桑原（2007b）も指摘するとおり，外国企業にとって日本で優秀な新卒者を採用し，定着させることは困難であった。というのも，日本における外国企業の社会的地位や多国籍企業の経営に対する風評などが影響し，外国企業を就職先としない人材が多かったためであった。

日本イーライリリー社も同様の困難に直面した。この困難を克服すべく，同社は1984年に人事部を創設し，日本での人材採用の本格的な検討を実施するようになった。

日本イーライリリー社は，新卒学生のリクルート活動を始めた[15]。活動当初は日本の新卒学生採用に関するノウハウもなく，日本イーライリリー社が正規の時期にリクルート活動を行っても，多くの優秀な大学の学生は主要企業にすでに内定が決まっているという状況であった。また，学生は日本での永続的勤務を求めていた。就職先企業の実績や今後の成長可能性に対する情報を求めており，それを就職先の判定材料にしていたのであろう。しかし，同社には，学生にアピールできる日本での実績が十分にはなかった。そのため，学生に納得してもらえないことが多かったと考えられる。

そこで，同社はイーライリリー社の将来性と企業理念，そして財務面での強さや安定性を学生に訴えることにした。親会社が持つ強みや価値観が，日本人の求めるものとマッチすることを伝えたのである。イーライリリー社の企業理念は，人間本位のものであった。例えば，それは安定的雇用政策に表れていた。

こうした価値観は、伝統的な日本企業とも類似していた。しかも財務面での強靭さや安定性からも、イーライリリー社は将来性が非常に高い企業とみなすことができた。こうした情報を学生に発信し、雇用の安定等を求める学生にとっても魅力的な企業であることを強調したのであった。

また日本イーライリリー社は、新卒者採用において男性重視でなく、女性の採用も進めていった。例えば、当時の日本の製薬産業において女性の販売促進員（プロパー/MR）は少なかったが、日本イーライリリー社では1987年には女性MRを採用した[16]。こうして1986年に最初の新卒学生が入社してから、その後も積極的に新卒学生の確保を進めていった。

日本イーライリリー社は日本ですぐに地位を高めることを目指していた。その実現に向け、新卒者を雇用しその長期的な育成にのみ注力するのではなく、即戦力となる中途採用を積極的に行った。例えば、1980年代後半における従業員1人当たりにかかる費用を見ると、新卒学生よりも中途採用の販売促進員にかかる費用が大きかった（**表6-1**）。表6-1は、新卒とそれ以外の分類になっているので、「その他スタッフ」についても中途採用者であったと考えられる。ここにかかる費用も大きかった。この時期、同社はリクルート費用として総額約8,500万円を計上していた。そして、中途採用者のリクルート手段として、新聞広告を行ったり、人事担当者の出身大学の同窓会などのネットワークを利用して入社への働きかけを行ったり[17]、リクルート会社を利用するなどした。特に、ほかの外資系企業に勤続した経験のある人材を主なターゲットとした[18]。

表6-2は、2000年時点の日本イーライリリー社の従業員（正社員）の入社年ごとの人数を示している。ただし、同表は、同社の各年における採用数や新

表6-1 ■従業員1人当たり採用費用

（単位：円）

新卒	900,000
中途採用販売促進員	1,600,000
秘書	600,000
その他スタッフ	2,000,000～4,000,000

元資料）社内資料。
資料）Yoshino and Malnight（1990），p.20より抜粋。

第6章　イーライリリー社と日本イーライリリー社

表6-2■日本イーライリリー社の2000年時点従業員の入社年度

年度	正社員	うち4月入社	割合(%)	年度	正社員	うち4月入社	割合(%)
1968年	1	0	0.0%	1985年	2	0	0.0%
1969年	2	0	0.0%	1986年	28	15	53.6%
1970年	0	0		1987年	52	34	65.4%
1971年	0	0		1988年	57	30	52.6%
1972年	0	0		1989年	59	19	32.2%
1973年	0	0		1990年	41	17	41.5%
1974年	0	0		1991年	36	18	50.0%
1975年	1	0	0.0%	1992年	62	41	66.1%
1976年	0	0		1993年	68	55	80.9%
1977年	2	1	50.0%	1994年	46	32	69.6%
1978年	2	0	0.0%	1995年	54	41	75.9%
1979年	2	0	0.0%	1996年	72	51	70.8%
1980年	3	0	0.0%	1997年	58	25	43.1%
1981年	1	0	0.0%	1998年	81	48	59.3%
1982年	2	1	50.0%	1999年	89	59	66.3%
1983年	0	0		2000年	294	144	49.0%
1984年	0	0		合計	1,115	629	56.4%

注1）表のすべての4月入社の合計値は，本来631になるが，1986年以前は新卒学生採用を行っていないため，ここでは1986年以前の4月入社の2名は新卒採用者としてカウントせず，合計値を629人としている。
注2）割合の合計欄の数値は，全従業員数のうち4月入社の割合を示している。
資料）資料「日本イーライリリー25周年記念」より作成。

卒者についての正確な数値を示してはいないという問題を抱えている。第1に，もとの資料では入社年月が記載されているだけのため，新卒者としての入社か中途採用としての入社かについては正確に判断できない。そこで，ここでは4月入社を新卒者として処理している。次に，実際には，入社後2000年までに同社を退社した人材も存在している。しかし，元の資料は2000年時点の従業員を示したものであるため，表6-2にはそうした途中で退社した人数は反映されていない。このように正確な数値ではないという問題を抱えるものの，同表から，採用数と従業員構成に関するある程度の傾向をつかむことはできると考えられる。

　表6-2によると，2000年時点の正社員数は1,115人であり，うち新卒者入社

数は629人である。すなわち，同社の従業員構成を見ると，新卒者は56.4％，中途採用者は43.6％となり，中途採用者がかなりの割合を占めていることがわかる。1992年から1996年頃までは新卒者の割合がかなり多いが，同時に中途採用者の割合は継続的に相応の数値を示している。

　人材採用に関して，単純な比較はできないが，第4章で見たNMBと比べると，日本イーライリリー社のほうが積極的に中途採用を行っていたと考えられる。NMBの1971年から1980年までの期間において，各年の全採用者における新卒採用者の割合は，75～100％であり，平均は87％であった。ただし，日本イーライリリー社に関する数値は，2000年時点の従業員における新卒採用者か中途採用者かを示したものであり，また時期も異なる点は注意が必要である。このように，日本イーライリリー社は，新卒者の雇用と長期的な育成に加え，即戦力となる中途採用者の雇用と活用についても継続的かつ積極的に展開したのであった。

　販売促進能力の強化に向けて，1986年4月に日本イーライリリー社は医薬品部を設け，ここで初めて営業組織を有することとなった。新たに採用した人材の多くは，この営業組織に割り当てられ，プロパーとしてのスキル向上に取り組んだ。

　イーライリリー社は日本で確保した人的資源の育成・強化のために，自社外部の経営資源を活用した。それまで提携関係のあった塩野義製薬と交渉を行い，同社の人材を教育係として活用して，日本イーライリリー社の人材教育を実施したのであった。日本イーライリリー社，イーライリリー社の日本担当幹部等と塩野義製薬との間で約3年にわたる交渉を行い，塩野義製薬からセールスマネジャーを出向してもらうことの了解を得た。

　日本イーライリリー社が採用した人材を教育すべく，塩野義製薬から8名のセールスマネジャーが教育係として出向してきた。最長3年を期限に，塩野義製薬からのべ30人のセールスマネジャーが日本イーライリリー社に派遣された。塩野義製薬から出向してきたマネジャーたちは，日本イーライリリー社の営業部門での教育活動に携わった[19]。彼らは，塩野義流の販売促進活動のみを伝えたのではなかった。日本イーライリリー社は，塩野義製薬からの出向者にもイーライリリー社で実践していたマーケティングや販売促進などの営業管理方

法を勉強してもらった[20]。出向者たちは，塩野義流とイーライリリー社流双方の販売促進方法を同時に日本イーライリリー社の従業員たちに指導していった[21]。

営業人員に対する教育の内容は，以下のようなものが含まれていた。1987年に，新しく採用したMRに対して，導入教育を9週間にわたって実施した。その際，例えばロール・プレイングなどの手法に関する研修が行われた。ロール・プレイングは，イーライリリー社の販売促進で重視されていた。またMRを管理する人材を育成するために，セールス・スーパーバイザートレーニングといった教育プログラムも実施された[22]。ほかにも，親会社と日本子会社との間で頻繁なコンタクトを実施することによって，適宜イーライリリー社のやり方を移転していった。こうして，「正しい製品を，その製品の処方を出していただける正しいドクターに，正しいメッセージを伝えて使っていただけるようにする」[23]こと，すなわち科学的な意識に基づいて医師とコミュニケーションを図り，医師との間に信頼関係を構築できる人材の育成を図ったのであった。

このように日本イーライリリー社は中途採用を積極的に行い，かつ塩野義製薬の協力を得て，その資源を活用した人材教育を行った。その結果，同社は人的資源の獲得と充実を早急に果たしたのであった。こうして，後発者が抱える人的資源の不足というハンディキャップを克服していった。

日本イーライリリー社は，1989年7月に，新たに日本人を医薬品営業本部長として中途採用した。塩野義製薬からの出向者も同社に帰任する時期であり，出向者の帰任後に日本イーライリリー社のMRを管理・育成する人材は，経験豊富な日本人が適切であるという判断もあった。新たな医薬品営業本部長の指揮の下，同社は，大都市に存在するオピニオンドクターとの連携を目指し，1990年代には大都市を軸としながら全国各地に営業拠点を開設していった。1990年に設立した各分室はその後営業所に昇格し，営業拠点の要として機能した（表6-3）。

2-2　研究開発能力の強化

ホワイトが掲げた目標の第2点目は，新薬が承認されるための研究開発体制を日本子会社内に確立することであった。特に，承認申請を行うための治験業

表6-3■営業拠点の推移

年月	開設拠点	備考（昇格等）
1986年7月	東京営業所	1994年1月，第一営業所と第二営業所に分割。
	大阪営業所	
1988年5月	大宮出張所	1991年4月，営業所に昇格。1998年4月分室に変更。
	名古屋出張所	1991年4月，営業所に昇格。
1990年3月	仙台分室	1995年7月，営業所に昇格。
1990年5月	福岡分室	1990年10月，出張所に昇格。1991年4月，営業所に昇格。
1990年7月	札幌分室	1994年1月，営業所に昇格。
1990年9月	広島分室	1994年7月，営業所に昇格。
1991年7月	金沢分室	
1992年2月	高松分室	
1994年7月	京都分室	
1994年12月	新潟分室	
1998年2月	静岡分室	
1998年10月	神戸分室	
1999年4月	盛岡分室	
	水戸分室	
	岡山分室	
	熊本分室	
2000年5月	鹿児島分室	

資料）資料「日本イーライリリー25周年記念」より作成。

務を担う開発部門の能力強化が必要であった。

　日本イーライリリー社は，自社製品の認可取得のため，1984年頃から本格的な開発活動を開始した。このとき同社は，塩野義製薬との協力体制を採用せず，独自に開発活動を進めていくことにした。そして，翌年に医薬開発部を創設した。

　初期の開発活動は苦労も多かった。そもそも，開発業務の経験者が社内には少なかった。1985年時点で，開発部には4人ほどしか人材がいなかった。そして，治験を進めるために必要なオピニオンドクターの人選も十分に認識できていない状態であった。オピニオンドクターの人選は，例えば公表されている論文や学会での報告もしくは学会内での立場などから，ある程度行うことができ

る。しかし，この時期の日本イーライリリー社は，どのような学会や学会誌に関する情報を集めればよいのかもわからなかった。そこで，シオノギリリーの人材などを介して，日本イーライリリー社は塩野義製薬からそうした情報を入手していった[24]。

　日本での開発における大きな課題は，日本のやり方と親会社のやり方との調整に時間がかかってしまったことであった。親会社は日本に対する理解が少なく，アメリカで作成した申請資料を翻訳すればよいという程度の認識であった。そのため，新薬の承認申請にあたって，日本の申請様式に合わせる必要性を十分に認識できていなかった。しかしながら，日本での承認申請のためには，もちろん日本での試験結果が必要かつ重要であった。アメリカなどですでに成果が出ている化合物であっても，再度日本で治験を行う必要があり，その試験結果に基づいた申請書類の作成が求められていた。このコストは大きく，アメリカ親会社には理解しがたいものであった。ほかにも，申請資料が適切な日本語でなかったため，厚生省からやり直しを命じられることもあった[25]。

　こうしたなか，1987年にイーライリリー社から日本に派遣されたマーティン・ハイネスが親会社と日本子会社との仲介役となり，親会社・子会社間で密なコミュニケーションができるよう促した。親会社・子会社間での相互作用を通して，両者の認識のズレを埋めていった[26]。その後，親会社は日本で開発・販売する医薬品の方針について検討する委員会を設けるなど，日本事業への関与を深めていった。

　そして開発活動の円滑化を実現するために，医師との間に信頼関係を構築し，優れた協働体制をつくり出すことを目指した。日本イーライリリー社は，研究と安全を重視する意識を医師たちと共有することによって，信頼関係を構築していった。一方的に医師の言いなりになるのではなく，親会社で培った方式の意義などをきちんと医師に説明し，科学知識をベースとした双方向のコミュニケーションを図った。例えば，治験時の患者の状態に関する記録のとり方などは，親会社の方式を医師に踏襲してもらった[27]。

　製剤拠点に関しては，1981年に西神ラボラトリーズを設立した。1994年には注射剤を生産するための工場も建設して，同工場は翌年に稼働した。

　日本イーライリリー社は効率的な製品の市場導入とその普及に向けた組織整

備を続けた。例えば，化合物の開発から販売までの一貫した流れを管理する製品タスクフォースを社内に確立した。

　日本イーライリリー社は，1980年代後半になって，ようやく新薬の市場導入とその普及を自ら行うための職能を確保することができ，その職能的能力を高めていった。そして，日本イーライリリー社は成長への道を歩み始めた。すでに述べたように，NMBと日本シエーリング社は1970年代後半に自らの職能的能力を高めており，それに比べると日本イーライリリー社の事業展開には約10年の遅れがあった。そうした遅れた状態からのスタートであったものの，同社は新薬の市場導入を果たし，着実に成長を遂げていった。

3　新薬の発売

　新薬の日本市場への導入に関して，イーライリリー社には次の3つの考え方が存在していた。①日本子会社単独で事業を展開する。②他社と提携関係を結び共同で実施する。③そもそもその製品を日本市場に投入しない。この3つのうち，理想は①であった。しかし同社は，必ずしもそれにこだわることはなかった（Yoshino and Malnight, 1990c, p.7）。実際，イーライリリー社は①と②を併用しながら，自社医薬品を日本市場で普及させていった。

　まず，①に関する動きを見てみよう。日本イーライリリー社は，自社単独で市場導入を目指す医薬品の開発に着手した。同社が初めて単独で新薬承認の申請を行った医薬品は，遺伝子組み換えヒト成長ホルモン剤「ヒューマトロープ」であった。これは，小人症に対して効能を有していた。そのため一定の需要があり，薬価も高かった。したがって，確実に一定額の売上を見込める医薬品であった。ヒューマトロープは1988年に申請がなされ，翌年4月に販売された。その後も，日本イーライリリー社の中で確固たる売上を計上している[28]。

　この医薬品はいわばニッチ製品であり，ターゲットとなる医師の範囲が限られていたといえる。日本イーライリリー社は，自社単独で市場導入を行うことができるようになったとはいえ，依然として限られた資源や能力しか有していない状態であった。その状態では，アプローチを図り，関係を構築・強化できる医師の範囲は限られていた。それゆえ，自社単独で開発・承認申請・販売を

第6章　イーライリリー社と日本イーライリリー社

行う医薬品は，ターゲットとなる医師が限られる製品に絞ったと考えられる。

一方，需要が大きく，ターゲットとなる医師の数が多い領域に新薬を市場導入する場合，日本イーライリリー社は②を採用した。理想である①に固執せず，自社の限定的な資源や能力に鑑みて，同社は他社との提携関係を柔軟に活用して，新薬の普及へと結びつけることにした。数多くの医師との関係を築くことは，自社単独では困難だったからである。

1980年代後半以降における②の試みとして，まずあげられるのが新しい糖尿病治療剤である。1923年に発売したアイレチンの成功以降も，イーライリリー社はインスリンに関する研究開発を発展させていた。従来のインスリンは牛や豚由来のものであるため，抗体反応の問題などを有していた。そのため，この課題の解決が求められていた。そこで，イーライリリー社は遺伝子組み換え技術を用いて，ヒトインスリンの結晶化，製品化に取り組んだ。そして，それまでの課題を克服する新しい医薬品の開発に成功した。この新薬は，1982年にアメリカで製品名「ヒューマリン」として販売された[29]。

このヒューマリンに関する技術供与が，塩野義製薬に対して行われた。そして，日本でも「ヒューマリン」という製品名で，1986年1月に塩野義製薬から発売された[30]。イーライリリー社の医薬品は，長らく塩野義製薬が市場導入およびその普及を担っていた。今回も従来の流れを踏襲して，塩野義製薬がヒューマリンに関連する医師にアプローチを図り，医師との関係性を深めていき，その普及を目指したのであった。

その後，イーライリリー社と塩野義製薬との間で，ヒューマリンの取り扱いに関する契約が改められた。1992年に行われた契約の改定によって，日本イーライリリー社と塩野義製薬とが共同で，ヒューマリンの販売促進を行うこととなった。同製品の取り扱いについては，それまで塩野義製薬単独で行ってきたが，日本イーライリリー社も加わることになったのである。そして1996年7月に，日本イーライリリー社は，ヒューマリンの輸入承認を塩野義製薬から承継した。さらに，同年10月には，ヒューマリンに関するすべての権利が，塩野義製薬から日本イーライリリー社に移管されることになった。

このほかに，急性循環不全改善薬「ドブトレックス」も，まず塩野義製薬が市場導入と普及を行い，その後，日本イーライリリー社に権利が移管された医

薬品であった。ドブトレックスは1993年に塩野義製薬から発売され，同社が販売促進活動をしてきたが，同活動に関する権利は1998年に日本イーライリリー社に移管された。

このように市場規模が比較的大きく，関連する医師の範囲も広いと見込まれる医薬品に関しては，自社単独での市場導入を行わずに，従来から関係のあった塩野義製薬との提携関係を活用して市場導入を図った。塩野義製薬がまず医師との関係を保ち，その後，日本イーライリリー社と塩野義製薬とが共同で販売促進活動を行う体制に移行した。この共同作業を通して，日本イーライリリー社は，塩野義製薬の持つ医師との関係性を共有することができたと考えられる。これにより，日本イーライリリー社は当該領域の医師たちとスムーズに関係を構築・強化することができたといえよう。その後，自社単独で当該医薬品を取り扱う体制に移行した。当該領域の医師の社会的ネットワークとの連携を十分に行いうるほどの資源や能力を得たため，この体制に移行できたと考えられる。

日本イーライリリー社は，塩野義製薬以外とも提携関係を締結し，柔軟に新薬の市場導入とその普及を進めていった。ヒューマトロープの開発と並行して開発が進められ，ヒューマトロープ後に承認申請を行ったのが，抗潰瘍治療剤「アシノン」であった。当初は日本イーライリリー社単独で開発を進めていた。しかし，その後，自社単独での事業展開は困難と判断した。この新薬を成功させるためには，クリティカルマスを達成する必要があるとの判断がなされたからである（Yoshino and Malnight, 1990c, p.7）。クリティカルマスとは，「社会システムの十分な数の人々がイノベーションを採用した結果，それ以降の採用速度が自己維持的になる点」のことである（Rogers, 2003, 邦訳p.309）。すなわち，販売してすぐに数多くの医師に同医薬品を採用してもらわなければならず，そのためには，日本イーライリリー社単独で医師にアプローチするだけでは不十分であった。そこで，ゼリア新薬工業株式会社と提携関係を締結した。アシノンの開発は，同社と共同で進めることとなった。そして，1990年9月11日にアシノンは発売された[31]。薬の市場導入・普及に向け，同じく9月にゼリア新薬と共同でアシノンの発売記念サテライトシンポジウムを主催した。

ほかにも，1995年12月に，中外製薬株式会社との間で塩酸ラロキシフェンの

日本での共同開発・販売提携を結び，その市場導入を図った。これは，2004年に閉経後骨粗鬆症治療剤「エビスタ」として販売された。

4　医師との関係強化による新市場開拓

　イーライリリー社は，中枢神経系用製剤事業を日本での売上の柱の1つにしようと画策していた[32]。1992年1月に，「多くの開発候補薬，特に中枢神経系用薬の中で，どの薬物を，何の効能で，いかに効率よく日本で開発するかを検討するため，開発部各担当者（臨床，前臨床，薬事）及び新製品企画部各担当者が集まり，クロスファンクショナルなCNS（Central Nervous System（中枢神経系）の略字─筆者注─）STRATEGY GROUPというワーキングチーム」が日本イーライリリー社に設けられた。中枢神経系用製剤領域においては，1つの薬物がさまざまな効能・効果を発揮する可能性がある。それゆえ，ターゲットとなる疾患や医師の選定等が困難でもあった。こうした事情から，日本イーライリリー社では，「早期にいかに最適な開発ストラテジーを立てるかが最重要課題と考えられ，そのために，クロスファンクショナルなワーキンググループの結成が必要であった」。

　このグループの取り組みの1つとして，中枢神経系専門の医師との連携をとりながら，イーライリリー社の中枢神経系用製剤を日本で開発する方針等について検討がなされた。医師と協働して，日本での最適な開発の実現を目指したのであった。日本イーライリリー社は，CNS ADVISORY BOARDという組織を設けた。外部の中枢神経系専門医に顧問になってもらい，自社従業員に対してさまざまな教育を行ってもらうとともに，彼らと情報交換を行うことを目的として，この組織を発足させた。顧問のメンバーの選定は，比較的若手でありながら，学術レベルも高く，臨床治験の経験も豊富であり，中枢神経系のさまざまな領域で活躍している人材をターゲットとした。そして，6名のメンバーが選ばれ，それぞれの所属と専門は，東京大学神経内科，岡山大学分子細胞医学，北海道大学精神医学，東邦大学心身医学，群馬大学神経精神医学，九州大学薬理学であった。全員助教授であった。

　1993年6月に第1回CNS ADVISORY BOARD Meeting（中枢神経系用製剤

検討会）を実施した。顧問の専門医たちに加え，日本イーライリリー社からは，J-P. ミローン社長やCNS STRATEGY GROUPの人材を含め，計17名が出席した。さらに，イーライリリー社からCNS Research Advisorのリアンダー博士が出席した。検討会では，CNS ADVISORY BOARDメンバーの1人による「老齢に伴う脳機能の低下と，そのための薬物の開発ストラテジー」という教育セミナーが設けられた。また日本イーライリリー社は，日本での新薬開発の現状や親会社が有する新しい中枢神経系用製剤についての紹介を行った。こうした事例の紹介のほかに，この検討会では，日本での中枢神経系用製剤の開発に関する意見交換・討論がなされた。

1993年10月には，CNS STRATEGY GROUPによる教育セミナーが実施された。CNS ADVISORY BOARDメンバーの1人を講師として，「精神分裂病と臨床」という内容の講義や研究の紹介をしてもらうとともに，日本イーライリリー社が開発中の抗精神病薬「オランザピン」についてのコメント等をもらった。この講師は抗精神病薬に対する臨床医としての経験があり，その経験談や経験に基づいた意見を日本イーライリリー社は入手できたのであった。このように，CNS ADVISORY BOARDメンバーとの協働を通して，現場の知識や情報を蓄積することができ，効率的な新薬開発につなげていった。

こうした特定の医師を顧問として組織し，彼らと協働しながら，関係を構築・強化するという取り組みは，日本イーライリリー社にとって初めての試みであった。

第4章で述べたように，メルク社も1980年代に日本で外部の医師を学術顧問とする組織（MEDAC）を設けていた。その目的も，医師との連携を図りながら，日本での製品開発・市場導入の効率化を狙ったものであった。ただし，メルク社の場合は，MEDACは特定の薬効領域にメンバーを限定してはいなかった。複数の薬効領域の専門医を集めたのがMEDACであり，ジャパンMEDACについてもメンバー数は少ないものの，いくつかの領域の専門医がメンバーになっていた。

一方，CNS ADVISORY BOARDは，中枢神経系に特化した組織であった。日本イーライリリー社は，事業の柱とすべき薬効領域を絞ったうえで，その領域の医師との関係を効率的に構築・強化することを目指したと考えられる。同

社の限られた資源の中で，いくつもの薬効領域における医師の社会的ネットワークと連携することは困難だったからであろう。実現可能性を踏まえた，適切な選択であったといえる。

また，メルク社のMEDACは相応の地位の人材をメンバーとしているのに対して，CNS ADVISORY BOARDのメンバーには比較的若手の医師が選定されていた。日本イーライリリー社が同組織を設ける際，若手をターゲットとしたのは，以下の理由からではないかと推察される。第1に，比較的依頼等を行うことが容易であり，関係を構築しやすいため。第2に，今後の長期的な関係を意識していたため。最後に，そもそもイーライリリー社は若手医師を積極的にサポートする意識が強かったためである。

第1の理由に関して，相応の地位にある年輩の医師の場合，すでに多くの製薬企業が関係構築を図るべくアプローチしている。そうした状況に，日本イーライリリー社が割って入ることは困難だったであろう。その点，若手で，かつ最新の医学・薬学情報へのアクセスに欲している人材であれば，日本イーライリリー社もアプローチがしやすかったと考えられる。

第2の理由に関しては，今後の事業の継続や成長への期待に鑑みて，長期的な協働関係が求められたと考えられる。そのため，今後のキャリアが長い若手をターゲットにしたのであろう。

最後の理由に関しては，イーライリリー社は長らく若手の医師を支援する活動に従事してきた歴史がある[33]。イーライリリー社は，世界規模で「医師の資格を有し，大学・病院等で数年以上診療・臨床研究ないし医学教育に」携わっている26歳から40歳位の若手医師に対して，アメリカもしくはカナダの医療専門機関で1年間研究活動を行うための奨学金制度「リリー・インターナショナル・フェローシップ」を1945年から実施していた。そして，1989年までに，40カ国から250人以上の医師に対して奨学金を提供した。日本からも1964年以降1989年までに毎年1～2人が，この奨学金対象者として選ばれていた。このように，若手を支援するという企業風土があったからこそ，協働対象者として若手が選定されたと考えられる。

医師との協働を行い，最初に発売された中枢神経系用製剤は，パーキンソン病治療薬「ペルマックス」であった。ペルマックスの発売に際して，200床未

満の中小病院や診療所に市場機会があると判断し，約7,000軒の中小病院，約8万軒の診療所の中からパーキンソン病患者の多い施設を選定した。こうした施設の医師に対して販売促進を行う専門の組織として第二学術部を設け，効率的な販売促進活動も展開した。ペルマックスは1994年に発売された[34]。

日本イーライリリー社は，新たに着手した中枢神経系用製剤事業の発展を目指し，2001年には，抗精神病薬オランザピンを製品名「ジプレキサ」として発売した。その後，ジプレキサは日本で大きな売上をあげることに成功した[35]。すでに述べたように，オランザピンの開発に際して，CNS ADVISORY BOARDメンバーとの協働がなされている。このように専門医との協働関係は，次々に成果へとつながったのであった。

日本イーライリリー社は，自社の資源や能力などが拡充してくるにつれて，関係構築を図る医師の範囲を徐々に広げていった。例えば，1995年にはCNS ADVISORY BOARD Meeting同様にオンコロジー領域（癌）の医師を招いた検討会（抗腫瘍薬検討会）を実施し，同領域市場に導入する新薬の開発を進めた[36]。そして1999年に，抗癌剤「ジェムザール」を発売した。同製品は，その後追加適応症を増やすことに成功して，売上を伸ばした[37]。

こうして新たに着手した中枢神経系用製剤やオンコロジー医薬品は，同社の重要な事業となった[38]。

5　日本事業の成果

日本イーライリリー社は，当初は塩野義製薬を介して製品を開発・販売していたが，その後自らも新薬の市場導入とその普及を展開するようになった。そして，新薬の市場導入と普及に際して，自社単独で行う場合と日本製薬企業との提携を活用して行う場合とをうまく併用した。ニッチ製品については主に前者を，市場規模の大きい新薬については後者を採用した。提携によって普及を図った新薬についても，自社の資源や能力が拡充してくるにつれ，自社単独で行う体制に移行させていった。1990年代には，自社単独で医師との関係を構築し，新たな薬効領域の事業に着手するようになった。こうして取り扱う医薬品を増やしていった（表6-4）。日本イーライリリー社は，複数の薬効領域の医

表6-4 ■日本イーライリリー社が販売した新薬数(種類別)

(単位:件)

発売年	ホルモン製剤	消化器系製剤	抗がん剤	インスリン製剤	中枢神経系製剤	抗生物質製剤	循環器系製剤	合計
1975年〜1979年	0	0	0(*1)	0	0	0(*2)	0	0
1980年〜1984年	0	0	0	0	0	0(*2)	0	0
1985年〜1989年	1	0	0	0(*2)	0	0	0	1
1990年〜1994年	0	1	2	0	1	0	0(*2)	4
1995年〜1999年	0	0	0	3(*3)	0	1	1(*3)	5
合計	1	1	2	3	1	1	1	10

(*1)他社を通して,イーライリリー社製品が1件販売されている。
(*2)塩野義製薬を通して,イーライリリー社製品が1件販売されている。
(*3)うち1件は,従来塩野義製薬を通して販売していたイーライリリー社製品である。
注)その後販売を中止したものもカウントしている。
資料)資料「日本イーライリリー25周年記念」より作成。

図6-1 ●日本イーライリリー社の売上高と従業員推移

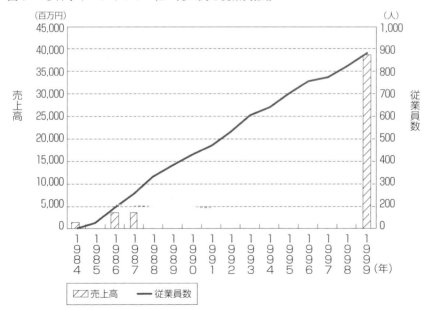

注)売上高の数値に関しては,不明年は未記載となっている。
資料)『外資系企業総覧』,『医薬品企業総覧』,資料「日本イーライリリー25周年記念」より作成。

薬品を扱うことができるほど，自社資源ならびに能力を高めていくことに成功したのであった。

　同社の組織規模は拡大し，財務業績も順調に伸びていった。**図6-1**が示すように，従業員数は1985年時点では33人しかいなかったが，1993年に500人を超え，以降も順調に増加している。新卒採用と中途採用を同時並行的に実施して，同社の組織規模は拡大した。また売上高については，日本事業への本格的な関与を図る以前の1984年時点では13億5,000万円であったが，1987年時点では36億円に増加した。その後，2000年には389億円へと，13年間に約10倍以上も売上高を伸ばした。断片的なデータしか把握できないが，1980年代後半以降急速に売上高も増加させたことは間違いない。日本イーライリリー社は事業開始の時期が遅かったものの，短期間に自社の資源や能力の拡充を果たし，また他社の資源を巧みに活用して，いくつもの新薬の市場導入と普及を実現できたため，成長を続けたのであった。

⊙注

1　近年，後発医薬品を扱う外資系製薬企業の日本事業も活性化しており，その日本事業の発展経緯についても解き明かすべき課題と考えるが，今後の課題とさせていただきたい。
2　製薬企業以外の事例になるが，桑原（2007b）などは，外資系企業にとっての人的資源の確保と育成について論じている。
3　本章の分析に際して，日本イーライリリー株式会社関係者へのインタビュー調査の過程において確認ができた資料も用いている。資料には資料名が具体的に明記されていないものもあったため，本書では，資料に便宜上のタイトル（資料「資料名」と表記する）をつけている。発行年がわかるものについては，資料名の後に発行年をつけている。
4　本節の内容は，主に以下の文献を参照している。Kahn（1976），丸山（1992），Madison（1989），Yoshino and Malnight（1990a；1990b；1990c），吉森編（2007）。
5　発見当初，バンティングたちはこの物質を「アイレチン（Isletin）」と名付けたが，その後マクラウドがこの物質について「インスリン（Insulin）」の名を採用した。1918年に，エドワード・シャーピー＝シェーファーが膵臓のランゲルハンス島から内分泌されるホルモンを仮定して，それを「インスリン（Insuline）」と命名していた。マクラウドはそこからこの物質についても「インスリン」（ただし，語尾のeがない）とした（丸山，1992）。
6　Eli Lilly, *Annual Report*, 各年。例えば，同じくアメリカの製薬企業であるメルク社は，1970年代には海外売上高の割合が40％を超えていた。
7　ただし，カプセル事業に関しては1992年にヒューマリンの販売権と引き換えに塩野義製薬に売却することとなる。そのため，日本エランコ社も塩野義製薬の完全子会社となった。

第6章　イーライリリー社と日本イーライリリー社

8　資料「日本イーライリリー25周年記念」2000年。
9　原料となる薬物の粉末のこと。
10　資料「日本イーライリリー25周年記念」2000年。
　　最終的に1988年にシオノギリリー社は解散した。日本イーライリリー社が各種職能活動を行えるようになり，その能力を高めることができたため，もはやシオノギリリー社の必要性がなくなったからと考えられる。
11　本節での日本イーライリリー社に関する記述は，断りのない限り，Yoshino and Malnight（1990c）に基づく。
12　日本イーライリリー社関係者への聞き取り（2009年9月1日）。
13　資料「イーライリリーの海外戦略」1988年。
14　資料「イーライリリーの海外戦略」1988年。
15　資料「日本イーライリリー25周年記念」2000年。
16　資料「日本イーライリリー25周年記念」2000年。
　　例えば，メルク社の子会社であるNMBの場合，1970年代の営業販売部門に配属される新卒採用者は多くが男性であった。一方，営業販売部門に配属される女性は，MRとしてよりも事務方スタッフとして配属されていたと考えられる。
17　日本イーライリリー社関係者への聞き取り（2010年6月29日）。
18　例えば，筆者が聞き取りを行った関係者（2009年7月30日）も他社から日本イーライリリー社に入社した方であった。
19　資料「日本イーライリリー25周年記念」2000年。
20　資料「早期定年退職を迎えて」1994年。
21　ただし，塩野義製薬からの出向者の教育に対する意識はOJT（On the Job Training）での長期的視野での育成を目指す傾向である一方，イーライリリー社は育成プログラムを重視し，比較的短期間で戦力となる人材の育成を希望していたという意識のズレも存在していた（Yoshino and Malnight, 1990c, p.10）。
22　資料「教育研修部門」1988年，資料「日本イーライリリー25周年記念」2000年。
23　資料「教育研修部門」1988年。
24　日本イーライリリー社関係者への聞き取り（2009年9月1日）。
25　資料「日本イーライリリー25周年記念」2000年。
26　イーライリリー社の研究開発部門の国際担当も，日本イーライリリー社に頻繁に訪問し，日本の状況を確認していた（Yoshino and Malnight, 1990c, p.8）。
27　日本イーライリリー社関係者への聞き取り（2009年7月30日）。
28　本書の対象期間外であるが，2010年度のヒューマトロープは107億円の売上をあげている（日本イーライリリー株式会社プレスリリース「日本イーライリリー 2010年度業績は1,344億円を達成」）。
29　資料「日本イーライリリー25周年記念」2000年。
30　資料「日本イーライリリー25周年記念」2000年。
31　アシノンは1996年にゼリア新薬工業に営業権を委譲した。最終的に2004年に商標等すべての権利を同社に譲渡するに至った。
32　以下の中枢神経系用製剤事業に関する記述は，資料「1993年中枢神経系用薬検討会」に

基づく。なお，本文中の引用もすべて同資料からのものである。
33　この段落の記述，引用に関しては，資料「リリー・インターナショナル・フェローシップ～リリー国際医学研究奨学金制度～資料」1989年に基づく。
34　ただし，ペルマックスの製造販売承認に関しては，2010年に協和発酵キリン株式会社に移管することになる。この製品に関しては，以降協和発酵キリン社が単独で販売を行っている。
35　本書の対象期間外となる2010年度の数値を示しておく。同年度のジプレキサの売上高は467億円であり，日本イーライリリー社最大の売上を誇る製品となっている（日本イーライリリー株式会社プレスリリース「日本イーライリリー 2010年度業績は1,344億円を達成」）。
36　資料「日本イーライリリー25周年記念」2000年。
37　2010年度の売上高は，196億円となっている（日本イーライリリー株式会社プレスリリース「日本イーライリリー 2010年度業績は1,344億円を達成」）。
38　日本イーライリリー株式会社ホームページ「患者さんと一般の皆様」によると，2017年時点において，同社は中枢神経系製剤，内分泌・代謝・骨，癌の領域に注力しているとのことである。

第7章

事例研究の総括と展開

1 外資系製薬企業の歴史

　本書ではメルク社，シエーリング社，イーライリリー社の日本子会社の事例を取り上げ，その長期にわたる事業活動の経緯を明らかにしてきた。本章では，まず各社の事例から導き出された戦後の外資系製薬企業による事業経緯の特徴について，整理しておこう[1]。

1-1　外資系製薬企業の成長（1950年代～1980年代前半）

　外国の製薬企業の多くは，1950年代から1970年代にかけて日本に参入した。各企業は国際化戦略を推進する過程において，日本市場の将来性等を踏まえ，日本子会社を設立した。外資系製薬企業は限定的な活動から事業を開始し，合弁相手先の日本製薬企業やすでに関係のあった日本製薬企業に事業活動の多くを負うことが多かった。

　外資系製薬企業の親会社は，必ずしも最初から日本事業に対して積極的に関与したわけではなかった。例えば，メルク社の事例で見出されたように，メルク社から日本事業への関与を目的とした人材の派遣が日本事業委の初期の段階には十分に行われてこなかった。

　しかし，日本市場における新薬承認・販売促進に関する制度変更への対応の必要性，市場規模の拡大や外資政策の変化，特許制度の変更などから生じるビジネスチャンスの拡大といった日本市場に関する環境変化は，親会社の日本事

179

業に対する見方に変化を生じさせた。親会社は日本事業に注目し，日本子会社に対して積極的に関与するようになった。メルク社，シエーリング社はともに1970年代半ばという同じ時期に日本子会社の改革に乗り出した。イーライリリー社は両社に比べ遅れたものの，1980年代に日本子会社の改革に着手した。このように，1970年代半ば以降の多くの外資系製薬企業において，親会社による日本事業の重要性の認識および日本子会社に対する関与や改革が生じたのであった。

　外資系製薬企業では，旧体制からの脱却のために経営層の入れ替えが行われ，また親会社・日本子会社間の連携が強固にされた。それが，親会社から日本子会社への知識移転を促進した。外国の製薬企業は，日本市場での導入を目指す化合物に関連する医学的・薬学的知識をすでに蓄積しており，研究開発の進め方についてのノウハウを有していた。またマーケティングのノウハウや販売促進の際，医師たちにどのようにアプローチするのかという点に関してのツールやノウハウも蓄積していた。各親会社は，こうした先進的な医学・薬学に関する知識やノウハウ，研究開発・マーケティング・販売促進に関するノウハウなどを外資系製薬企業に積極的に移転したのであった。同時に，外資系製薬企業の実情を把握することにも努めた。親会社からのサポートを受けながら，これらの知識やノウハウを日本で活かすために，外資系製薬企業は研究開発や販売促進を担当する組織の整備に着手した。こうして，外資系製薬企業は，職能的能力をはじめとする自らの能力水準を高めたのであった。

　こうした知識移転や実情把握は，親会社と外資系製薬企業との間での人的交流の活性化を通して行われることがあった。例えば，親会社から派遣される人材（駐在員）が需要な役割を担っていた。海外子会社では，駐在員が主要なポストに就くことが見受けられる。駐在員が海外子会社の社長に就任し，経営層を占める形で管理統括を行うといった「直接統制」（安室，1981）を採用すれば，海外子会社への知識移転や現地の実情把握が容易になる。なぜなら，駐在員は親会社と海外子会社との仲介役となり，知識移転の担い手であるとともに現地事業の管理者としての役割を果たすことが多いからである。駐在員と海外子会社の従業員との交流が，移転すべき知識の現場への浸透および現場知識の共有を促進する。このように多国籍企業の海外子会社経営において，駐在員の

果たす役割は大きく，駐在員は海外子会社の業績にも大きな影響を及ぼしている（Gong, 2003；大木, 2013）。実際のところ，外資系製薬企業においても，社長が外国人であることや一定数の外国人が役員に就くことが見受けられた（表7-1）。外資系製薬企業の能力強化および日本事業に関する実情把握を達成するために，多くの親会社は直接統制を採用してきたのであった。

ところが，駐在員を活用した海外子会社経営は効果を持つ一方，直接統制の場合，海外子会社の自立性を弱めてしまう可能性もある。駐在員は，親会社からの知識移転や親会社が立案した戦略等の経営方針を現地で推し進めることに固執しかねない。そうすると，いわゆる中央集権的な「グローバル型」（Bartlett and Ghoshal, 1989）となるため，海外子会社の自立的行動が弱まってしまう。すなわち，海外子会社管理に際して，駐在員の活用に重きを置いた直接統制では，海外子会社に負の影響を及ぼすという弊害を生じさせうる。

多くの外資系製薬企業が直接統制を採用している一方，メルク社の日本子会社管理は，直接統制とは異なるあり方が見出された。メルク社の日本子会社には日本人社長が長らく就く体制であり，また日本子会社の経営役員層に占める外国人の割合についても，他の主要外資系製薬企業と比べても，その割合は長らく少ない傾向にあった（表7-1）。そのため，メルク社は直接統制を採用してこなかったと評価できる。もちろん，同社も日本子会社の重要な職能の中間管理層に駐在員を就任させることによって，知識移転や実情把握といった統制を行っていた。だが，それだけでなく日本への頻繁な短期出張を行いながら，親会社・日本子会社間の人的交流の活性化を図り，日本子会社への知識移転や実情把握を推し進めていった。

直接統制にしろ，それとは異なる体制であったにしろ，外資系製薬企業では親会社とのつながりが深まり，親会社が持つ知識の移転がなされたのであった。その知識の1つが，医師との関係構築のためのノウハウであった。医学・薬学知識の水準を高め，かつ医師へのアプローチの仕方に関するノウハウを備えた外資系製薬企業は，医師たちに対して有益な情報を提供できるようになった。また，情報の提供だけでなく，外資系製薬企業は学会の支援活動も行い，日本の医師たちに新たな研究機会を提供した。親会社や外資系製薬企業が持っていた海外の医師とのネットワークをうまく日本に持ち込むことによって，日本の

表7-1 ■主要外資系製薬企業の経営役員層に占める外国人の割合と社長在職者

本社名 年	イーライリリー 外国人比率	社長	ファイザー 外国人比率	社長	メルク 外国人比率	社長	ノバルティス 外国人比率	社長	ロシュ 外国人比率	社長	グラクソ・スミスクライン 外国人比率	社長	バイエル 外国人比率	社長
1975年	-	外国人	25.0%	日本人	37.5%	日本人	83.3%	外国人	75.0%	外国人	41.7%	日本人	41.7%	外国人
1976年	-		26.7%		37.5%		85.7%		50.0%		33.3%		41.7%	
1977年	-		26.7%		37.5%		83.3%		50.0%		35.3%		41.7%	
1978年	-	外国人	22.2%		37.5%		83.3%		50.0%		35.3%		41.7%	
1979年	-		16.7%		25.0%		83.3%		50.0%		37.5%	日本人	41.7%	
1980年	-		15.0%		25.0%		66.7%		40.0%		41.2%	外国人	50.0%	
1981年	-	外国人	0.0%		25.0%	日本人	71.4%		50.0%		38.9%		41.7%	
1982年	-		0.0%		25.0%		70.0%		50.0%		27.8%		33.3%	
1983年	100.0%		0.0%	日本人	22.2%		80.0%		37.5%		27.8%		30.8%	
1984年	100.0%		0.0%		22.2%		87.5%		44.4%	外国人	23.5%	無	44.4%	外国人
1985年	75.0%		0.0%		5.0%	日本人	58.8%		44.4%		15.4%	外国人	45.5%	
1986年	62.5%	外国人	0.0%		4.8%		60.0%		44.4%		14.3%		54.5%	
1987年	62.5%		0.0%		9.1%		63.2%		44.4%		23.1%	外国人	50.0%	
1988年	57.1%		0.0%		9.5%		52.6%		40.0%		14.3%	日本人	54.5%	外国人
1989年	-		4.3%		9.5%	日本人	50.0%	外国人	30.8%		7.1%	無	50.0%	
1990年	33.3%	外国人	4.5%		9.5%		41.2%		36.4%	外国人	12.5%		46.2%	
1991年	33.3%		9.1%		15.0%		44.4%		36.4%		20.0%	外国人	46.2%	
1992年	50.0%		4.5%		9.1%		52.9%		46.2%		20.0%		37.5%	
1993年	44.4%	外国人	9.1%	日本人	8.7%		50.0%		41.7%		21.1%	外国人	40.0%	外国人
1994年	37.5%		9.5%		8.7%		47.1%		33.3%		16.7%		42.9%	
1995年	33.3%		15.0%		4.0%		45.5%		38.5%		15.8%	外国人	42.9%	
1996年	40.0%		10.0%		7.1%		43.5%		50.0%	日本人	15.8%		30.8%	
1997年	-		18.2%	外国人	7.1%		20.0%	外国人	42.9%		36.4%	外国人	38.5%	外国人
1998年	-		22.7%		7.1%	日本人	18.2%		38.5%		30.0%		38.5%	
1999年	-		26.1%		6.5%		37.5%		37.5%		41.7%		46.2%	
2000年	-	外国人	21.7%		9.7%		40.0%		33.3%		33.3%		45.5%	
2001年	-		28.6%	外国人	9.4%		25.0%	日本人	30.8%	日本人	26.7%		44.4%	
2002年	100.0%		31.6%		9.4%		23.1%		11.1%		18.8%		37.5%	
2003年	100.0%		36.8%		27.3%		23.1%		26.7%		23.5%		42.9%	
2004年	100.0%		33.3%		36.4%		35.7%		26.7%		26.7%	外国人	-	日本人
2005年	100.0%	外国人	27.8%	外国人	44.4%	日本人	38.5%	外国人	25.0%		26.7%		-	
2006年	100.0%		38.9%		50.0%	日本人	41.7%		29.4%	日本人	26.7%		57.1%	
2007年	100.0%		27.3%	日本人	55.6%		33.3%		29.4%		27.3%		66.7%	
2008年	100.0%		33.3%		60.0%	外国人	33.3%	日本人	33.3%		16.7%		60.0%	外国人
2009-10年	100.0%		33.3%	日本人	52.6%		33.3%		33.3%		10.0%		60.0%	
2011年	100.0%		29.4%		57.1%	外国人	37.5%		31.3%		23.1%	外国人	60.0%	

注1) 原則として,『薬業会社録』,『医薬品企業総覧』の各年版に記載されている情報を基にしているため,年と各社の数値等状況との間にズレのある可能性がある。

注2) 経営役員とは,『薬業会社録』,『医薬品企業総覧』の「役員欄」に記載されている会長・社長・

取締役・監査役などの人物を指す。また役員には，非常勤役員も含んでいる。なお，ファイザーは2008年以降，メルクでは2009年以降執行役員も含んでいる。
注3） 社長は各日本子会社の社長に就任したのが日本人か外国人（派遣駐在員）かを示している。各セルは就任期間を示している。
注4） 各社の日本子会社は以下のとおり。イーライリリー：日本イーライリリー（1981年に日本リリーから社名変更）。ファイザー：ファイザー（1989年に台糖ファイザーからファイザー製薬に改称。2003年にファイザーに改称）。メルク：1984年まで日本メルク萬有，1985年～2009年まで萬有製薬（2000年に万有製薬に改称），2010年からMSD。ノバルティス：1996年まで日本チバガイギー，1997年以降ノバルティスファーマ。ロシュ：2000年まで日本ロシュ，2001年以降中外製薬。グラクソ・スミスクライン：1998年まで日本グラクソ，1999・2000年はグラクソ・ウェルカム，2001年以降グラクソ・スミスクライン。バイエル：バイエル薬品。
注5） 『医薬品企業総覧』は2009・2010年版が一冊として発刊されているため，ここでも2009-2010年を一括で記載している。
注6） 数値の未記載は，『薬業会社録』，『医薬品企業総覧』に情報の記載がなかったため。
注7） グラクソ・スミスクラインに関して，一時期日本子会社の社長は2人体制を採用していたため，2人分記載している。
注8） メルク社の2011年は2010年10月時点の数値を示している。
資料）『薬業会社録』1975年版～1990年版，『医薬品企業総覧』1991年版～2011年版，一部各社ホームページより作成。

医師たちや学会への支援ならびに海外の医師と日本の医師との仲介役となった。特に，オピニオンドクターたちは，最先端の医学・薬学情報や最先端の研究に触れる機会を欲していた。そのため，外資系製薬企業による情報や研究機会の提供は，オピニオンドクターたちが持つこうした欲求を満たすことにつながったと考えられる。

　こうして，外資系製薬企業は医師たちのニーズを的確に捉え，それに適切に応じる体制をつくりあげた。そして，これが，医師たちとの間で新薬開発や普及に関する組織的な協力関係を構築できる基盤となった。

　次第に医師たちは，外資系製薬企業は協業に値する能力を持っていると評価するようになったと考えられる。いわば，医師たちは外資系製薬企業の持つ能力に対して信頼（「能力的信頼」（若林，2006））を寄せるようになったのである。医師との間に信頼関係を得た外資系製薬企業は，医師との知識・情報共有の実現をはじめ，協働を可能にした。メルク社は，MEDACの組織化を中心に，いくつもの薬効領域の専門医との協働体制を築いた。日本シエーリング社は，特に造影剤に関連する医師を中心に，シンポジウムを開催するなどターゲットとする医師と良好な関係を築いた。日本イーライリリー社は事業開始が遅かったため，この時期はまだ医師との協働を十分に行っていないが，後年に

ADVISORY BOARDを設立するなど協働体制を確立していく。こうした協働関係によって、外資系製薬企業と医師との信頼関係は強化されたと考えられる。

　この医師との関係性を通して、医師の社会的ネットワークに埋め込まれた社会関係資本を活用することができた。その結果、医師たちとの協力の下、新薬に関する研究開発の進展や臨床試験の円滑な実施ならびに新薬の情報発信や医師間での情報共有が促された。新薬の開発から承認、普及までの一連の流れが円滑に進み、新薬の売上拡大という事業成果に至ったのであった。

　さて、本書で取り上げた3つの事例から見出した点を改めて整理しておこう。

　日本の市場環境の変化を受け、親会社は日本事業に対して注目 (attention) するようになった[2]。そして、親会社は日本市場の重要性を認識するに至った。その結果、日本事業に積極的に関与し始めたのであった。親会社による関与は、親会社・日本子会社間のつながりの強化をもたらした。両者間のやりとりが密になり、親会社による日本子会社への知識移転と日本事業の実情把握が促進された。これが、日本子会社の発展をもたらすことになった。

　日本子会社である外資系製薬企業は、親会社から移転された知識をベースにして、職能活動の合理化への取り組みや組織改革を行った。そして研究開発や

図7-1 ●外資系製薬企業の成長の流れ

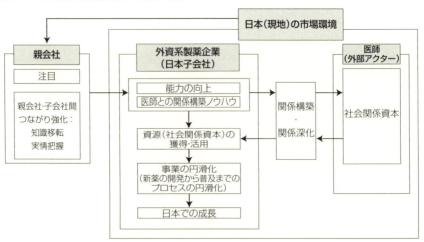

資料) 筆者作成。

生産，販売促進といった職能的能力を中心に，自社能力の強化を実現していった。外資系製薬企業は能力を強化し，その能力などを活かして，医師へのアプローチや協働を効果的に行うことができるようになった。そして，医師との関係を深めていった。このように外資系製薬企業は，医師との関係構築のノウハウを獲得，蓄積していったのである。

この医師たちとの間に生み出した信頼関係を通して，医師の社会的ネットワークに埋め込まれた情報資源や関係的資源といった社会関係資本の獲得や活用を外資系製薬企業は成し遂げた。社会関係資本を活用して，新薬の開発から普及に至る一連のプロセスを円滑に達成できるようになった。社会関係資本へのアクセスとその活用を実現する仕組みをつくり出し，事業の円滑化を達成した外資系製薬企業が，日本での成長を果たしたのである。

こうした外資系製薬企業の成長の流れを示したものが，図7-1である。

1-2 外資系製薬企業の岐路と結果（1980年代後半～1990年代）

ところが，すべての事例において成長が持続したかというと，そうではなかった。さらなる成長を達成するためには，市場環境の変化への対応が必要であった。

1980年代以降，日本の医薬品市場におけるニーズに変化が生じる。すなわち，生活習慣病といった慢性疾患に対する治療が大きな課題となった。このニーズに応じる形で，次第に循環器官用製剤や中枢神経系用製剤などが生産額を高めていった（図3-1）。日本では長らく抗生物質製剤が最も高い生産額をあげていたが，この時期に生産額トップは循環器系製剤にとって代わられた。市場ニーズの変化に応じて慢性疾患用の新たな医薬品を普及させることが，各社のさらなる成長に求められた経営課題となった。

外資系製薬企業も市場環境の変化に応じた事業活動に着手する。市場規模が拡大傾向にある新しい薬効領域の市場に参入するなど，事業領域の範囲の拡大を試みた。そして日本でのさらなる成長を遂げるべく，外資系製薬企業は自社資源の拡充に取り組んだ。

この時期，メルク社は日本子会社の資源の拡充を果たした。1980年代初めまでにNMBでの改革が進み，NMBは萬有製薬に依存する体制から脱却しつつ

あった。また，NMBではいくつかの薬効領域の医薬品が販売されており，他にも循環器系製剤などの新薬も市場に導入される見込みであった。そして萬有製薬の買収を経て，メルク社は日本において研究開発から生産，販売までの一貫した流れを統合できるようになり，なおかつMRをはじめとした多くの資源を拡充することができた。MRをはじめとした多くの資源を活用できるようになったため，さまざまな専門領域の医師たちに働きかけを行い，いくつもの医師の社会的ネットワークとの連携を果たすことができるようになった。さらにNMBおよび萬有製薬では，研究開発部門の責任者に医師や大学等研究機関出身の研究者を据えることで，医師たちとの関係を深化させていった。いくつもの社会関係資本へのアクセスとその活用がなされたことによって，萬有製薬は市場ニーズに応じたさまざまな新薬の市場導入および普及を実現することができ，持続的な成長を遂げたのであった。

　日本シエーリング社は，造影剤事業で大成功を収め，急成長を果たした。しかし，造影剤市場の規模は小さかったため，市場規模の大きい治療薬市場に参入してさらなる成長を目指した。そして発売されたのが，1987年のオイナールであった。しかし，新市場ではターゲットとする医師の社会的ネットワークの数も多く，多くの困難が待ち構えていた。当時の日本シエーリング社にとって，新事業の展開は自社の能力や資源の水準や量を超えた課題であったにもかかわらず，同社は新事業を展開するに足るほどの資源の拡充を十分に行ってこなかった。というのも，同社は従来から日本の製薬企業に依存せずに成長を遂げてきた経緯があり，新事業を手掛けた際にも，これまでどおり自社単独で研究開発から販売までを行う方針を採用したからであった。造影剤などターゲットとなる医師の社会的ネットワークの範囲が比較的限られている製品に特化していた時期は，日本シエーリング社の有する資源でもそことの連携は可能であったものの，治療薬市場ではこれまでと同じ試みは機能しなかった。結果的に，オイナールは大きな成果をあげることができなかった。

　しかも，造影剤市場での競争を受けて，日本シエーリング社は造影剤事業に集中的に資源を配分したため，新事業には十分な資源が配分されなくなった。そのため，新事業の成長はより困難になった。結局のところ，新しい治療薬事業は大きな売上の柱にならず，同社は造影剤事業に偏重するという構造から抜

け出せなかった。この状況下で生じた造影剤事業の売上減少は，同社の業績を一気に悪化させたのであった。

　日本イーライリリー社における改革は，他の2社に比べ遅かった。同社は後発者が抱える人的資源の不足という課題に直面していたが，例えば，中途採用にも力を入れて即戦力の確保に努めるとともに，塩野義製薬と連携して人的資源の強化に努めることによって，その課題に対処していった。そして，各職能部門の能力水準を高めることに成功した。そして，他社同様に，いくつもの薬効領域の新薬を導入した。その際，日本イーライリリー社は自社で導入を図る新薬と日本製薬企業との提携を通して導入を図る新薬とに分けて，事業を展開した。同社は限られた資源しか保有していなかったため，ターゲットとなる医師の範囲が限られた領域での新薬導入に自らは集中した。一方，ターゲットとなる医師が比較的多い新薬に関しては，塩野義製薬など他社を介して市場への導入を図った。アクセスを図る社会関係資本に関して，その難易度を考慮して自社でアクセスを図るもの，他社にアクセスを図ってもらうものに分けたのであった。

　その後，日本イーライリリー社は資源や能力等が充実してくるにつれて，それまで自社単独ではアプローチ対象範囲外であった医師たちに対して日本製薬企業と共同でアプローチするようになった。最終的には，日本製薬企業に依存せずとも自社のみで医師へのアプローチや対応が可能となった。このように日本イーライリリー社は，日本製薬企業と医師との間ですでに構築されていた関係性にうまく自社を組み入れていった。同社は，日本製薬企業との関係を巧みに活用しながら，さまざまな医師の社会的ネットワークとの連携を効率的に行うことができ，複数の薬効領域の新薬の導入と普及の持続的達成を成し遂げたのであった。

　以上の経緯を振り返ると，1980年代以降の外資系製薬企業の成長過程において，外資系製薬企業が事業を開始した段階に関係のあった日本製薬企業との間の関係性にも変化が見られている。日本シエーリング社は元来日本製薬企業との関係性がなく，自社単独での事業展開を図っていたため該当しないが，NMBは次第に萬有製薬に依存する状態から脱却し，その後メルク社は萬有製薬そのものを傘下に収めている。日本イーライリリー社も長らく塩野義製薬と

表7-2 ■3事例に見られる取り組み（1950年代～1990年代）

	メルク社	シエーリング社	イーライリリー社
親会社による注目と知識移転	○	○	○
日本子会社の能力向上	○	○	○
事業範囲の拡大	○	△(*1)	○
事業範囲拡大時の経営資源の拡充・補完	○	×	○(*2)
日本企業からの自立	○	－	○

(*1) 日本シエーリング社は1980年代後半に新規市場への参入を果たしたものの，新規事業を育てることができなかったため「△」としている。
(*2) 日本イーライリリー社は塩野義製薬などの資源を活用していた。
資料）筆者作成

の関係性の中で事業を展開していたが，自社の資源や能力が増大するにつれ，次第に塩野義製薬に依存せず，自社主体の事業展開に切り替えていった。外資系製薬企業が事業を開始した当初は既存の日本製薬企業に事業活動の多くを負っていたものの，そうした依存体制から自立を果たしたのであった。1980年代後半から特に1990年代において，外資系製薬企業による自販体制への移行が注目を集めるが，この現象は営業活動に関する能力や資源の拡充を遂げた外資系製薬企業が自立を果たした結果生じたものといえる。

1-3 小 括

改めて，1950年代～1990年代における3社の事例の特徴をまとめたものが，**表7-2**である。すでに述べたように，親会社による日本事業への注目と知識移転がなされたこと，そして日本子会社の能力向上が生じたことが，日本子会社と医師との関係深化につながった。これは医師の社会的ネットワークに埋め込まれた社会関係資本へのアクセスと活用を可能にし，日本での成長へと結びついたのである。これは，本書で取り上げた3つの事例すべてにおいて見出された事項であった。

そして，日本子会社は成長の過程において事業範囲の拡大を果たしていた。つまり，研究開発，生産，販売といった職能の獲得と統合，ならびに市場ニーズの変化に応じる形でさまざまな薬効領域の新薬を導入するなど事業領域の範囲を拡大してきた。

新たな薬効領域市場での成長を実現するためには，複数の社会関係資本を同時に活用しなければならなかった。これには，相応の資源や能力の拡充や補完が求められた。もちろん，新しい職能が追加される際も，それらの拡充・補完は必要であった。事業範囲の拡大に際して，外資系製薬企業が自社資源や能力の拡充や補完をできたかどうかが，持続的な成長に大きく影響を及ぼしたのであった。

　メルク社は萬有製薬を買収することによって，一連の職能の統合を果たすとともに，資源や能力の拡充を成し遂げた。イーライリリー社は1980年代後半に試みた事業範囲の拡大時に，塩野義製薬などの資源をうまく活用しながら，資源や能力を拡充した。また同社は複数の薬効領域市場で事業を行う際にも，他社の資源を活用していた。他社との関係性を通して，自らの限られた経営資源を補完したわけである。

　また，メルク社やイーライリリー社は，事業開始当初に依存関係にあった日本企業から自立を果たした。このように，資源や能力の拡充を行い，事業範囲の拡大を実現した日本子会社が，関係のあった日本企業から次第に自立し，持続的な成長の道を歩んだのであった。

　一方，日本シエーリング社は異なる歩みを見せた。同社は治療薬事業を新たに始めたにもかかわらず，この新事業を発展させることができなかった。すなわち，事業領域の拡大をうまく達成できなかった事例であった。同社は独自路線を維持して追加資源の獲得に努力しなかったため，新たに参入した領域で求められる社会関係資本に十分にアクセスすることができなかった。ただし，第5章の最後で触れたように，同社は2000年代に入って日本製薬企業を買収することによって，この問題の解決を図ったのであった。

2　海外子会社の進化

　本書で取り上げた各社は，設立当初の状態から活動内容および活動範囲が大きく変化していた。各社とも時間をかけて，職能活動の追加および職能的能力の強化，ならびに事業領域の範囲の拡大を行った。またメルク社，イーライリリー社に関しては，設立当初の日本子会社は日本製薬企業に活動の多くを依存

していたが、その状態から脱却して自立を遂げていた。こうした歴史的経緯を振り返ると、各外資系製薬企業は日本事業を進化させてきたと評価できよう。そのため、本書の議論は、多国籍企業の海外子会社の進化に関する研究との接点が見出され、この研究領域に対して何らかの示唆をもたらしうると考える[3]。

2-1　海外子会社の進化とその要因

そもそも海外子会社の進化とは何か。

Birkinshaw and Hood（1998）によると、「海外子会社の進化」は、海外子会社が有する①capability（能力）、②charter（権限や活動範囲）、この2つの状態の変化から捉えることができる。例えば、①capability（能力）が強化され、②charter（権限や活動範囲）が拡大すれば、海外子会社は進化したとみなされる。

①capability（能力）の強化とは、例えば、既存の取り組みを効率的に実施できるようになること、新しい取り組みをこなすことができるようになること、人的資源をはじめ経営資源の質・量が高まることなどを意味している。各職能的能力をはじめとしたさまざまな能力が、質・量の面で高まり、効率性が高まっていたり、新たな取り組みを達成できていたりすれば、capabilityが強化されているとみなされる。②charter（権限や活動範囲）の拡大とは、具体的には、新製品の開発といった新規事業の着手や新たな職能活動が追加されることなどを指す。それまで実施してこなかった新しい取り組みを行えるような裁量権を持つようになれば、charterが拡大されているとみなすことができる。すなわち、裁量権や事業範囲の拡大の有無が、進化の指標になっている。

またBirkinshaw and Hood（1998）では十分な議論がなされていないものの、海外子会社にとって、自らの存続と成長は達成すべき目的の1つと考えられる。そのため、財務業績の伸長といった企業成長が海外子会社の進化には伴わなければならないと想定される。能力の強化による効率性の向上や新たな成果の達成は、財務業績の伸長につながるであろう。新規事業への着手に関しても、着手すれば進化を達成するわけでなく、その事業の発展がなされて進化したと評価できる。

以上を踏まえ、「海外子会社が能力の強化ならびに裁量権や事業範囲の拡大

を実現し，かつ自らの成長を達成すること」を，本書では「海外子会社の進化」と捉えることにする[4]。

　Birkinshaw and Hood（1998）によると，以下の3つの要因の影響を受け，海外子会社は自らの役割を進化させるという。第1が，親会社からの役割指定である。親会社は海外子会社に対して資源配分や活動の指示などを行い，海外子会社の役割を指定する。こうした親会社の関与が子会社の裁量権や事業範囲に変化をもたらすため，海外子会社の進化へとつながる。2つ目が，海外子会社による選択である。子会社の持つ主体的意思決定によって，能力強化や新規事業への着手がなされ，進化をもたらすこととなる。最後が，現地環境である。現地の市場状況や現地に存在するさまざまなアクターから影響を受け，親会社・海外子会社は意思決定を行う。そのため，現地環境も海外子会社の進化に影響を及ぼす要因である。

　これら要因は海外子会社の進化に影響を及ぼし，しかも進化の達成が再びこれら要因に影響を及ぼすという，いわば相互作用の関係性にある。例えば，海外子会社の進化が達成されることによって，親会社は新たな資源や役割の付与を海外子会社に行うようになったり，海外子会社もイニシアティブを高めるといった新たな意思決定を行ったりする。ほかにも，進化の達成によって，現地の競合他社が新たな反応を示し，それに応じる形で，親会社や子会社内で新たな意思決定が生じうる。これらが，さらなる進化に影響しうるのである。

　Birkinshaw and Hood（1998）以降，海外子会社の進化プロセスを具体的に明らかにすることによって，その進化要因の普遍性等に対する検討が進んでいる。例えば，梅野（2012），多田（2008）は，海外子会社の成長・進化プロセスを明らかにして，Birkinshaw and Hood（1998）が提示した3要因が海外子会社の進化に影響を及ぼしていたことを実証している。このほかにも，Birkinshaw and Hood（1998）とは異なる観点ではあるが，海外子会社の成長や進化プロセスを具体的に明らかにする研究も蓄積されている（浅川，2011；折橋，2008；川邉，2011；島谷，2007）。

2-2　3事例に見られる日本子会社の進化

　本書の事例も，こうした進化要因に基づいて解釈することができよう。本書

で取り上げた各事例では，親会社および現地環境の影響を受け，進化が生じている。各事例においては，1970年代以降親会社が日本子会社に注目（attention）するようになり，日本事業の位置づけの見直しがなされた。そして，親会社は日本子会社に対して知識移転や実情把握を積極的に行うようになる。また，そもそもこうした親会社の注目や関与が進んだ原因として，日本の医薬品市場の急速な規模拡大や新薬承認の厳格化をはじめとする制度変更といった市場環境の変化が生じたことがあげられる。

親会社が日本子会社に対して移転した知識として，例えば研究開発に関するものがあげられる。新薬承認の厳格化に伴い，親会社が持つ医学・薬学および研究開発に関する情報やノウハウの移転がなされた。それと同時に日本子会社では，研究開発部門の組織整備が行われた。そして，日本子会社では，それまで十分に行われていなかった研究開発活動を積極的に行うようになった。新たな試験等が実施され，新薬の市場導入の実現につながる効率的な研究開発体制を構築するに至った。これは，日本子会社の事業活動の範囲を拡大させ，職能的能力を強化したことを意味していよう。そして，業績の伸長や企業規模の拡大も生じている。1970年代後半から始まる各社の改革後の展開は，まさに海外子会社の進化を達成するプロセスであった。

ところが，持続的に進化を遂げることができた企業とそうでない企業が存在した。持続的な成長を遂げることができなかった企業は，一度は進化を達成したとしても，さらなる進化の達成ができなかった事例と考えられる。

NMB・萬有製薬および日本イーライリリー社は，いったん進化を遂げた後も，事業範囲の拡大と能力の強化を続けた。例えば，さまざまな薬効領域で事業を展開すべく継続的に事業範囲を拡大させ，かつその際に萬有製薬の買収や塩野義製薬を通した資源の拡充を行っている。この資源の拡充を経て，日本子会社は能力の強化を果たしたと解釈できる。そして，この2つの事例は持続的な成長を遂げてきた。このように，NMB・萬有製薬および日本イーライリリー社は，事業範囲の拡大および能力の強化を継続し，なおかつ持続的な業績の伸長を実現したことから，持続的な進化を遂げてきた事例と評価できる。

一方，日本シエーリング社も，進化を遂げた後も事業範囲の拡大を目指していた。同社は，市場規模の大きい治療薬市場に成長の機会を見出し，造影剤事

業に依存する状態からの脱却を図った。そして，オイナールを開発し，新市場に参入した。オイナールは，日本子会社が独自の開発を進めた結果，生み出された医薬品であった。

しかし，新規事業は売上の柱にはならなかった。しかも，造影剤事業の競争が激しくなったことを受け，同社は既存の主力事業の防衛という戦略に転じた。その結果，新規事業への投資は消極化した。そして，新規事業を育て，造影剤事業に依存した状態から脱却して持続的成長を果たすことはできなかった。すなわち，事業範囲を拡大させ，持続的な成長を果たすという，海外子会社の進化に日本シエーリング社は失敗したのであった。

2-3　海外子会社の進化の失敗と海外子会社のイニシアティブ

では，なぜ日本シエーリング社は進化に失敗したのであろうか。

従来の研究では，海外子会社が進化を果たす要因やそのプロセスの解明に注力しているが，こうした海外子会社の進化が実現できない理由に関しては，十分な議論がなされていない[5]。もちろん，Jones（2002）や桑原（2005）といった，海外子会社の事業がなぜうまくいかなかったのかを経営史的観点から解き明かしている研究も存在する。Jones（2002）や桑原（2005）は，海外子会社に対する評価として，事業成果を出せない，財務業績の低迷や現地市場からの撤退などをもって失敗という評価を下している。そして，これら研究は，海外子会社の失敗の原因を親会社側の要因に求めて，歴史的経緯を描いている。

しかし，財務業績の低迷や現地市場からの撤退は，そのときの現地市場の状況や親会社側のグローバル戦略の影響による場合もありうるため，必ずしも海外子会社自身の問題に帰すことができないことも多い。そもそも，海外子会社の進化には，親会社側の要因のみならず海外子会社の選択という主体的行為も影響を与えている。この点を踏まえると，海外子会社の評価を検討する際には，海外子会社側の主体性に，より注目する必要もあると考えられる。実際のところ，海外子会社の進化の失敗という現象について，海外子会社の主体性に注目して考察する試みは，これまでの研究では十分になされていないのが現状である。

そこで，本書では，海外子会社側の主体性に注目して，海外子会社の進化の

失敗という現象について検討してみる。なお，本書で想定する「海外子会社の進化の失敗」とは，「海外子会社が進化を目指したにもかかわらず，それが達成できないこと」を意味している。

　まず，日本シエーリング社の進化の失敗の理由として，そもそも同社は能力に欠けていたという解釈が成り立つであろう。日本シエーリング社は，さらなる成長を目指し，市場規模の大きい新領域への参入を果たした。新規参入となるオイナールは開発に時間がかかってしまい，当初の予定よりも遅い1987年に発売された。すなわち，この新規事業に着手するにあたり，新製品を日本独自で開発できるほどの能力を同社は備えていなかったと考えられる。

　さらに販売促進に関しても，新規領域での製品を販売できるほどの能力や資源を有していなかった。オイナールの発売に際して，同製品に関連する学会や研究会の数は多く，カバーすべき範囲が非常に広かったにもかかわらず，同社は自社単独で販売促進を行うことを決定した。結果的には，対象とする医師たちを単独でカバーすることは困難であり，オイナールは十分な成果をあげることができなかった。

　このように，同社は造影剤といった市場規模の小さい事業領域において能力を強化しえたかもしれないが，新規参入市場に関しての能力には欠けていた。海外子会社の進化とは，能力の強化を実現することでもある。そのため，能力の欠如が進化の実現につながらなかったと解釈できよう。

　一方で，能力に欠けているのであれば，能力を補完する施策を講じ，進化を果たすことも可能だったかもしれない。オイナールを販売する際に，日本シエーリング社が関与していた学会・研究会の数が非常に限られていたことは自明であり，同社は自社には十分な能力や資源がないという現実に直面したはずである。他社と共同で開発や販売促進を実施するという方策もあったにもかかわらず，同社は，単独で研究開発や販売活動を試みるという，ある種無謀な意思決定を行った。なぜ，こうした無謀な意思決定を行ったのであろうか。

　これを理解するうえで，「海外子会社のイニシアティブ」という概念に注目したい。

　これまで，海外子会社の主体性や企業家精神に注目し，海外子会社の企業家精神に対して「イニシアティブ」という概念を導入して，海外子会社の成長や

第 7 章　事例研究の総括と展開

進化に関する考察が行われている（Ambos, Andersson and Birkinshaw, 2010；Birkinshaw, 1997, 2000；Birkinshaw, Hood and Young, 2005；Birkinshaw and Fry, 1998；Delany, 2000）。海外子会社は，新たな事業機会を追求し，自らの成長および多国籍企業内での権限の拡大を目指し，新製品開発や新事業参入などの新たな投資を試みることができる（Birkinshaw, 1997, 2000；Birkinshaw and Fry, 1998）。こうした海外子会社による主体的かつ意欲的な行動が，「海外子会社のイニシアティブ」である。そこで，本書では，「海外子会社のイニシアティブ」を「海外子会社が独自に市場機会を認識し，新製品開発や新規事業参入など新たな投資活動を積極的に行うこと」と定義しておく。

　こうした積極的活動には，海外子会社が発案した現地オリジナルな試みに着手することも含んでいる。特に，多国籍企業グループ内では見られなかった試みが実施されている場合，その海外子会社は明確に海外子会社のイニシアティブを発揮したと解釈できる。

　これまでの研究では，この海外子会社のイニシアティブがもたらす効果の検討（Ambos, Andersson and Birkinshaw, 2010；Birkinshaw, 2000；Birkinshaw, Hood and Young, 2005），イニシアティブの類型およびイニシアティブを促進する要因の検討（Birkinshaw, 1997, 2000；Birkinshaw, Hood and Young, 2005；Birkinshaw and Fry, 1998）などが行われている。そして，海外子会社のイニシアティブが発揮されると，当該子会社の成長や進化につながるといった効果があると指摘されている。というのも，海外子会社のイニシアティブによって，新たな事業に着手するようになり，事業範囲の拡大が生じ，海外子会社の進化へと至るからである[6]。

　すでに述べたように，日本シエーリング社は治療薬市場への参入という積極的行動を主体的に行うようになった。しかも，オイナールは，日本独自の取り組みにより開発された医薬品であり，まさに海外子会社のイニシアティブを発揮した事例と言える。したがって，従来の議論に従えば，海外子会社のイニシアティブを発揮した日本シエーリング社は，進化を遂げるはずであった。

　ここで鍵となるのが，海外子会社のイニシアティブが発揮された状況である。日本シエーリング社は，イニシアティブを発揮して，オイナールを新たに発売

した。この発売に際して，自社単独での販売を行っている。同社は，従来から自社単独で事業展開を行っており，造影剤事業の成功もそうした流れを踏襲していた。それにより，販売に関する能力は強化されたと判断し，オイナールの市場導入も自社単独で成し遂げることができ，そして成し遂げることにこそ意義があると考えていた。すなわち，この新規参入においては，造影剤事業での成功から販売能力が強化されていたという自負が背景に存在しており，この自負に基づいて意思決定がなされたのであった。

だが，同社がオイナールを自社単独で販売することは，同社の能力や有する資源の範囲を超えた課題であった。そもそも，組織の規模や資源が限られている状態の海外子会社が，新事業の展開といった進化を単独で実現することは，大きな経営課題である[7]。同社は造影剤事業に関しての能力は強化してきたが，その能力は新規事業でも通用しうるものではなかった。さらなる能力が必要であったにもかかわらず，現状の能力でも新規事業は成功可能と判断したのである。この判断が，進化の失敗につながったと考える。

そもそも，海外子会社は自身の能力の向上を果たすと，そのイニシアティブを高めるようになる（Birkinshaw, 2000）。それならば，過去の進化の達成によって，自らの能力に対する自負を持った海外子会社は，その高い能力を基にして，さらなる進化を目指して新たな投資をより積極的に行うようになる。

ところが，海外子会社が持つ自負が非常に強くなると，自らの資源や能力を的確に判断できない状態をもたらす可能性がある。この状態で，イニシアティブを高めた場合，能力の範囲を超えた投資を過度に行うことにつながりうる。そして，それは，その後の持続的な進化の達成を阻害してしまうことが，日本シエーリング社の事例から読み取ることができる。

それに対して，日本イーライリリー社は自社の能力や資源の状態を見定めていたと言える。同社は塩野義製薬など他社との連携を果たしながら新事業を発展させていた。自社の能力や資源の水準を的確に認識したうえで，事業範囲の拡大といった進化への道のりを歩んでいたと評価できる。

2-4 小括

海外子会社の選択，そして海外子会社のイニシアティブは，その進化のため

の重要な要因とされている[8]。しかし，海外子会社が主体的に意思決定を行い，海外子会社のイニシアティブを発揮したとしても，それは必ずしも海外子会社の進化につながらない。進化を目指し，海外子会社のイニシアティブを発揮するという選択を海外子会社が行う際には，その都度自らの資源や能力の状態を適切に認識することが求められるのである。

　日本シエーリング社の場合，進化の達成により，造影剤以外の事業に関する能力も強化されたという自負が生じた。しかし，既存事業で高められた能力が新規事業において通用するかどうかは，未知数の部分が多い。にもかかわらず，こうした認識を持ったのは，同社が非常に強い自負を有していたためであった。そして，その状況下で海外子会社のイニシアティブを発揮した結果，自社資源の状態や能力水準をはるかに超えた課題に着手したのである。

　このように，非常に強い自負を持ち，自社の実態を的確に見定めずに安易に海外子会社のイニシアティブを発揮し，さらなる進化を目指したとしても，ある種無謀な意思決定に至る可能性が高くなる。それは，海外子会社の進化の失敗という結末をもたらしかねない。ここでは，自負を持つこと自体は問題ではない。海外子会社のイニシアティブを発揮する際は，自負の度合いが問題となる。

　以上の議論から，「海外子会社が過去の進化達成の経験から自らの資源や能力に対して非常に強い自負を持ち，自社の持つ能力をはるかに超えた水準で海外子会社のイニシアティブを発揮した場合，海外子会社の進化は阻害される」という仮説を導き出すことができよう。

　今後は，例えば，製薬産業や日本以外の市場環境における海外子会社を対象として，その進化や進化の失敗という現象についての考察を試みることによって，今回導出した仮説のさらなる精緻化が図られると考える。

　このように，海外子会社のイニシアティブはその進化にとって重要とされるが，それが発揮される状態によっては進化の失敗につながりうることを今回の議論から導き出した。本書は海外子会社の進化の失敗という現象に焦点を置いたことによって，海外子会社のイニシアティブと海外子会社の進化との関係性についての新たな見解を提示できた[9]。この点は，海外子会社の進化に関する議論をより深めることに貢献したと考えられる[10]。

3 「埋め込まれた」海外子会社

　また，取り上げた事例から見出された事実は，国際経営に関する別の研究領域である「多国籍企業の『埋め込み』」に関する議論との親和性もあると考えられる。海外子会社は，多国籍企業の組織内環境と現地市場環境という2つの環境に「埋め込まれた」存在である。前者における埋め込みは「内的埋め込み」とされ，後者における埋め込みを「外的埋め込み」とされる。内的埋め込みは主に親会社・海外子会社間の関係性から捉えられる。両者の関係が強い場合，内的埋め込みが強いと評価される。一方，外的埋め込みは現地市場に存在するさまざまな外部アクターとの関係性から捉えられる。外部アクターとの関係性が強い場合，外的埋め込みが強いと評価される。そして，海外子会社の主体的な取り組みにより，外的埋め込みが進むと想定されている。近年，これら埋め込みの状態と海外子会社の成果との関係性に関する考察が行われている（Andersson, Björkman and Forsgren, 2005 ; Andersson, Forsgren and Holm, 2007 ; Forsgren, Holm and Johanson, 2005 ; 安室，2012）。

　「内的埋め込み」と「外的埋め込み」とは，これまでトレードオフの関係で捉えられてきた。例えば，内的埋め込みが強い状態だと海外子会社は親会社の意思決定に従属する傾向になり，その結果，子会社側の主体性が損なわれる。そうすると，海外子会社は現地市場に存在する外部アクターに対して主体的に働きかけを行わなくなる。したがって，内的埋め込みが強くなると外的埋め込みが弱まってしまうのである。

　しかし，本書の事例から，両者は必ずしもトレードオフの関係でないと指摘できる。親会社による日本子会社への知識移転の過程において，両者間での人的交流の増加などが見られている。すなわち，両者間のつながりは強化されており，内的埋め込みが強化されていた。これが日本子会社の外的埋め込みを阻害したかというと，そうではない。むしろ，内的埋め込みの強化が，日本市場に存在する外部アクター（本書の事例では主に医師）との関係構築・連携を促進している。この関係性を通して，社会関係資本という資源の活用が促進され，事業成果につながっていた。したがって，内的埋め込みの強化が，外的埋め込

みを促進しうることを本書の事例から見出すことができる。

このように，内的埋め込みと外的埋め込みとの関係性については，トレードオフの関係性でない状態が存在することを指摘できる。本書は「多国籍企業の『埋め込み』」に関する研究の進展に向けた新たな素材を提供する役割も果たしていよう。

海外子会社の進化に関する議論，そして多国籍企業の「埋め込み」に関する議論に対する貢献を検討することにより，外資系製薬企業の歴史分析のみにとどまらず，経営史分析と国際経営論との間のある種の橋渡しを行うことができたのではないかと考える。

4 外資系企業の成長と社会関係資本

本書では，医師との関係性に注目しながら，戦後の外資系製薬企業の事業経緯とその成果を明らかにしてきた。外資系製薬企業は，さまざまな医師の社会的ネットワークに埋め込まれた社会関係資本にアクセスし，その活用を図るべく，工夫を重ねていた。本書では外資系製薬企業のみを対象としたものの，社会関係資本の活用が事業の成長にとって重要ということは，製薬企業のみに限定される話ではないだろう。社会関係資本は，外資系企業の歴史を考察するうえで重要な鍵概念になりうると考えられる。例えば，他の外資系企業の事例でも，外部アクターとの関係性を通して活用できる社会関係資本の有無が，日本事業の成長に重要であったことが示唆されている。以下，コカ・コーラ社（日本子会社名：日本コカ・コーラ株式会社[11]）の事例を見てみよう[12]。

コカ・コーラ社の日本での成長は，外資系企業の中でも特筆すべきもののひとつである。供給された原液を素にコカ・コーラ社製品の製造・販売を行うボトラーを活用するフランチャイズ方式の展開，積極的な広告宣伝活動および日本市場向けの多様な新製品開発などを実現したことによって，同社は大きな成果を収めてきた[13]。ただし，同社は日本市場に参入した当初から順風満帆に成長を遂げてきたわけではなかった。

同社は，第2次世界大戦後に日本市場に本格的に参入した[14]。ところが，同社の製品の日本市場への導入に際しては，同業団体から激しい反発を受けるこ

とになった。サイダーやラムネなどの清涼飲料水業界およびビール業界が中心となって、コカ・コーラ社の日本参入を防ぐための反対運動を展開したのである。これら各社は日本政府への働きかけも行い、政府もコカ・コーラ社の日本参入に対して否定的な動きを示すことになった。そのため、コカ・コーラの原液の輸入申請に対して、許可がなかなか下りない状態が続くことになった。

こうした反発に対応すべく、例えば、後に東京コカ・コーラボトリング株式会社（日本におけるコカ・コーラ社のボトラー第1号）[15]の社長となる高梨仁三郎は、政府関係者への働きかけや地道な説得を行うなど奔走した。そして、1956年に原液輸入のための外貨割当がなされることになった。ただし、日本での事業開始当初にはコカ・コーラの製造販売に関して、多くの規制が設けられていた。しかし、貿易の自由化の波も受け、1961年にコーラ飲料の調合香料の完全輸入自由化が認められ、日本における製造販売に関する規制も撤廃された。

自由化により、コカ・コーラ社の日本事業は拡大することとなった。ボトラーの数を増やし、全国市場の開拓を目指したのである。親会社と日本コカ・コーラ社との間でボトラーの選定に関する議論が繰り返され、その結果、ボトラー第2号として誕生したのが近畿飲料（後の近畿コカ・コーラボトリング）株式会社[16]であった。

この新たなボトラーの設立に際して、麒麟麦酒株式会社、新三菱重工業（現：三菱重工業）株式会社、株式会社明治屋が出資を行った。コカ・コーラ社の日本事業の成長にとって注目したい点は、麒麟麦酒がボトラーの設立に参加したことである。それまで日本コカ・コーラ社は何度も麒麟麦酒に協力者として参画することを打診してきたが、その都度断っていた。というのも、もともと麒麟麦酒はコカ・コーラ社の日本市場参入に反対する立場にいたからであった。しかし、コカ・コーラ社にとって、日本大手の飲料メーカーである麒麟麦酒が協力者になれば、さらなる事業展開を可能にするだけでなく、同業他社の方針にも影響を与え、依然として存続していたコカ・コーラ社に対する反対運動を鎮静化することにもつながるため、麒麟麦酒との関係構築は是が非でも成し遂げたい課題であった。そして、コカ・コーラ社と麒麟麦酒との関係構築を取り持ったのが、新三菱重工業であった。

新三菱重工業は、戦後早い段階から清涼飲料水用の壜詰（びんづめ）機械を製造していた。

同社は，1959年にアメリカの壜詰機械メーカーであったジョージ・マイヤー社と技術提携を締結した。マイヤー社は，アメリカにおいてコカ・コーラ社のボトラー向けの壜詰機械などを製造していた企業であった。新三菱重工業はマイヤー社から壜詰機械に関する技術やノウハウ等を獲得し，コカ・コーラ用の壜詰機械の開発に取り組んだ。コカ・コーラ社が要求する壜詰機械の水準は高く，機械の性能だけでなく，食品衛生的観点も含み，概観の美しさも求めるものであった。こうした要求に応じるべく，新三菱重工業は開発努力を続けた。その過程においては，コカ・コーラ社から技術者が派遣され，技術指導も行われた。こうして新三菱重工業は，コカ・コーラ社の品質に適う壜詰機械の製造を実現していった。同社はコカ・コーラ社の日本事業を支える立場になったのであった。

このように新三菱重工業はコカ・コーラ社の日本事業に対して理解を示しており，日本コカ・コーラ社が新たなボトラー設立に際して，同社に協力を仰いだことは自然な流れであった。それと同時に，日本コカ・コーラ社は同社に対して麒麟麦酒との仲介を依頼した。新三菱重工業と麒麟麦酒とは，同じ三菱グループというつながりがあったからである。新三菱重工業からの打診を受け，麒麟麦酒はコカ・コーラ社への事業協力に対する検討を本格的に行うこととなった。そして関係者間での協議を経て，麒麟麦酒はそれまでの姿勢を転換し，コカ・コーラ社の日本事業を支える立場になった。

コカ・コーラ社の製品や事業に対して懐疑的な企業も多かったなか，有力企業である麒麟麦酒が協力者として参画したことによって，そうした企業もコカ・コーラ社に対して見る目を変えるようになった。その結果，反対運動も沈静化し，コカ・コーラ社の事業に協力する企業も増え，その後のボトラー選定はスムーズに進むことになった。そして日本全国にボトラーが設立され，コカ・コーラ社のボトラーを活用したフランチャイズ方式が全国展開されていった。

このように，コカ・コーラ社は日本での反対運動の沈静化を果たすとともにボトラーとの協力によって成り立つビジネスシステムを確立し，日本市場での躍進を遂げていったのである。

こうしたコカ・コーラ社の日本事業の成長を，社会関係資本の活用という観

点から説明することもできよう。例えば，コカ・コーラ社が新三菱重工業に対して技術指導を行うなど協力を行ったことは，両社の発展にとって重要な出来事であり，かつ両社の紐帯を強いものにした出来事といえる。こうした新三菱重工業との関係性があればこそ，コカ・コーラ社は新三菱重工業が持つさまざまな物的・関係的資源にアクセスすることができ，そのひとつとして麒麟麦酒の協力を獲得することができたのである。そして麒麟麦酒との関係性を得たことによって，他の多くの日本企業の行動に変化を生じさせることに成功した。このように，コカ・コーラ社は新三菱重工業や麒麟麦酒との関係性を通して，それぞれが有するさまざまな資源を活用することができ，事業成果を得たと解釈することができる。日本における社会関係資本へのアクセス・活用は，その後の飛躍を遂げるために重要な要素であったと考えられる。

　産業や求められる戦略，時代に応じて，アクセスを図る社会関係資本やその活用の仕方は多様であろう[17]。しかしながら，事業成果を得るべく，現地市場に埋め込まれた社会関係資本の重要性を理解してその活用をいかに巧みに実現するのかということは，どの海外子会社にとっても共通する経営課題と考えられる。この課題に対処すべく，親会社は海外子会社に対してどのように働きかけを行い，海外子会社はどう対応するのか。そしてどのように進化を遂げるのか。本書は，外資系製薬企業を対象に，その歴史的経緯を明らかにしてきた。あくまで，特定の産業を対象にしたにすぎない。異なる産業の外資系企業を含めた比較研究を行うなど，より広い視野に立った調査研究を行うことによって，より豊かな外資系企業の歴史を描き出すことができるであろう。それは今後の課題である。

⦿注

1　本書では，扱っていない事項も数多くある。特に，特許に関する事項については，全く取り扱うことができていない。製薬企業にとって特許への対応は重要な経営課題であるにもかかわらず，この事項に焦点を置いた考察を試みることができなかったのは，本書の持つ大きな課題である。
2　海外子会社の成長において，親会社がその子会社に注目（attention）するかどうかは重要な要因となっている。海外子会社に対する注目（attention）については，Ambos and

Birkinshaw（2010）を参照。
3　本節の議論は竹内（2017）に基づいている。
4　Birkinshaw and Hood（1998）は，海外子会社の役割の進化に関する議論の中で，capabilityの低下およびcharterの縮小という事態についても言及している。この事態になっても，海外子会社として存続したり業績を維持もしくは上昇させたりすることもありえよう。ただし，本書では，こうした既存のcapabilityやcharterの喪失という事態を議論の対象として取り上げない。
5　Jones（2002）や桑原（2005）は，海外子会社の事業がなぜうまくいかなかったのかを経営史的観点から解き明かしている。そこでは，海外子会社による事業の失敗の原因を本社側の要因に求めて，歴史的経緯が描かれている。
6　イニシアティブを発揮して事業成果を収めた海外子会社は，裁量権を高めるようにもなる。というのも，自主的な活動により成果を収めると，親会社が当該子会社の資源や能力などにより注目するようになる。そして，さらなる資源や役割を付与することが生じうる。そのため，当該子会社は多国籍企業内における裁量権を高める。さらには，他の海外子会社に対してより強い影響力を持つようにもなる（Ambos, Andersson and Birkinshaw, 2010）。
7　日本シエーリング社はいったん進化を遂げたとはいえ，日本の大手製薬企業に比べると，規模の格差が依然として存在していた。本書で示したように，例えばMR数で比べても，日本シエーリング社と田辺製薬との間には大きな格差が存在している。
8　すでに指摘したように，海外子会社の進化には親会社も重要な役割を果たしている。関係者によると，1980年代後半頃のシエーリング本社はアメリカ事業に注力していた（日本シエーリング社関係者（営業部門を経験した幹部社員）への聞き取り（2008年3月26日））。事実，1990年に腫瘍や循環器系疾患分野のベンチャー企業を買収し，アメリカ子会社に編入させ，アメリカ子会社を強化している。そのため，この時期の本社は，日本子会社のさらなる進化に関与する意欲を弱めていたと考えられる。以上から，この時期の日本シエーリング社の進化に向けた取り組みは，親会社の影響よりも日本子会社側の主体性が大きく影響していたと考えられる。ただし，親会社の意向については，日本子会社の関係者側からの視点に基づくため，精査が必要である。
9　本書の議論から実践的インプリケーションを導き出すとするならば，以下のようになる。海外子会社の進化を目指す際には，当該海外子会社の能力水準を適切に見定める必要がある。特に，海外子会社がイニシアティブを発揮しようとする場合，能力水準に見合った投資なのかどうかを，当該子会社のみならず親会社も注意してチェックしなければならない。こうしたチェック体制がうまく機能するためには，親会社・子会社間のコミュニケーションが密になされており，当該子会社の状態についての情報共有が適切に行われていることが求められよう。
10　この議論に関しては，残された課題もある。海外子会社の進化に関しては，他地域の海外子会社との多国籍企業内での権限をめぐる競争も大きな影響を及ぼしている（Birkinshaw and Hood, 1998）。したがって，進化の失敗に関しても，他地域の子会社との関係性は重要な影響を及ぼしていると考える。進化の達成後のさらなる進化の失敗を検討する際には，他地域の子会社との競争に敗れた可能性も高い。しかしながら，本書では，

シエーリング社グループ内における日本シエーリング社と他地域の海外子会社との関係性について，十分に吟味できていない。これは，残された課題である。

11　1957年設立。設立当初の社名は，日本飲料工業株式会社。翌年，社名を日本コカ・コーラ株式会社に変更。

12　コカ・コーラ社の日本事業については，Mason（1992），近畿コカ・コーラボトリング株式会社社史編纂委員会編（1991），河野・村山（2007），日本コカ・コーラ株式会社社史編纂委員会編（1987），宮本（1992-1993, 1994），吉沢（1997）に基づく。

13　多田（2008；2014）は，日本コカ・コーラ社の新製品開発の経緯とその成功のメカニズムを解き明かしている。

14　同社の製品であるコカ・コーラは，戦前にも日本で輸入・販売されていた。しかし，同製品に触れる層は限られており，しかも戦争の影響によって日本での販売はなされなくなった。

15　1956年設立。設立当初の社名は，東京飲料株式会社。東京都を販売対象地域としたボトラーであった。1962年に東京コカ・コーラボトリングに社名を変更した。なお，昨今生じたコカ・コーラボトラーの再編を受けて，当社も吸収合併された結果，現存していない。

16　1960年設立。大阪府，京都府，兵庫県を販売対象地域としたボトラーであった。1962年に社名変更。ボトラー再編を受けて，同社も現存していない。

17　今後は，外資系企業がアクセスを図る社会関係資本の内実や関係構築を目指す社会的ネットワークの構造の詳細についての検討が必要と考える。本書では市場に存在する外部アクターに関する社会的ネットワークそのものやその変化については十分な考察がなされていない。例えば，外資系企業が働きかけを行うことが，社会的ネットワーク自体にどのように変化を生じさせるのかという点についても，さらなる考察が必要であろう。

参考文献

Ambos, T. C. and J. Birkinshaw (2010) "Headquarters' Attention and Its Effect on Subsidiary Performance", *Management International Review*, 50 (4), pp.449-469.

Ambos, T. C., U. Andersson and J.Birkinshaw (2010) "What Are the Consequences of Initiative-Taking in Multinational Subsidiaries?", *Journal of International Business Studies*, 41 (7), pp.1099-1118.

Baker, Wayne (2000) *Achieving Success through Social Capital: Tapping the Hidden Resources in Your Personal and Business Networks*, CA: Jossey-Bass (中島豊訳『ソーシャル・キャピタル：人と組織の間にある「見えざる資産」を活用する』ダイヤモンド社, 2001年).

Bartlett, C. A. and S. Ghoshal (1989) *Managing across Borders: The Transnational Solution*, Boston, Mass.: Harvard Business School Press (吉原英樹監訳『地球市場時代の企業戦略：トランスナショナル・マネジメントの構築』日本経済新聞社, 1990年).

Birkinshaw, J.M. (1997) "Entrepreneurship in Multinational Corporations: The Characteristics of Subsidiary Initiatives", *Strategic Management Journal*, 18 (3), pp.207-230.

Birkinshaw, J.M. (2000) "The Determinants and Consequences of Subsidiary Initiative in Multinational Corporations", *Entrepreneurship Theory and Practise*, 24 (1), pp.9-35.

Birkinshaw, J.M. and N. Fry (1998) "Subsidiary Initiatives to Develop New Markets", *Sloan Management Review*, 39 (3), pp.51-61.

Birkinshaw, J.M. and N. Hood (1998) "Multinational Subsidiary Evolution: Capability and Charter Change in Foreign-owned Subsidiary Companies", *Academy of Management Review*, 23 (4), pp.773-795.

Birkinshaw, J.M., N. Hood and S. Young (2005) "Subsidiary Entrepreneurship, Internal and External Competitive Forces, and Subsidiary Performance", *International Business Review*, 14 (2), pp.227-248.

Boersma, F. Kees (2004) "The Organization of Industrial Research as a Network Activity: Agricultural Research at Philips in 1930s", *Business History Review*, 78 (2), pp.255-272.

Burt, Ronald S. (1992) *Structural Holes: the Social Structure of Competition*, Cambridge, Mass.: Harvard University Press (安田雪訳『競争の社会的構造：構造的空隙の理論』新曜社, 2006年).

Burt, Ronald S. (2001) "Structual Holes Versus Network Closure as Social Capital", in Lin, N., K. Cook, and R. Burt eds., *Social Capital: Theory and Research*, New York: A. de Gruyter, pp.31-56 (金光淳訳「社会関係資本をもたらすのは構造的隙間かネットワーク閉鎖性か」野沢慎司編・監訳『リーディングスネットワーク論：家族・コミュニティ・社会関係資本』勁草書房, 2006年, 243-281頁).

Chandler, Alfred D., Jr. (2005) *Shaping the Industrial Century: The Remarkable Story of the Evolution of the Modern Chemical and Pharmaceutical Industries*, Cambridge: Harvard University Press.

Cochran, Sherman (2000) *Encountering Chinese Networks: Western, Japanese, and Chinese Corporations in China, 1880-1937*, Berkeley, Calif.: University of California Press.

Coleman, James S. (1988) "Social Capital in the Creation of Human Capital", *American Journal of Sociology*, 94, S95-S120（金光淳訳「人的資本の形成における社会関係資本」野沢慎司編・監訳『リーディングスネットワーク論：家族・コミュニティ・社会関係資本』勁草書房，2006年，205-241頁）.

Coleman, J. S., E. Katz and H. Menzel (1966) *Medical innovation: a diffusion study*, New York: Bobbs-Merrill Co.（小口一元・宮本史郎訳『販売戦略と意思決定』ラティス，1970年）.

Delany, Ed (2000) "Strategic Development of the Multinational Subsidiary through Subsidiary Initiative-taking", *Long Range Planning*, 33 (2), pp.220-244.

Donzé, Pierre-Yves (2010) "Switzerland and the Industrialization of Japan: Swiss Direct Investments and Technology Transfers to Japan during the Twentieth Century", *Business History*, 52 (4), pp.713-736.

Donzé, Pierre-Yves (2013) "Siemens and the Business of Medicine in Japan, 1900-1945", *Business History Review*, 87 (2), pp.203-228.

Dunning, John H. (1988) *Explaining International Production*, London; Boston: Unwin Hyman.

Fayerweather, John (1969) International Business Management: a Conceptual Framework, New York : McGraw-Hill（戸田忠一訳『国際経営論』ダイヤモンド社，1975年）.

Fernández-Moya, María (2012) "Creating Knowledge Networks: Spanish Multinational Publishers in Mexico", *Business History Review*, 86 (1), pp. 69-98.

Galambos, L. and J. L. Sturchio (1994) "Transnational Investment: The Merck Experience, 1891-1925", in Pohl, Hans ed., *Transnational Investment from the 19th Century to the Present*, Stuttgart: F. Steiner, pp.227-243.

Ghoshal, S. and C. A. Bartlett (1990) "The Multinational Corporation as an Interorganizational Network", *Academy of Management Review*, 15 (4), pp.603-625.

Gong, Yaping (2003) "Subsidiary Staffing in Multinational Enterprises: Agency, Resources, and Performance", *Academy of Management Journal*, 46 (6), pp.728-739.

Gordon, Andrew (2012) *Fabricating Consumers: The Sewing Machine in Modern Japan*, Berkeley: University of California Press（大島かおり訳『ミシンと日本の近代：消費者の創出』みすず書房，2013年）.

Hansen, Per H. (2006) "Network, Narrative, and New Markets: The Rise and Decline of Danish Modern Furniture Design, 1930-1970", *Business History Review*, 80 (3), pp.449-483.

Hertner, Peter (1986) "German Multinational Enterprise before 1914: Some Case Studies", in Hertner, P. and G. Jones, eds., *Multinationals: Theory and History*, Aldershot, Hants., England: Gower, pp.113-134.

Jones, Geoffrey (1986a) "Origins, management and performance", in Geoffrey Jones, ed., *British Multinationals: Origins, Management and Performance*, Aldershot, Hants., England: Gower, pp.1-23.

Jones, Geoffrey (1986b) "The Performance of British Multinational Enterprise, 1890-1945", in Hertner, P. and G. Jones, eds., *Multinationals: Theory and History*, Aldershot, Hants., England: Gower, pp.96-112.

Jones, Geoffrey (1994a) "British multinationals and British business since 1850", in Kirby, M. W. and M. B. Rose eds., *Business Enterprise in Modern Britain: from the Eighteenth to the Twentieth Century*, London; New York: Routledge, pp.172-206.

Jones, Geoffrey (1994b) "The Making of Global Enterprises", *Business History*, 36 (1), pp.1-17.

Jones, Geoffrey (1996) *The Evolution of International Business: An Introduction*, London and New York: Routledge (桑原哲也・安室憲一・川辺信雄・榎本悟・梅野巨利訳『国際ビジネスの進化』有斐閣, 1998年).

Jones, Geoffrey (2002) "Control, Performance, and Knowledge Transfers in Large Multinationals: Unilever in the United States, 1945-1980", *Business History Review*, 76 (3), pp.435-478.

Jones, Geoffrey (2005) *Multinationals and Global Capitalism: From the Nineteenth to the Twenty-first Century*, New York: Oxford University Press (安室憲一・梅野巨利訳『国際経営講義：多国籍企業とグローバル資本主義』有斐閣, 2007年).

Jones, G. and F. Bostock (1996) "US Multinationals in British Manufacturing before 1962", *Business History Review*, 70 (2), pp.207-256.

Jones, G. and H. G. Schröter eds., (1993) *The Rise of Multinationals in Continental Europe*, Aldershot, Hants, England: Edward Elgar.

Kahn, Ely J. Jr. (1976) *All in a Century: The First 100 Years of Eli Lilly and Company*, Indianapolis, Ind., Eli Lilly and Company (日本イーライリリー株式会社訳『イーライリリー社100年史』日本イーライリリー株式会社, 1992年).

Kobrak, Christopher (1999) *Between Nationalism and Internationalism: Schering AG and the Culture of German Capitalism, 1851-1945*, Ann Arbor, Mich.: UMI Dissertation Services (Unpublished Ph D Thesis, Columbia University).

Kobrak, Christopher (2002) *National Cultures and International Competition: The Experience of Schering AG, 1851-1950*, Cambridge: Cambridge University Press.

Kudo, Akira (1994) "I.G. Farben in Japan: The Transfer of Technology and Managerial Skills", *Business History*, 36 (1), pp.159-183.

Kuwahara, Tetsuya (2009) "Unsuccessful entry of Foreign Multinationals in Japan: General Foods Corporation in the Economic Miracle Days", *Japanese Research in Business History*, 26, pp.75-97.

Lin, Nan (2001) *Social Capital: A Theory of Social Structure and Action*, Cambridge: Cambridge University Press（筒井淳也・石田光規・桜井政成・三輪哲・土岐智賀子訳『ソーシャル・キャピタル：社会構造と行為の理論』ミネルヴァ書房、2008年）.

Madison, James H. (1989) "Manufacturing Pharmaceuticals: Eli Lilly and Company, 1876-1948", *Business and Economic History*, second series, 18, pp.72-77.

Mason, Mark (1992) *American Multinationals and Japan: The Political Economy of Japanese Capital Controls, 1899-1980*, Cambridge, Mass.: Harvard University Press.

Merck & Co., *Annual Report*.

Nishimura, Shigehiro (2016) "An Approach to Global Business History: How the History of International Business Relations Has Shaped the Field", *Japanese Research in Business History*, 32, pp.61-81.

Putnam, Robert, D. (1993) *Making Democracy Work: Civic Traditions in Modern Italy*, Princeton, N.J.: Princeton University Press（河田潤一訳『哲学する民主主義：伝統と改革の市民的構造』NTT出版、2001年）.

Putnam, Robert, D. (1995) "Bowling Alone: America's Declining Social Capital", *Journal of Democracy*, 6 (1), pp.65-78（坂本治也・山内富美訳「ひとりでボウリングをする―アメリカにおけるソーシャル・キャピタルの減退」宮川公男・大守隆編『ソーシャル・キャピタル：現代経済社会のガバナンスの基礎』東洋経済新報社、2004年、55-76頁）.

Putnam, Robert, D. (2000) *Bowling Alone: the Collapse and Revival of American Community*, New York: Simon & Schuster（柴内康文訳『孤独なボウリング：米国コミュニティの崩壊と再生』柏書房、2006年）.

Rogers, Everett M. (2003) *Diffusion of innovations*, fifth edition, New York: Free Press（三藤利雄訳『イノベーションの普及』翔泳社、2007年）.

Sandvik, Pål Thonstad (2010) "Multinationals, host countries and subsidiary development: Falconbridge Nikkelverk in Norway, 1929-39", *Business History*, 52 (2), pp. 251-267.

Schering AG (1994), *Annual Report 1994*.

Schröter, Harm G. (1988) "Risk and Control in Multinational Enterprise: German Business in Scandinavia, 1918-1939", *Business History Review*, 62 (3), pp.420-443.

Slinn, Judy (1996) "Innovation at Glaxo and May & Baker, 1945-1965", *History and Technology*, 13, pp.133-147.

Sturchio, Jeffrey L., ed. (1991) *Values & Visions: A Merck Century*, Rahway: Merck & Co.

Teichova, A., M. Levy-Leboyer, and H. Nussbaum eds., (1986) *Multinational Enterprise in Historical Perspective*, Cambridge; London: Cambridge University Press（鮎沢成男・渋谷将・竹村孝雄監訳『歴史のなかの多国籍企業―国際事業活動の展開と世界経済』中央大学出版部、1991年）.

Udagawa, Masaru (1990) "Business Management and Foreign-Affiliated Companies in Japan before World War Ⅱ", in Yuzawa, T. and M. Udagawa eds., (1990) *Foreign Business in Japan before World War II: Proceedings of the Fuji Conference*, Tokyo: University of Tokyo Press, pp.1-30.

Wilkins, Mira (1970) *The Emergence of Multinational Enterprise: American Business Abroad from the Colonial Era to 1914*, Cambridge, Mass.: Harvard University Press (江夏健一・米倉昭夫訳『多国籍企業の史的展開：植民地時代から1914年まで』ミネルヴァ書房, 1973年).

Wilkins, Mira (1974) *The Maturing of Multinational Enterprise: American Business Abroad from 1914 to 1970*, Cambridge, Mass.: Harvard University Press (江夏健一・米倉昭夫訳『多国籍企業の成熟』ミネルヴァ書房, 1976年).

Wilkins, Mira (1990) "The Contributions of Foreign Enterprises to Japanese Economic Development", in Takeshi Yuzawa and Masaru Udagawa (eds.), *Foreign Business in Japan before World War II: Proceedings of the Fuji Conference*, Tokyo: University of Tokyo Press, pp.35-57.

Wilkins, Mira (1994) "Comparative Hosts", *Business History*, 36 (1), pp.18-50.

Wilkins, Mira (2000) "German Chemical Firms in the United States from the late 19th Century to post-World War Ⅱ", in Lesch, J. E. ed., *The German Chemical Industry in the Twentieth Century*, Dordrecht; Boston: Kluwer Academic Publishers, pp.285-321.

Yongue, Julia (2005) "Origins of Innovation in the Japanese Pharmaceutical Industry: The Case of Yamanouchi Pharmaceutical Company (1923-1976)", *Japanese Research in Business History*, 22, pp.109-135.

Yoshino, M. Y. and T. W. Malnight (1990a) "Eli Lilly and Company (A): Globalization", *Harvard Business School Case Product*, No. 9-391-032, pp.1-29.

Yoshino, M. Y. and T. W. Malnight (1990b) "Eli Lilly and Company (B): Europe", *Harvard Business School Case Product*, No. 9-391-033, pp.1-18.

Yoshino, M. Y. and T. W. Malnight (1990c) "Eli Lilly and Company (C): Japan", *Harvard Business School Case Product*, No. 9-391-034, pp.1-22.

Yuzawa, T. and M. Udagawa eds., (1990) *Foreign Business in Japan before World War II: Proceedings of the Fuji Conference*, Tokyo: University of Tokyo Press.

浅川和宏（2011）『グローバルR&Dマネジメント』慶應義塾大学出版会。
朝日良成・渡辺邦友・今朝洞忠孝・上野一恵（1985）「Imipenem/Cilastatin sodium（MK-0787/MK-0791）の嫌気性菌に対する抗菌力」『Chemotherapy：日本化学療法学会雑誌』33（S-4），54-73頁。
アベグレン, J. C.（1998）「変遷する日本と外資系企業」『外資系企業総覧』，154-159頁。
アベグレン, J. C.（山岡洋一訳）（2004）『新・日本の経営』日本経済新聞社。
天野郁夫（2013）『高等教育の時代（上）（下）』中央公論新社。
猪飼周平（2010）『病院の世紀の理論』有斐閣。

板垣博（2015）「経営のグローバル化」経営史学会編『経営史学の50年』日本経済評論社，52-61頁。
稲葉陽二・大守隆・近藤克則・宮田加久子・矢野聡・吉野諒三（2011）『ソーシャル・キャピタルのフロンティア：その到達点と可能性』ミネルヴァ書房。
井上忠勝（1993）「英国ダンロップ社の日本進出」愛知学院大学『経営学研究』3（1・2）3-12頁。
井原基（2009）『日本合成洗剤工業のアジア進出：マーケティングと経営移転』ミネルヴァ書房。
宇田理（2007）「日本IBMの発展と組織能力形成─1949-1993」『国民経済雑誌』196（1），49-68頁。
宇田川勝（1987）「戦前日本の企業経営と外資系企業（上）（下）」『経営志林』24（1），15-31頁，24（2），29-40頁。
宇田川勝（2004）「外資系企業の発展」経営史学会編『日本経営史の基礎知識』有斐閣，196-197頁。
梅野巨利（2002）『中東石油利権と政治リスク：イラン石油産業国有化紛争史研究』多賀出版。
梅野巨利（2012）「インドにおける日系海外子会社の自立的成長─新田ゼラチン・インディア（NGIL）の事例」多国籍企業学会編『多国籍企業と新興国市場』文眞堂，203-220頁。
遠藤久夫・岡松朗・小沢正樹・加茂谷佳明・田中信朗（2002）「医療用医薬品市場における競争形態─非価格競争と価格競争─」南部鶴彦編『医薬品産業組織論』東京大学出版会，49-74頁。
大木清弘（2013）「国際人的資源管理論における日本企業批判─日本人海外派遣者問題の再検討」組織学会編『組織論レビューⅠ─組織とスタッフのダイナミズム─』白桃書房，1-42頁。
大木清弘（2014）『多国籍企業の量産知識：海外子会社の能力構築と本国量産活動のダイナミクス』有斐閣。
小原久治（1996）『現代日本の医薬品産業』高文堂出版社。
折橋伸哉（2008）『海外拠点の創発的事業展開：トヨタのオーストラリア・タイ・トルコの事例研究』白桃書房。
笠原英彦（1999）『日本の医療行政：その歴史と課題』慶應義塾大学出版会。
片岡一郎・嶋口充輝・三村優美子編（2003）『医薬品流通論』東京大学出版会。
金井一頼（2009）「企業家と運：企業家活動とネットワークの視点から」『企業家研究』6，91-103頁。
金光淳（2003）『社会ネットワーク分析の基礎：社会的関係資本論にむけて』勁草書房。
金光淳（2011）「経営・ネットワーク理論」稲葉陽二・大守隆・近藤克則・宮田加久子・矢野聡・吉野諒三『ソーシャル・キャピタルのフロンティア：その到達点と可能性』ミネルヴァ書房，81-108頁。
川邉信雄（2011）『タイトヨタの経営史：海外子会社の自立と途上国産業の自立』有斐閣。
川邉信雄（2012）「チェンジという視点からの現代経営史：『タイトヨタの経営史』刊行によ

せて」『書斎の窓』(612), 44-48頁。
儀我壯一郎編 (1996)『武田薬品・万有製薬「メルク」：新薬開発と薬害根絶に直面する製薬企業』大月書店。
橘川武郎 (2012)『戦前日本の石油攻防戦：1934年石油業法と外国石油会社』ミネルヴァ書房。
橘川武郎 (2016)「「国の競争優位」から「地域の競争優位」へ」橘川武郎・黒澤隆文・西村成弘編『グローバル経営史―国境を越える産業ダイナミズム』名古屋大学出版会, 329-339頁。
近畿コカ・コーラボトリング株式会社社史編纂委員会編 (1991)『30年のあゆみ：1960-1990』近畿コカ・コーラボトリング株式会社。
近代医学社 (1981)『基礎と臨床』15 (11)。
近代医学社 (1985)『基礎と臨床』19 (3)。
工藤章 (1992a)『日独企業関係史』有斐閣。
工藤章 (1992b)『IGファルベンの対日戦略：戦間期日独企業関係史』東京大学出版会。
桑嶋健一 (1999)「医薬品の研究開発プロセスにおける組織能力」『組織科学』33 (2), 88-104頁。
桑嶋健一・大東英祐 (2008)「日米市場への相互進出と現地適応―医薬品産業：メルクと武田」塩見治人・橘川武郎編『日米企業のグローバル競争戦略：ニューエコノミーと「失われた十年」の再検証』名古屋大学出版会, 188-220頁。
桑嶋健一・高橋伸夫 (2001)「グローバル研究開発とコミュニケーション能力―製薬産業を例として―」,『国際ビジネス研究学会年報：日本企業と国際的再編』, 87-97頁。
桑原哲也 (1990)『企業国際化の史的分析：戦前期日本紡績企業の中国投資』森山書店。
桑原哲也 (1991)「第二次大戦前の外国企業の対日投資―二次文献の調査にもとづいて―」京都産業大学『経済経営論叢』26 (2), 17-51頁。
桑原哲也 (2000)「初期多国籍企業の対日投資：J. & P. コーツ, 1907-49年」『国民経済雑誌』181 (5), 71-93頁。
桑原哲也 (2001)「外国企業の対日投資―回顧と展望―」『ビジネス・インサイト』33, 40-57頁。
桑原哲也 (2002)「初期多国籍企業の対日投資と民族企業：シンガーミシンと日本のミシン企業, 1901年～1960年代」『国民経済雑誌』185 (5), 45-64頁。
桑原哲也 (2005)「多国籍企業の対日進出と組織能力の構築―高度成長期, ゼネラルフーヅの流通チャネル政策を中心として―」『国民経済雑誌』192 (4), 1-23頁。
桑原哲也 (2007a)「第二次世界大戦後の多国籍企業の対日直接投資過程」『国民経済雑誌』196 (1), 1-21頁。
桑原哲也 (2007b)「日本市場へ後発的に参入した多国籍企業の経験―ユニリーバ, 1964～2000年―」『国民経済雑誌』196 (1), 69-90頁。
桑原哲也 (2008)「多国籍企業の対日投資と製品ライフサイクル：J.&P. コーツ, 1907～1973年」『国民経済雑誌』198 (2), 1-19頁。
桑原哲也 (2009)「多国籍企業の現地経営と駐在員政策―高度成長期の日本におけるネスレ

―」『国民経済雑誌』199 (4), 15-39頁。
桑原哲也 (2010)「対外関係―在華紡, 内外綿会社の経営」佐々木聡・中林真幸編『講座・日本経営史3：組織と戦略の時代, 1914～1937』ミネルヴァ書房, 267-305頁。
経済調査協会編『外国資本の対日投資』経済調査協会。
古池達夫 (1997)「大正期のビジネス書簡とMR (いわゆるプロパー) の活動史に関する考察」『薬史学雑誌』32 (2), 230-234頁。
厚生省薬務局編『薬事工業生産動態統計年報』1975-1990年 (本文中は『薬事工業生産動態統計年報』と略記)。
河野昭三・村山貴俊 (2007)「コカ・コーラ社の日本市場参入―ローカリゼーションの事例研究」『中山日本研究』1 (1), 1-67頁。
小清水敏昌 (2014)「日本における臨床試験 (治験) と医薬品の適正使用の変遷 (1980～2010)」『薬史学雑誌』49 (1), 50-63頁。
榊原統子・吉岡龍藏・松本和男 (2014)「日本の創薬技術と医薬品開発の変遷 (1980～2010)」『薬史学雑誌』49 (1), 39-49頁。
佐々木聡 (1987)「三菱電機にみる科学的管理法の導入過程：時間研究法の導入を中心に」『経営史学』21 (4), 29-50頁。
佐々木聡 (1998)『科学的管理法の日本的展開』有斐閣。
佐藤正光 (2008)「社会的ネットワークと企業活動―イギリスのコダック―」工藤章・井原基編『企業分析と現代資本主義』ミネルヴァ書房, 270-306頁。
三共百年史編集委員会 (2000)『三共百年史』三共株式会社。
四宮正親 (1994)「戦前日本における企業経営の近代化と外資系企業」『経営史学』29 (3), 35-72頁。
じほう (2005)『薬事ハンドブック2005』じほう。
島谷祐史 (2007)「海外R&D拠点の役割進化プロセス：米系多国籍企業K社の日本のR&Dセンターの事例分析」『国際ビジネス研究学会年報』13, 57-68頁。
神保充弘 (2008)「わが国医薬品業界における先駆的販売組織―星製薬の事例を中心として」『経営史学』43 (2), 3-29頁。
菅山真次 (2011)『「就社」社会の誕生―ホワイトカラーからブルーカラーへ』名古屋大学出版会。
大東英祐 (2010)「関説 外国レコード会社のマーケティング」佐々木聡・中林真幸編『講座・日本経営史3：組織と戦略の時代, 1914～1937』ミネルヴァ書房, 143-155頁。
竹内竜介 (2010)「多国籍製薬企業の在日経営と社会関係資本―1950-90年代, メルク社の事例を中心にして」『企業家研究』7, 1-19頁。
竹内竜介 (2012a)「戦後, 外資系製薬企業の在日経営―社会関係資本に注目して」『国際ビジネス研究』4 (1), 109-121頁。
竹内竜介 (2012b)「戦後, 多国籍製薬企業の在日経営―社会的ネットワークとの連携に注目して―」『経営史学』47 (3), 32-57頁。
竹内竜介 (2012c)「外資系多国籍企業による日本事業経営」『横浜経営研究』33 (3), 79-94

頁。
竹内竜介（2013）「後発参入型外資系製薬企業の発展過程」『横浜経営研究』34（1），41-59頁。
竹内竜介（2015）「1970年代の外資系製薬企業における変革と採用人材―日本メルク萬有株式会社を事例として―」『横浜経営研究』36（2），33-54頁。
竹内竜介（2017）「海外子会社における進化の失敗―外資系製薬企業を事例として―」『日本経営学会誌』39，15-25頁。
武田薬品工業株式会社ホームページ「「武田バイオ開発センター株式会社」の設立について」http://www.takeda.co.jp/press/article_26560.html（2017年4月20日閲覧）
竹中亨（1991）『ジーメンスと明治日本』東海大学出版会。
多田和美（2008）「海外子会社の製品開発活動の進展プロセス：日本コカ・コーラ社の事例」『国際ビジネス研究学会年報』14，71-83頁。
多田和美（2014）『グローバル製品開発戦略：日本コカ・コーラ社の成功と日本ペプシコ社の撤退』有斐閣。
舘野之男（2002）『画像診断：病気を目で見る』中央公論新社。
田辺製薬株式会社（1993）『第89期有価証券報告書』。
田辺製薬株式会社（2002）『アニュアルレポート2002』。
通商産業省企業局編（1968）『外資系企業：その実態と影響』大蔵省印刷局。
筒井万理子（2009）「医薬品の普及過程―医薬品の採用者間の情報共有におけるMRの役割―」『日本経営学会誌』23，87-97頁。
筒井万理子（2011）『医薬品普及の知識マネジメント』白桃書房。
東洋経済新報社編『外資系企業総覧』。
富澤芳亜・久保亨・萩原充編（2011）『近代中国を生きた日系企業』大阪大学出版会。
西村成弘（2016）『国際特許管理の日本的展開：GEと東芝の提携による生成と発展』有斐閣。
日本医薬品産業現代史（1980～2010）編集委員会（2014）「日本医薬品産業現代史（1980～2010）総論」『薬史学雑誌』49（1），18-38頁。
日本イーライリリー株式会社プレスリリース「日本イーライリリー 2010年度業績は1,344億円を達成」https://www.lilly.co.jp/businessreport/2011/news_2011_012.aspx（2017年4月20日閲覧）。
日本イーライリリー株式会社ホームページ「患者さんと一般の皆様」https://www.lilly.co.jp/patient/default.aspx（2017年2月20日閲覧）。
日本化学療法学会『Chemotherapy：日本化学療法学会雑誌』。
日本化学療法学会ホームページ「日本化学療法学会総会 歴代総会長と開催地」http://www.chemotherapy.or.jp/meeting/jsc_history_archive.html（2017年4月20日閲覧）。
日本経営史研究所編（2002）『萬有製薬八十五年史』萬有製薬株式会社。
日本高血圧学会『高血圧：日本高血圧学会誌』1978年～1991年。
日本高血圧学会ホームページ「歴代会長名簿」http://www.jpnsh.jp/kaichou.html（2017年4月20日）。
日本コカ・コーラ株式会社社史編纂委員会編（1987）『愛されて30年：The first thirty

years』日本コカ・コーラ株式会社。

日本シエーリング社史編纂プロジェクトチーム編（2003）『日本シエーリング50年史』日本シエーリング株式会社。

日本シエーリング株式会社『日独医報』1991-1999年（『日独医報』と略記）。

日本製薬工業協会『DATA BOOK』各年版。

日本チバガイギー社史編纂室編（1985）『日本チバガイギー30年史：1952-1982』日本チバガイギー株式会社。

日本ベーリンガーインゲルハイム30年史編集委員会編（1991）『日本ベーリンガーインゲルハイム30年史』日本ベーリンガーインゲルハイム株式会社。

日本メルク萬有株式会社（1980）『日本メルク萬有二十五年史』日本メルク萬有株式会社。

日本メルク萬有株式会社『CREATA』（医家向けPR誌）1973年〜1984年。

日本メルク萬有株式会社『腹部外科感染症セミナー』1982年〜1983年。

日本メルク萬有株式会社『みどり』（社内報）1971年〜1983年。

日本ロシュ株式会社（1982）『日本ロシュ物語』日本ロシュ株式会社。

日本薬史学会編（1995）『日本医薬品産業史』薬事日報社。

バイエル薬品株式会社編（1999）『日本におけるバイエル医薬品の歴史：1888-1999：アスピリン誕生100周年記念』バイエル薬品株式会社。

橋本寿朗（1991）『日本経済論』ミネルヴァ書房。

原拓志（2007）「日本における欧米製薬企業：歴史的概観」『国民経済雑誌』196（1），91-107頁。

長谷川古（1986）『医薬品』日本経済評論社。

長谷川礼（2009）『多国籍企業における在日子会社の役割と進化』大東文化大学経営研究所。

萬有製薬株式会社『有価証券報告書』各年版。

深尾京司・天野倫文（2004）『対日直接投資と日本経済』日本経済新聞社。

藤田順也（2012）「戦後の日本企業の対東南アジア進出と合弁経営—タイにおける松下電器産業を中心に—」『多国籍企業研究』5，71-93頁。

藤田順也（2014）「タイの家電市場黎明期における日系電機メーカーの販売チャネル構築に関する歴史的研究—松下と華商の関係を中心に—」広島経済大学『経済研究論集』37（3），67-82頁。

保阪正康（1987）『大学医学部：命をあずかる巨大組織の内幕』（文庫版）講談社。

堀江保蔵（1950）『外資輸入の回顧と展望』有斐閣。

マウラー，P. R.（林治郎訳）（1989）『日本市場での競争：在日18年の実戦経験』サイマル出版会。

丸山工作（1992）『新インスリン物語』東京化学同人。

三菱銀行調査部（1994）『調査』9月号。

宮川公男・大守隆編（2004）『ソーシャル・キャピタル：現代経済社会のガバナンスの基礎』東洋経済新報社。

宮本惇夫（1992-1993）「企業ドキュメント　さわやかさと共に：コカ・コーラグループ（全

54回)」『日本工業新聞』1992年11月24日-1993年2月19日。
宮本悖夫（1994）『コカ・コーラへの道：挑戦と忍耐と先見でコークの時代をひらいた高梨任三郎』かのう書房。
茂垣広志（2001）『グローバル戦略経営』学文社。
森田桂（2000）『新薬はこうして生まれる：研究者社長が明かす開発秘話』日本経済新聞社。
薬業時報社（1980）『月刊薬事』22（11）。
薬業時報社『日刊薬業』1985年1月29日号。
薬業時報社『医薬品企業総覧』1991-2011年版（2000年版より出版社名は「じほう」に改称）（本文中は『医薬品企業総覧』と略記）。
薬業時報社『薬業会社録』1974-1990年版（本文中は『薬業会社録』と略記）。
薬事日報社編（2005）『医薬実務用語集』（第15版）薬事日報社。
安室憲一（1981）「日本的経営と現地化政策」池本清・上野明・安室憲一『日本企業の多国籍的展開：海外直接投資の進展』有斐閣，118-162頁。
安室憲一（2012）『多国籍企業と地域経済：「埋め込み」の力』お茶の水書房。
山内昌斗（2010）『日英関係経営史：英国企業の現地経営とネットワーク形成』溪水社。
山下麻衣（2010）『医薬を近代化した研究と戦略』芙蓉書房出版。
ヨング，ジュリア（2008）「新薬開発をめぐる企業と行政—治験を中心に—」工藤章・井原基『企業分析と現代資本主義』ミネルヴァ書房，166-191頁。
ヨング，ジュリア（2014）「日本の医薬品産業の国際化（1980～2010）」『薬史学雑誌』49（1），77-83頁。
吉岡龍藏・松本和男（2014）「日本の医薬品市場と医薬品生産・販売等の変遷（1980～2010）」『薬史学雑誌』49（1），64-76頁。
吉沢正広（1996，1997）「M.メーソン著『アメリカ多国籍企業と日本，日本の外資統制と政治経済学，1899-1980』研究（1）（2）」愛知学院大学『経営学研究』6（1），113-122頁，7（1），85-99頁。
吉原英樹（1992）『富士ゼロックスの奇跡』東洋経済新報社。
吉原英樹（1994）『外資系企業』同文舘出版。
吉原英樹（1996）『未熟な国際経営』白桃書房。
吉森賢編（2007）『世界の医薬品産業』東京大学出版会。
米山公啓（2002）『学閥支配の医学』集英社。
ライフサイエンス出版（1984）『薬理と治療』12（8）。
臨床医薬研究協会『臨床医薬』
若林直樹（2006）『日本企業のネットワークと信頼：企業間関係の新しい経済社会学的分析』有斐閣。
和田勝（1997）『医薬産業論』ぎょうせい。

索　引

■英　数

ACE阻害剤 ·· 97
B&M委員会 ······································· 69
capability（能力） ···························· 190
charter（権限や活動範囲） ············· 190
CNS ADVISORY BOARD Meeting
　（中枢神経系用製剤検討会） ········ 171
CNS（Central Nervous System；中枢神
　経系）STRATEGY GROUP ········ 171
DIA（ダイア）作戦 ··························· 70
E・メルク ·· 56
GLP（Good Laboratory Practice；医薬
　品の安全性試験の実施に関する基準）
　·· 54
ICP（高周波誘導結合型プラズマ） ··· 136
MEDAC（Medical Advisory Council；
　医学に関する助言委員会） ············ 81
MEDACの東京会議 ·························· 82
MK-421研究会 ·································· 98
MK-733研究会 ································ 102
MOSS（Market-oriented, Sector-selective
　；市場指向型・分野別）協議 ········ 46
MR（Medical Representative；医薬情
　報担当者） ·······························15, 49
MRI用造影剤 ··························136, 144
MSDI東京マーケティング会議 ········· 80
NMB運営覚書 ··································· 59
NMBの運営に関する覚書 ················· 69
SII（Structual Impediments Initiative；
　日米構造協議） ······························· 46

■あ　行

アイレチン（Iletin） ························ 156

アシノン ··· 170
アステラス製薬 ·································· 15
アストラゼネカ ·································· 15
アボットジャパン ······························ 54
アボットラボラトリーズ ··················· 54
アミパーク ······································· 131
アミパーク6.75 ································ 134
アムジェン ·· 53
アルドメット ····································· 60
アンジオテンシン変換酵素阻害剤（AEG
　阻害剤） ··· 45
イオパミロン150 ····························· 144
イオパミロン300 ····························· 135
イオパミロン370 ····························· 135
医学会に対する支援活動 ··················· 81
医学部 ··· 125
医局 ··· 26
医師との関係性 ··························12, 24
医師の社会的ネットワーク ··············· 26
医師の社会的ネットワークとの連携 ·· 27
イソビスト240 ································ 135
イソビスト300 ································ 144
委託販売 ·· 44
一般用医薬品（大衆薬） ······················ 7
意図的信頼 ·· 33
イミダプリル ··································· 146
医薬開発部 ······································· 166
医薬品安全対策特別委員会 ··············· 40
医薬品の許認可のための技術要件の調和
　に関する国際会議（ICH；International
　Conference on Harmonization of Technical
　Requirements for Registration of
　Pharmaceuticals for Human Use）··· 50

217

医薬品の製造承認等に関する基本方針 ……… 41
医薬品の臨床試験に関する実施基準 ‥ 49
医薬品の臨床試験の実施に関する基準（案）（Good Clinical Practice；GCP） ……… 49
医薬品の臨床試験の実施の基準に関する省令（新GCP） ……… 50
医薬品流通近代化協議会 ……… 48
イーライリリー・インターナショナルコーポレーション ……… 158
イーライリリー・パンアメリカンコーポレーション ……… 158
イーライリリー（Eli Lilly & Co.） ……… 6
イーライリリー日本支社 ……… 159
医療におけるMRのあり方に関する検討会 ……… 49
医療保険制度 ……… 36
医療用医薬品 ……… 7
医療用医薬品製造業公正競争規約 ……… 48
医療用医薬品製造業公正取引協議会 ……… 48
医療用医薬品の流通改善について ……… 48
医療用医薬品の流通の近代化と薬価について ……… 48
インスリン ……… 156
インダシン ……… 60
ウエスタンエレクトリック ……… 1
ウェスティングハウス ……… 21
ウログラフィン ……… 131
ウロセレクタン ……… 118
ウロトロピン ……… 117
エスエス製薬 ……… 54
エビスタ ……… 171
円ベース企業 ……… 43
オイナール ……… 139
岡崎工場 ……… 60
オピニオンドクター ……… 26
オプチレイ ……… 141

オムニパーク ……… 141
オムニパークシリンジ ……… 145
オランザピン ……… 172

■か 行

海外子会社のイニシアティブ ……… 194
海外子会社の進化 ……… 190
海外子会社の進化の失敗 ……… 194
外資系企業 ……… 1
外資系製薬企業 ……… 2
外資に関する法律 ……… 19
外資法 ……… 19
外部アクター ……… 23
科学的管理法 ……… 21
加重平均一定価格幅方式 ……… 47
カプトリル ……… 100
関係的資源 ……… 29
企業合併・買収（M&A） ……… 5
キット製品 ……… 145
逆行性尿路撮影 ……… 144
共同販売 ……… 140
業務手帳 ……… 121
協和発酵 ……… 58
近畿コカ・コーラボトリング ……… 200
麒麟麦酒 ……… 200
グラクソ・スミスクライン ……… 15
クリティカルマス ……… 170
クリノリル ……… 92
グローバル化 ……… 1
クロトライド ……… 60
グローバル型 ……… 181
経営資源の移転 ……… 21
現地アクター ……… 12
現地適応 ……… 23
降圧剤の臨床評価方法に関するガイドライン ……… 98
降圧利尿剤 ……… 60
高血圧治療薬 ……… 45

高脂血症治療薬	46
抗腫瘍薬検討会	174
厚生省（現：厚生労働省）	40
公正取引委員会	47
抗生物質	39
構造的隙間	28
後発医薬品	43
後発者	155
合理化2カ年計画	121
コカ・コーラ	199
国際関係経営史	20
国民皆保険制度	36
コートン	58, 59
コルチゾン	58
小分け生産	120

■さ　行

採用活動	77
サカスアルテランス	156
サノフィ	15
サリドマイド	40
三亜製薬	52
三亜薬品工業	52
三共	91
サンド薬品	51
参入障壁	11
サンプル添付	122
シエーリング（Schering AG）	6
シエラジア	120
シェリング・プラウ	51
シオノギリリー	159
子宮卵管・関節造影剤	144
事業範囲の拡大	188
仕切価格	47
実地医科のための部位別皮膚病図譜	131
自販体制	24
自負	196

ジプレキサ	174
資本自由化	44
社会関係資本（Social Capital）	12, 27
社会的ネットワーク	26
社会保障制度審議会	36
ジャパン・プラン	68
ジャパンMEDAC（メルク社の日本における学術顧問機関）	83
出張	65
循環器官用薬	44
循環器病研究会	101
消化器官用薬	46
情報的資源	29
ジョージ・マイヤー	201
職能的能力	92
職能の統合	24
神経放射線研究会	134
新三菱重工業（現：三菱重工業）	200
信頼関係	26
スクイブ	100
ストレプトマイシン	39
スモン	40
生活習慣病	45
生活の質（Quality of Life）	100
成人病	45
製造協定	59
製造法特許制度	40
成長のエンジン	21
制度的信頼	33
製品宣伝のストーリー作成	76
製品タスクフォース	168
製品メーリング	121
製薬企業倫理綱領	48
脊髄シンポジウム	133
ゼリア新薬工業	170
セールス・スーパーバイザートレーニング	165
戦略分野別ユニット	138

造影剤 ·· 13, 117
造影剤の安全性に関する委員会 ········· 135
その他代謝性医薬品 ······················· 46

■た 行

第一三共 ·· 15
第一製薬 ·· 87
第一メルク ··· 87
大華股份有限公司（グレートチャイナ）
 ·· 120
ダイクロトライド ······························· 60
台糖ファイザー ·································· 52
ダイナボット ······································ 54
大日本住友製薬 ·································· 15
武田薬品工業 ······························ 51, 58
多国籍企業 ··· 1
多国籍企業の「埋め込み」 ············· 198
タナトリル ·· 146
田邊五兵衛商店 ································ 119
田辺製薬 ··· 120
田辺三菱製薬 ······································ 15
ダンロップ ··· 22
チエナム ··· 102
治験 ·· 26
チバ製品 ·· 43
チモプトール ····································· 91
中央薬事審議会 ·································· 40
中外製薬 ·· 54
駐在員 ·· 23, 180
中枢神経系用薬 ·································· 46
中途採用 ··· 162
注目（attention） ····························· 184
長期的戦略計画 ································ 138
直接投資 ·· 19
直接統制 ··· 180
治療薬市場への参入 ························ 138
デカドロン ··· 60
適応症 ··· 101

デキサシエロソン ···························· 122
テクスメテン ···································· 129
デューリングチャンバー試験 ········ 129
ドイツ・シエーリング新薬部 ········ 120
東京コカ・コーラボトリング ········ 200
ドオルトン ······································· 128
ドクターサービス制度 ···················· 121
特約店制度 ······································· 121
特許法の改正 ···································· 42
ドブトレックス ································ 169
友田商店 ··· 119
鳥居薬品 ··· 52

■な 行

二重盲検群間比較試験 ···················· 102
日独医報 ··· 147
日獨薬品 ·· 13
日本MR教育センター ······················ 49
日本イーライリリー ···························· 6
日本医学放射線学会 ························ 134
日本エランコ ···································· 159
日本高血圧学会 ·································· 84
日本コカ・コーラ ···························· 199
日本シエーリング ················ 6, 119, 120
日本事業に注目 ································ 123
日本製薬企業 ·· 2
日本製薬企業との関係性 ··················· 10
日本製薬工業協会（製薬協） ···· 49, 53
日本製薬団体連合会 ·························· 48
日本チバガイギー ······························ 51
日本電気 ·· 1
日本ベーリンガーインゲルハイム ······ 33
日本メルク萬有 ···································· 6
日本ロシュ ··· 54
ニューロタン ···································· 102
ニューロトランスミッターと疾患研究会
 ·· 139
尿路・血管造影剤 ···························· 135

値引き補償 47
ネリゾナ 128
ネリゾナプロジェクトチーム 129
脳・脊髄造影剤 132
能力的信頼 33, 183
ノバルティス 15
ノバロック 146

■は　行

バイエル薬品 6
配合剤 103
配置売薬 7
ハイドロコートン 59
販売活動に重点 121
販売協定 59
販売促進活動 43
萬有製薬 6
萬有製薬とNMBとの統合 94
萬有製薬の買収 92
非イオン性造影剤 131
ビタミン剤 53
ビッグ・ボール 94
ヒデルギン 139
ヒト皮膚萎縮試験 130
ピペラジン 117
ヒューマトロープ 168
ヒューマリン 169
ビリグラフィン 131
ファイザー 15
ファルマシア 52
副腎皮質ホルモン剤 58
腹部外科感染症セミナー 88
藤沢薬品工業 51
ブリッジング試験（bridging study） 50
プロダクト別マーケティングシステム 76
プロパー 43
プロパー活動 15

プロモーションコード 49
閉鎖的特徴 19
ヘキサブリックス 141
ペニシリン 39
ヘルラー兄弟商会 119
北陸製薬 54
ホープ（HOPE）プロジェクト 142
ホルモン剤 40, 117

■ま　行

マーキシン 87
マーキシン・プロジェクトチーム 89
マグネビスト 136
マレイン酸エナラプリル 97
三井製薬工業 149
三菱電機 21
緑の薬局（Green Pharmacy） 116
銘柄別薬価基準 42
明治製菓 58
明治屋 200
メネシット 91
メルク・シャープ＆ドーム・インターナショナル（Merck Sharp & Dohme International；MSDI） 57
メルク社・NMB間の関係性 64
メルク社（Merck & Co.） 6

■や　行

薬事法 42
薬価 47
薬価基準 36
薬価差（薬価差益） 47
薬価再算定 145
山之内製薬 58

■ら　行

リポバス（一般名：シンバスタチン） 102

流通の適正化 …… 49	連合軍総司令部（GHQ）…… 36
緑内障シンポジウム …… 91	老人の脳血管障害治療剤 …… 139
リリー・インターナショナル・フェローシップ …… 173	ロシュ …… 15, 54
レニベース …… 97	ロール・プレイング …… 76, 165

◉著者紹介

竹内 竜介（たけうち りょうすけ）

1980年生まれ。
2003年　神戸大学経営学部卒業。
2010年　神戸大学大学院経営学研究科博士後期課程（マネジメント・システム専攻）修了。博士（経営学）。
2011年　横浜国立大学経営学部専任講師。
2017年　カーディフ大学ビジネススクール客員研究員。
現在　横浜国立大学大学院国際社会科学研究院（経営学部）准教授。

【主な論文】

「多国籍製薬企業の在日経営と社会関係資本―1950-90年代，メルク社の事例を中心にして―」『企業家研究』7巻，1-19頁，2010年（第5回企業家研究フォーラム賞　論文の部受賞）。

「戦後，外資系製薬企業の在日経営―社会関係資本に注目して―」『国際ビジネス研究』4巻1号，109-121頁，2012年。

「戦後，多国籍製薬企業の在日経営―社会的ネットワークとの連携に注目して―」『経営史学』47巻3号，32-57頁，2012年。

外資系製薬企業の進化史
社会関係資本の活用と日本での事業展開

2018年2月15日　第1版第1刷発行

著者	竹内　竜介
発行者	山本　継
発行所	㈱中央経済社
発売元	㈱中央経済グループパブリッシング

〒101-0051　東京都千代田区神田神保町1-31-2
電話　03（3293）3371（編集代表）
　　　03（3293）3381（営業代表）
http://www.chuokeizai.co.jp/
印刷／三英印刷㈱
製本／誠製本㈱

Ⓒ 2018
Printed in Japan

＊頁の「欠落」や「順序違い」などがありましたらお取り替えいたしますので発売元までご送付ください。（送料小社負担）

ISBN978-4-502-24651-7　C3034

JCOPY〈出版者著作権管理機構委託出版物〉本書を無断で複写複製（コピー）することは，著作権法上の例外を除き，禁じられています。本書をコピーされる場合は事前に出版者著作権管理機構（JCOPY）の許諾を受けてください。
JCOPY〈http://www.jcopy.or.jp　eメール：info@jcopy.or.jp　電話：03-3513-6969〉

好評発売中

基本知識と最先端の課題がわかる

ガイダンス現代経営学

山倉健嗣［編著］
A5判・240頁
ISBN：978-4-502-15331-0

戦略論，組織論，組織行動論，人的資源マネジメント，ものづくり経営，マーケティング，経営財務，技術マネジメント，産業分析，国際経営といった幅広い分野を網羅した基本書。

◆本書の主な内容◆

第1章　戦略マネジメント
第2章　組織マネジメント
第3章　組織行動
第4章　人的資源マネジメント
第5章　ものづくり経営
第6章　マーケティング
第7章　経営財務
第8章　技術マネジメント
第9章　産業分析
第10章　国際経営

中央経済社